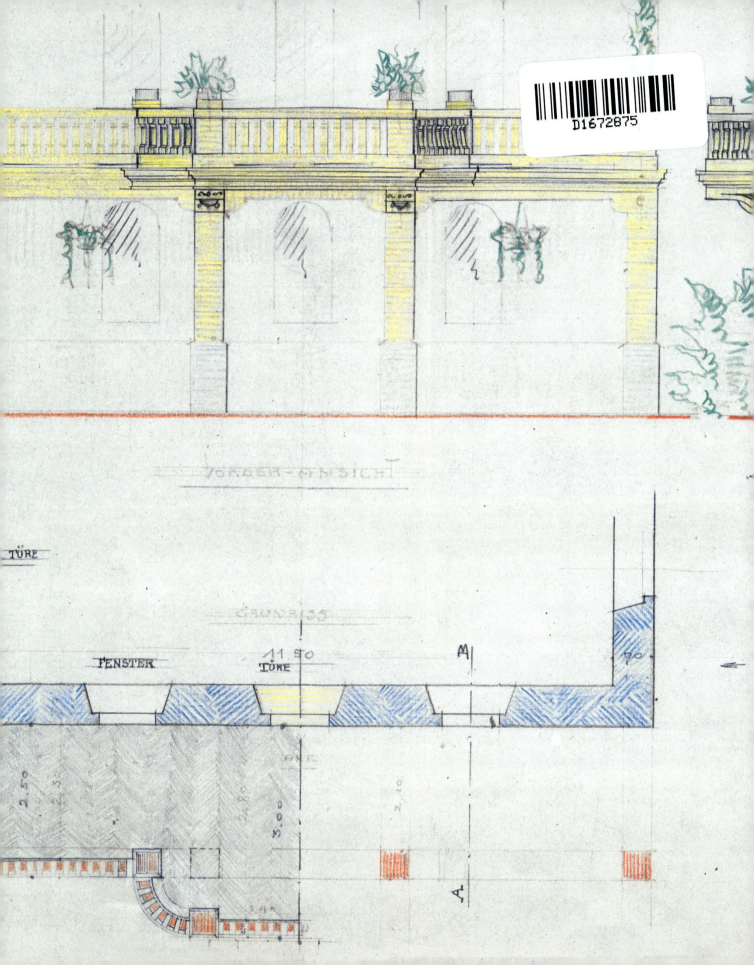

D1672875

VORDER-ANSICHT

TÜRE

GRUNDRISS

11.50

FENSTER   TÜRE

2.50

2.10

Ohne Gestern ist morgen kein Heute
150 Jahre Sanatorium Kilchberg

150 Jahre
Sanatorium
Kilchberg

Ohne Gestern
ist morgen
kein Heute

Herausgegeben von

Tobias Ballweg
Peter Hösly
René Bridler
Walter Bosshard

© 2017 Orell Füssli Verlag AG, Zürich
www.ofv.ch
Alle Rechte vorbehalten

Dieses Werk ist urheberrechtlich geschützt. Dadurch begründete Rechte, insbesondere der Übersetzung, des Nachdrucks, des Vortrags, der Entnahme von Abbildungen und Tabellen, der Funksendung, der Mikroverfilmung oder der Vervielfältigung auf andern Wegen und der Speicherung in Datenverarbeitungsanlagen, bleiben, auch bei nur auszugsweiser Verwertung, vorbehalten. Vervielfältigungen des Werkes oder von Teilen des Werkes sind auch im Einzelfall nur in den Grenzen der gesetzlichen Bestimmungen des Urheberrechtsgesetzes in der jeweils geltenden Fassung zulässig. Sie sind grundsätzlich vergütungspflichtig.

Projektleitung: Tobias Ballweg und Jacqueline Baumann, Sanatorium Kilchberg
Recherche und Dokumentation: Andrea Molina Mantello, Sanatorium Kilchberg
Design und Umbruch: Stephan Cuber, diaphan gestaltung, Liebefeld BE
Bildreproduktion und -bearbeitung: Michael Richter, Zürich
Lithografie: Widmer & Fluri, Zürich

Lektorat: Esther Hürlimann, pantarhei.ch
Korrektorat: Dominik Süess, Zürich
Druck: CPI books GmbH, Leck

ISBN 978-3-280-05619-6

Bibliografische Information der Deutschen Nationalbibliothek: Die Deutsche Nationalbibliothek verzeichnet diese Publikation in der Deutschen Nationalbibliografie; detaillierte bibliografische Daten sind im Internet über http://dnb.d-nb.de abrufbar.

Inhalt

KULTURGESCHICHTE

RÜCKSCHAU UND AUSBLICK

EINLEITUNG

T. BALLWEG, R. BRIDLER, W. BOSSHARD, P. HÖSLY

Einleitung

Mit seiner 150-jährigen Tradition gehört das Sanatorium Kilchberg zu den ältesten psychiatrischen Privatkliniken der Schweiz. Seine bewegte Geschichte spiegelt die Entwicklungen der Psychiatrie ebenso wie politische, kulturelle und gesellschaftliche Einflüsse.

Gegenwärtig verfügt die Klinik über zehn Stationen mit 175 Betten, darunter drei Privatstationen. Die stationären Behandlungsmöglichkeiten werden ergänzt durch ein teilstationäres und ambulantes Angebot. Das Behandlungsspektrum reicht von affektiven, stressbedingten und psychosomatischen Beschwerden über Angst-, Zwangs- und Essstörungen bis hin zu Psychosen und gerontopsychiatrischen Erkrankungen.

Seit seiner Gründung versteht sich das Sanatorium Kilchberg als eine Institution, die Menschen unabhängig von ihrem ökonomischen und gesellschaftlichen Status professionelle Hilfe bietet. Dieses Selbstverständnis wurde 1991 durch den kantonalen Leistungsauftrag bestätigt. Zugleich verdankt das Sanatorium seine historische Kontinuität dem Ruf, eine der schweizweit führenden psychiatrischen Kliniken im Bereich des Premium-Angebots zu sein. Die Kombination von professioneller Grundversorgung und attraktivem Zusatzangebot war für die Vergangenheit prägend und wird für die Zukunft massgebend sein.

Das 150-jährige Jubiläum bietet eine willkommene Gelegenheit, um sich mit der Geschichte des Hauses näher zu befassen. Eine Chronik zu erstellen, die lediglich Daten und Fakten aneinanderreiht, war dabei nicht unsere Absicht. Sich der Vergangenheit zu vergewissern, um die Gegenwart besser zu verstehen und die Zukunft nachhaltig gestalten zu können, darin lag unser Ziel, dieses Motiv bewegte uns. Bereits der Titel des Buches «Ohne Gestern ist morgen kein Heute» gibt einen Hinweis darauf. Die umfangreichen Recherchen haben unseren Entschluss bestärkt. Sie förderten eine Fülle von Material zu Tage, das bislang weitgehend unbekannt oder schlicht in Vergessenheit geraten war. Die vielfältigen zeit- und kulturgeschichtlichen Bezüge, die das Sanatorium Kilchberg auszeichnen, fügen sich jedoch kaum in einen fortlaufenden Bericht. Ebenso wenig die Lebensgeschichten von Menschen, die das Herz einer Institution bilden, welche als Heilstätte auch ein Ort der Begegnung sein will. Um dem Facettenreichtum gerecht zu werden, haben wir uns deshalb für eine Darstellungs-

Das Sanatorium Kilchberg
heute

weise entschieden, die anstelle der chronologischen Ordnung thematische Akzente setzt.

Bereits im ersten Teil des Buches, der die Klinik und ihre Baugeschichte porträtiert, werden bislang unbekannte Facetten beleuchtet – etwa das spannungsreiche Verhältnis des Sanatoriums Kilchberg zu C. G. Jung und der frühen psychoanalytischen Bewegung oder die Entwürfe des bekannten Schweizer Gartenarchitekten Gustav Ammann für die Gestaltung der Parkanlage des Sanatoriums.

Der zweite Teil vermittelt wichtige zeitgeschichtliche Bezüge: Die Einflüsse des Pietismus auf die Gründung des Hauses, das sich zunächst «Heil- und Pflegeanstalt» nennt, der zunehmende Verlust einer religiösen Werteorientierung gegen Ende des 19. Jahrhunderts und die öffentlichen Auseinandersetzungen des damaligen Anstaltsleiters mit dem Psychiater Fritz Brupbacher; schliesslich das kurze, aber folgenreiche Wirken von Max Kesselring und sein öffentliches Engagement für eine humane Psychiatrie. Den zeitgeschichtlich bedeutsamsten Einschnitt markiert jedoch das Jahr 1904, als die «Heil- und Pflegeanstalt» in «Sanatorium Kilchberg» umbenannt wird. Die neue Namensgebung setzt eine Gestaltungsdynamik in Gang, die bis in die Gegenwart fortdauert. Sie zeigt sich in der therapeutischen Ausrichtung, in der Bau- und Gartenarchitektur sowie im Selbstverständnis des Hauses als «Schweizer Sanatorium», das in den folgenden Jahrzehnten ein internationales Publikum beherbergt. Während des Ersten Weltkriegs finden zahlreiche Literaten und Künstler Aufnahme im Sanatorium, darunter Protagonisten der Zürcher Dada-Bewegung. Im Zweiten Weltkrieg sind es vor allem jüdische Emigranten und politische Flüchtlinge.

Unter dem Titel «Innenansichten» erzählt der dritte Teil des Buches die persönliche Geschichte von Menschen, die sich im Sanatorium Kilchberg begegnen. Auch wenn deren Namen weithin bekannt sind, waren zwei andere Gesichtspunkte bei der Auswahl massgeblich: das Vorhandensein von (auto-)biografischen Dokumenten, die es ermöglichen, den Aufenthalt im Sanatorium aus einer persönlichen Perspektive zu erzählen, und die öffentliche Zugänglichkeit dieser Dokumente. Nur in einem einzigen Fall macht das Buch – mit Genehmigung der Gesundheitsdirektion des Kantons Zürich – von einem Patientendossier Gebrauch. Es handelt sich um die 1917 erstellte Akte des Dichters Albert Ehrenstein. Alle anderen «Innenansichten» basieren auf öffentlich verfügbaren Textzeugnissen.

Der vierte Teil widmet sich den kulturgeschichtlichen Bezügen, die bis in die Antike zurückreichen, worauf ein Wandrelief auf dem Areal des Sanatoriums verweist. Ein Deckenfresko im Gartenpavillon spielt auf die Ideen der Lebensreformbewegung und auf eine bekannte Szene im *Zauberberg* an. Thomas Mann ist aber nicht nur ideell präsent, sondern unterhält auch als Nachbar an Kilchbergs Alter Landstrasse persönlichen Kontakt zum Sanatorium. Enge Verbindungen zur Literaturszene ergeben sich zudem durch die Brüder Emil und Hans Huber, die von 1913 bis 1947 Eigentümer des Sanatoriums Kilchberg und zugleich Mitinhaber des Verlags *Conzett & Huber* sind. Ihnen verdankt die Medienbranche die *Zürcher Illustrierte* und die international bekannte Kulturzeitschrift *du*. Den Freunden des Schweizer Traditionssports sind die beiden Brüder durch den «Kilchberger Schwinget» verbunden, der erstmals 1927 auf dem Areal des Sanatoriums ausgetragen wird.

Der fünfte und letzte Teil des Buches enthält unter dem Titel «Rückschau und Ausblick» drei Interviews, die individuelle Sichtweisen auf die Vergangenheit mit Perspektiven für die Zukunft verbinden. Dabei rückt ein weiteres Jubiläum in den Vordergrund: Seit 70 Jahren befindet sich das Sanatorium in den Händen der Familie Schneider – ein willkommener Anlass, um mit Mitgliedern der Familie über die Zukunft des Hauses und «Vertrauen als Basis der Unternehmenskultur» zu sprechen.

Wir hoffen, dass dieses Buch nicht nur über die vielfältigen Facetten der 150-jährigen Geschichte des Sanatoriums Kilchberg informiert, sondern dass es seine Leserinnen und Leser auch unterhält.

PORTRÄT

M. LENNACKERS, H. J. RIEGER, T. BALLWEG

150 Jahre Sanatorium Kilchberg

Eine Chronologie des Geschehens

1867 gründet das Ehepaar Johannes und Maria Hedinger-Spreuermann an der Alten Landstrasse in Kilchberg die «Pflegeanstalt Mönchhof». Sie ist vom Geist der religiösen Laienbewegung geprägt, die im 19. Jahrhundert eine Blütezeit erlebt. Infolge der Industrialisierung nimmt die Anzahl psychischer Erkrankungen rapide zu. Private und staatliche Einrichtungen entstehen, die sich der Betroffenen annehmen, doch vielerorts nur zögerlich ...

«In Bezug auf die Fürsorge für Geisteskranke, heilbare und unheilbare, ist der Kanton hinter anderen Kantonen und anderen Ländern weit, sehr weit zurückgeblieben»[1], schreibt der deutsche Mediziner August Zinn 1863 in seinem Aufsatz «Die öffentliche Irrenpflege im Kanton Zürich und die Nothwendigkeit ihrer Reform». Im alten Spital der Stadt, in dem Zinn einige Jahre arbeitet, drängen sich über 400 Patienten zusammen, geistig und körperlich Kranke, Männer und Frauen. Ein Arzt befindet sich nicht im Haus, das Personal besteht aus sieben Wärtern. Über diese Missstände hinaus bemängelt August Zinn vor allem eins: «Die Psychiatrie wird an der Zürcher Hochschule weder theoretisch noch praktisch gelehrt.»[2]

Als eigenständige medizinische Disziplin etabliert sich die Psychiatrie allmählich in der ersten Hälfte des 19. Jahrhunderts. In ganz Europa werden Anstalten eröffnet, in denen psychisch oder geistig Kranke – die Unterscheidung bleibt unscharf – nach neuartigen Methoden behandelt werden. Sie sollen nicht mehr nur verwahrt, sondern gepflegt und, wenn möglich, geheilt werden. Am Pariser Hôpital de la Salpêtrière, der berühmtesten psychiatrischen Anstalt der Epoche, arbeiten ab 1813 spezialisierte Ärzte. Da es noch keine besonderen Fachexamen gibt, nennen sich Ärzte, die Kranke in sogenannten «Irrenanstalten» behandeln, Psychiater. Während in Deutschland zwischen 1800 und 1860 insgesamt 94 solcher Anstalten eröffnet werden, verläuft die Entwicklung in der Schweiz schleppend. Als erster Kanton eröffnet Genf 1838 das Hôpital des aliénés;

bis 1860 folgen weitere fünf Kantone: St. Gallen (St. Pirminsberg), Neuenburg, Thurgau (Münsterlingen), Bern und Solothurn. Zürich hinkt selbst im schweizerischen Vergleich der Entwicklung hinterher. Erst 1867 eröffnet der Kanton im fünf Jahre zuvor aufgehobenen Benediktinerkloster Rheinau eine «Irrenanstalt für Unheilbare»[3], 1870 folgt die städtische «Irrenheilanstalt Burghölzli».

Neben staatlichen Einrichtungen entstehen in der zweiten Jahrhunderthälfte private Heilstätten, getragen von einer philanthropisch-christlichen Bewegung. In dem 1851 von Dorothea Trudel gegründeten «Bibelheim» in Männedorf bestimmen die familiäre Gemeinschaft, tägliche Bibelstunden und religiöse Andachten den Alltag. Ab 1857 wirkt Samuel Zeller als Gehilfe im Bibelheim mit. Nach Dorothea Trudels Tod übernimmt er die Leitung der Heilstätte und erwirbt sich grosses Ansehen als Prediger und Heiler. Einer der Mitarbeiter von Samuel Zeller ist Johannes Hedinger. Ebenso stark im christlichen Glauben verwurzelt, beschliesst er, eine eigene Anstalt zu eröffnen. 1867 gründet er in Kilchberg die «Pflegeanstalt Mönchhof».[4]

Die Hedinger'sche Anstalt

Den Tagesablauf gestalten Johannes und Maria Hedinger nach dem Vorbild des Männedorfer Bibelheims. Neben Bibelstunden und Andachten, Handauflegen und Wasserkuren verordnet Johannes Hedinger den Kranken viel Bewegung im Freien und beschäftigt sie im anstaltseigenen Landwirtschaftsbetrieb. Über einen eigenen Arzt verfügt die Einrichtung nicht, ein Hausarzt versorgt die Patienten. Therapie und Betreuung obliegen Johannes Hedinger persönlich. Heilerfolge, die ihm zugeschrieben werden, sind nicht zuletzt der menschlichen Zuwendung zu verdanken, mit der er sich der Kranken annimmt. Die Verantwortung für Personal, Hauswirtschaft und Verwaltung trägt hauptsächlich seine Frau. Obwohl immer neue Heil- und Pflegestätten gegründet werden, verzeichnet die Hedinger'sche Anstalt eine wachsende Belegung und entwickelt sich bis zur sogenannten «Irrenzählung» von 1888 zur grössten privat geführten psychiatrischen Institution im Kanton. Um dem weiter steigenden Bedarf gerecht zu werden, vergrössern die Hedingers ihre Einrichtung. Nebst dem Wärterheim und dem Mittelbau lassen sie zwischen 1887 und 1890 ein neues Hauptgebäude errichten, das heutige Haus A. Durch die Erweiterung kann die Bettenzahl bis Ende des Jahrhunderts auf 179 angehoben werden.

Der Neubau ist das mit Abstand grösste Gebäude in Kilchberg und löst in der Gemeinde etlichen Ärger aus. Gottfried Binder schreibt 1911 in seiner Chronik «Das alte Kilchberg»: «Eine Dissonanz in den Frieden der Alten Landstrasse brachte der Bau der Anstalt, gegen dessen Ausführung Alt Kilchberg lebhaft demonstrierte. Sie hat in ihrer himmelanstrebenden Wucht etwas Gewaltsames. Es überkommt einen etwa das Gefühl, der Koloss gerate in Bewegung und zermalme die sich harmlos an den Berghang duckenden Mönchhofshäuser.»[5] Es ist allerdings nicht allein die Dimension des Neubaus, welche die alteingesessene Bevölkerung stört; auch die Bewohner der Anstalt irritieren viele Kilchberger.

1890 stirbt Johannes Hedinger. An seiner Stelle führt Maria Hedinger-Spreuermann die Anstalt weiter. Viele Jahre später schreibt ihr Enkel Paul Hedinger über sie: «Die weitaus bedeutendste Person in der Hedinger'schen Anstalt war meine Grossmutter [...], die Erbauerin des [...] Hauptgebäudes, eine mit der ganzen Machtfülle echter Glaubensstärke ausgerüstete Frau, deren Tragik darin bestand, dass ihre Söhne [...] jene Geisteskraft ihrer Vorfahren [...] nicht mehr besassen.»[6] Einer der Söhne, Johannes Hedinger junior, unterstützt die Mutter bis zu ihrem Tod 1895. Anschliessend übernimmt er die alleinige Verantwortung. Er setzt den Schwerpunkt verstärkt auf eine Arbeitstherapie, bei der er durchaus auch den wirtschaftlichen Nutzen für die Einrichtung im Blick hat. Im Prospekt des Hauses von 1894 schreibt er: «Wir erachten Beschäftigung als eines der trefflichsten Hülfsmittel zur Heilung von Psychosen. Wer deshalb irgendwie dazu bewogen werden kann, erhält eine entsprechende Beschäftigung bei nötiger Aufsicht und Beobachtung. Hierzu bietet unsere eigene Oekonomie reichliche Gelegenheit. – Für geistige Betätigung und Anregung der Kranken ist durch Bücher, Zeitungen und Zeitschriften auf's Beste gesorgt.»

Spaziergänge, Unterhaltungsabende, musikalische Darbietungen, aber auch Spiele wie Schach und Croquet sorgen für Abwechslung. Aufnahme finden «Geistes- und Gemütskranke aller Art, Nervenleidende, Altersschwache, körperlich Leidende, Ruhe- und Erholungsbedürftige beiden Geschlechts, Letztere getrennt». Ab 1897 steht Johannes Hedinger ein Anstaltsarzt zur Seite. Da eine neue kantonale «Irrenverordnung» von allen Einrichtungen ausführlich Rechenschaft fordert, erscheint für das Jahr 1899 der erste gedruckte Jahresbericht. Er gibt Einblick in die inneren Verhältnisse des Hauses. Die 185 Männer und 171 Frauen, die im Berichtsjahr betreut werden, kommen aus der gesamten Schweiz, aber auch aus dem nahen und fernen Ausland. Die männlichen Patienten gehören vorwiegend den unteren Gesellschaftsschichten an: Landwirte, Arbeiter oder Handwerker.[7] Johannes Hedinger stellt fest: «Wo so oft die Thore staatlicher Anstalten in Folge Überfüllung oder anderer Ursachen vielen Hilfesuchenden verschlossen blieben, da hat hiesige Anstalt sich nach Kräften hilfsbereit erwiesen und die Thüre auch den Ärmsten geöffnet.»[8] Doch sieht sich die Einrichtung in jenen Jahren zunehmend heftigen Angriffen ausgesetzt. Jährliche Inspektionen rügen Missstände bei Verpflegung, Unterbringung und Betreuung der Patienten sowie bei den Arbeitsbedingungen des Wartpersonals. Es kommt sogar zu einem Arbeitskampf, bei dem sechs Wärter ihre Stelle verlieren. In die Auseinandersetzungen verwickelt ist Fritz Brupbacher, der von 1899 bis 1901 in Hedingers Heilanstalt tätig ist, zunächst als Assistenzarzt, dann – nach einer kurzen Unterbrechung – als Ärztlicher Leiter. Als Brupbacher in der sozialistischen Zeitung *Volksrecht* öffentlich gegen Hedinger Stellung bezieht, wird ihm gekündigt. Ende 1903 beschliesst Johannes Hedinger, die Verantwortung für die Anstalt in andere Hände zu legen.

Auszug der Rapporte
vom 1. Juli 1902. – 31. Dezember 1902.
über die Beschäftigung der Insassen der Heil- Pflege Anstalt Kilchberg.

Beschäftigt sind worden mit:

Monat	Datum	Im Garten und Feld	Mit Beheizung	Mit andern Gewerken	In der Schneiderei	Im Waschhaus und Plätterei	In der Küche	Mit Hausarbeit	Ausserdem	Un-beschäftigte	Beschäftigte	Total Bestand
Juli	1.	4.	2.	✓	2.	3.	2.	10.	12.	10 g.	35.	144.
"	2.	4.	2.	✓	2.	3.	2.	10.	12.	10 g.	35.	144.
"	3.	4.	2.	✓	3.	3.	2.	10.	12.	10 g.	36.	145.
"	4.	4.	2.	✓	3.	3.	2.	10.	12.	108.	36.	144.
"	5.	4.	2.	✓	3.	3.	2.	10.	12.	10 g.	36.	145.
"	6.	4.	2.	✓	2.	3.	2.	10.	12.	10 g.	35.	144.
"	7.	4.	2.	✓	2.	3.	2.	10.	12.	110.	35.	145.
"	8.	4.	2.	✓	3.	3.	2.	10.	12.	10 g.	36.	145.
"	9.	4.	2.	✓	2.	3.	2.	10.	12.	10 g.	35.	144.
"	10.	4.	2.	✓	2.	3.	2.	10.	12.	10 g.	35.	144.
"	11.	4.	2.	✓	2.	3.	2.	10.	12.	110.	35.	145.
"	12.	4.	2.	✓	2.	3.	2.	10.	12.	110.	35.	145.

Der Rapport über die «Beschäftigung der Insassen» von 1902 macht deutlich, dass etwa ein Viertel der Patienten (35 von 144 am 1. Juli) regelmässig zur Arbeit eingesetzt wurde, davon nur ein sehr kleiner Teil für Garten- und Feldarbeiten (4 Pers.), deutlich mehr für Hausarbeiten (10 Pers.) und sonstige Tätigkeiten (12 Pers.).

Von der Pflegeanstalt zum Sanatorium

Per 1. März 1904 übernimmt die Gesellschaft U. Rutishauser & Cie. den Betrieb. Die äusseren Umstände scheinen ungünstig. Noch im Februar diskutiert der Kantonsrat, ob die Kilchberger Anstalt angesichts ihrer schlechten Führung geschlossen werden muss. Letztlich verbietet sich aber eine solche Massnahme, da private Einrichtungen für die Betreuung der Patienten unerlässlich sind. Ärztlicher Leiter bleibt der 1903 eingestellte Max Kesselring. Der international erfahrene Psychiater steht in der Tradition der Reformbewegung, die auf den irischen Arzt John Conolly zurückgeht und den Verzicht auf Zwangsmittel fordert. Die veränderte Ausrichtung schlägt sich 1904 auch in der Namensgebung nieder: Die «Heil- und Pflegeanstalt» nennt sich fortan «Sanatorium Kilchberg».

Eine Genossenschaft als Eigentümerin

Von 1906 bis 1913 ist das Sanatorium Eigentum einer Genossenschaft. Unter der ärztlichen Leitung von W. Buser[9] setzen sich die neuen Besitzer gemäss Jahresbericht für 1908/09 zum Ziel, «aus unserem Hause nicht bloss eine Versorgungsanstalt für unheilbar Kranke, sondern ein wirkliches Sanatorium zu machen». Sie beschliessen, lärmende oder gewalttätige Patienten nicht mehr aufzunehmen und die «unruhigen Elemente»

Postkarte mit Versanddatum vom 6. März 1907. Die Benennung «Privat-Heil- und Pflegeanstalt» lässt erkennen, dass die Karte vor 1904 gedruckt wurde.

Die Heil- und Pflegeanstalt Kilchberg um 1900, umgeben von Rebhängen

Aquarell von Hugo Frey (1932): Schwimmbecken und Haupthaus des Sanatoriums Kilchberg

Die Psychoanalyse im Kreuzfeuer der Kritik

Am 15. Dezember 1911 hält der Psychiater und ehemalige Leiter des Sanatoriums Kilchberg Max Kesselring auf Einladung des Keplerbundes einen Vortrag im Zürcher Schwurgerichtssaal. Damit gibt er die Initialzündung für die erste grosse Mediendebatte über die Psychoanalyse in der Schweiz. Kesselring, einer christlich-humanistischen Tradition verpflichtet, wirft dem Freud'schen Verständnis des Seelenlebens eine «Menge falscher Verallgemeinerungen und gekünstelter, voreingenommener Deutungen» vor. Über den Vortrag berichtet die *Neue Zürcher Zeitung* am 2. Januar 1912.[10]

Am 10. Januar antwortet C.G. Jung, er sei erstaunt, dass eine Forschungsrichtung, die «unter anderem auch die intimsten und anstössigsten aller menschlichen Phantasien in den Bereich ihrer analytischen Arbeit zu ziehen hat», in aller Öffentlichkeit behandelt werde. Schon um «des guten Geschmackes willen» gehörten psychoanalytische Erklärungen nicht vor das Publikum eines Schwurgerichtssaales, denn auch das «gebildetste Publikum» könne in solchen Fragen «kein kompetentes Urteil» besitzen. Im Übrigen, so Jung in der *NZZ*, zeige der Vortrag Kesselrings einen «Mangel an Objektivität» und enthalte eine «grosse Anzahl von schiefen Auffassungen». Jung verweist auf die Schrift «Die Psychoanalyse Freuds»[11] von Eugen Bleuler, dessen «Autorität und kontinentaler Ruf» wohl eine «kompetentere Auffassung der Psychoanalyse verbürgen als die Ausführungen Dr. Kesselrings».

Die Kombattanten des Streits um die Psychoanalyse (v.l.n.r.): Max Kesselring, Sigmund Freud, Auguste Forel und C.G. Jung

Schon sehr bald kann sich auch Kesselring über prominenten Beistand freuen. Ab dem 24. Januar mischt sich sein akademischer Mentor, Auguste Forel[12], in die Debatte ein. In einem bissigen Beitrag, der am 1. Februar 1912 in der *NZZ* erscheint, nennt Forel die Freud'schen Seelendeutungen «dilettantisch» und spricht von der psychoanalytischen Schule als «alleinseligmachender Sexualkirche». Bereits zu Beginn der Auseinandersetzungen hat sich auch der Feuilleton-Redaktor der *NZZ*, Fritz Marti, auf Kesselrings Seite geschlagen. Martis Äusserungen sind an Polemik kaum zu übertreffen. So lässt er am 13. Januar 1912 seine Zeitungsleser wissen: «Die ganze Welt wird im konsequenten Ausbau dieser Theorie sexual überschleimt.» Es kehre in Gestalt der Analyse «die katholische Ohrenbeichte» wieder – mit all ihren Gefahren. «Und diese Gefahren sind: Befriedigung der Lüsternheit auf der einen und Verwirrung – statt Heilung – auf der anderen Seite.»

In der einen Monat währenden, heftigen Debatte in der *NZZ*, die zuvor nur ein einziges Mal über die Psychoanalyse berichtete[13], erscheinen insgesamt 20 Artikel zum Thema, darunter vier von Kesselring, drei von Auguste Forel und sechs von C.G. Jung.[14] Der Wellenschlag der Auseinandersetzung reicht bis ins ferne Wien. Schon im Vorfeld des Vortrags von Kesselring rapportiert C.G. Jung an Sigmund Freud: «Bei uns in Zürich rumort die Psychoanalyse gewaltig. Nächstdem wird der Keplerbund einen öffentlichen Vortragsabend gegen dieses Übel veranstalten. Also bereits die Anfänge von Protestversammlungen!»[15] In einem weiteren Brief an Freud vom 23. Januar 1912 kündigt Jung einen «öffentlichen Protest der Internationalen Psychoanalytischen Vereinigung» an, der dann tatsächlich am 27. Januar erscheint. Nach dem Ende der Debatte berichtet Jung am 15. Februar 1912 an Freud: «Momentan ruht das Gefecht. Forel hat uns aber auf Herbst den verfluchten Psychotherapeutenverein auf den Hals geladen und uns bereits mit gänzlicher Vernichtung bedroht. Im übrigen sind wir aber bis jetzt keineswegs vernichtet, sondern der Verein blüht mehr denn je.»[16]

Ironie der Geschichte: Zur Blüte des Vereins trägt ausgerechnet das Sanatorium Kilchberg bei: Im selben Jahr, in dem Kesselring seine medialen Angriffe auf die Psychoanalyse in der *NZZ* publiziert, tritt sein Nachfolger im Amt des Ärztlichen Leiters der *Internationalen Psychoanalytischen Vereinigung* bei. Im Mitgliederverzeichnis der Sektion Zürich von 1912 wird unter den insgesamt 33 Mitgliedern als Neuzugang vermerkt: «W. Buser, Anstalt Kilchberg b. Zürich», dazu «Frl. Dr. Kempner», die Assistenzärztin Busers.[17] Deutlicher lässt sich ein Richtungswechsel kaum markieren. Bis 1947 bleibt das Sanatorium Kilchberg in seiner therapeutischen Ausrichtung der Psychoanalyse (Jung'scher Prägung) verbunden.

in andere Anstalten zu verlegen. Die Neu-
orientierung sei notwendig geworden, «ganz
besonders zu einer Zeit, in der verschiedene
Irrenanstalten eröffnet oder erweitert und
Versuche mit privater Irrenversorgung ange-
stellt wurden». Die Zahl der Aufnahmen soll
reduziert, die Aufenthaltszeit der Patienten
verlängert und eine neue Klientel angespro-
chen werden.[18] Neben der Arbeitstherapie
kommen der Physio- und der Hydrotherapie
wachsende Bedeutung zu. Die Häuser werden mit einer Zentralheizung versehen und
sämtliche Räume renoviert, wobei «nicht
nur auf die hygienische, sondern auch auf
die künstlerische und heimelige Gestaltung

Pflegepersonal des Sana-
toriums Kilchberg mit
Dr. Hans Huber, 1923

Rücksicht»[19] genommen wird. Den Betsaal wandelt die Genossenschaft in einen komfor-
tablen Gesellschaftssaal um. Die Massnahmen zeigen den gewünschten Erfolg, heisst es
doch im Jahresbericht für 1910–12: «Die Zahl der Verpflegungstage ist von Jahr zu Jahr
erheblich gewachsen, hauptsächlich in der ersten und zweiten Klasse. [...] Die Patienten
verbleiben in der Regel länger als früher. Es hat uns dies auch ermöglicht, in den meisten
Fällen die angefangenen Kuren ohne Unterbrechung zu Ende zu führen.»

Die Ära Huber

1913 erwirbt der Jurist Emil Huber, bisher Rechtsberater und Präsident der Genossenschaft, das Sanatorium und führt es fortan persönlich. Ärztlicher Leiter wird sein Bruder
Hans Huber. Was sich zuvor angedeutet hat, erhält unter Emil und Hans Huber verbindli-
che Gestalt. Das Sanatorium lehnt sich therapeutisch eng an die zeitgenössische Wissenschaft und Medizin an. Dank regem Austausch mit der Kantonalen Heilanstalt Burghölzli,
die unter Eugen Bleuler höchstes internationales Ansehen geniesst, finden neuartige
Behandlungsmethoden Eingang ins Therapieangebot. Dazu zählen Schlaf- und Fieber-
kuren sowie später Insulin- und Elektrokrampftherapien. Das Burghölzli überweist regelmässig Patienten nach Kilchberg.

Laut Prospekt von 1932 widmet sich das Sanatorium «hauptsächlich der Heilung
leichterer Psychosen, Nerven- und Gehirnerkrankungen, Geistesschwäche und Alters-
schwachsinn» sowie der Behandlung von «Erschöpfungszuständen, Alkoholismus, Mor-
phinismus, Epilepsie» und «chronischen inneren Krankheiten nicht infektiöser Natur».
Stärker als zuvor empfiehlt sich das Haus für Erholungsbedürftige, was sich sowohl im
Therapieangebot als auch in der Vergrösserung und Neugestaltung des Parks nieder-

Dr. Hans Huber

Links: Die alte Stallscheune des Sanatoriums vor der Verlegung des Landwirtschaftsbetriebs zum Stockengut
Rechts: Das Stockengut, von 1928 bis 1947 Landwirtschaftsbetrieb des Sanatoriums Kilchberg

schlägt. Dazu erweitert Emil Huber die unternehmerische Basis, indem er den landwirtschaftlichen Betrieb verlagert. Dank grosser Landkäufe kann er das alte Gehöft «Uf Stocken» zum anstaltseigenen «Stockengut» ausbauen. 1928 eröffnet, entwickelt es sich zu einem der grössten Gutsbetriebe im Kanton. Sein umfangreicher Viehbestand, zu dem Kühe, Pferde, Schweine, Hühner und Enten gehören, ermöglicht es dem Sanatorium, sich auch in den schwierigen Zeiten des Zweiten Weltkriegs zu einem guten Teil selbst zu versorgen. Seit 1982 ist das Stockengut im Besitz der Gemeinde Kilchberg.

Die Brüder Huber als Unternehmer und Kulturförderer

Die Verlegung des Landwirtschaftsbetriebs macht die Stallscheune an der Alten Landstrasse überflüssig und erlaubt Emil Huber, auf deren Fundamenten 1928–30 sein Wohnhaus erbauen zu lassen. Durch seine grosse Dachterrasse mit Pergola und Eckpavillons wirkt das Haus bis zu seiner Aufstockung im Jahr 1950 als herrschaftlicher Wohnsitz. In ihm bringen die Gebrüder Huber auch das von ihnen gegründete Physikalische Institut unter.

Am kulturellen, gesellschaftlichen und politischen Leben nehmen Hans und Emil Huber regen Anteil. Bereits 1909 steht Emil Huber der in wirtschaftliche Schwierigkeiten geratenen Druckerei von Verena Conzett bei und gründet mit ihr den Verlag *Conzett & Huber*, aus dem die *Zürcher Illustrierte* und in späterer Zeit das Kulturmagazin *du* hervorgehen. Unternehmerisch noch in weiteren Branchen tätig, fühlt sich Emil Huber auch dem Schwingsport verbunden und ruft 1927 den «Kilchberger Schwinget» ins Leben, dessen erster Wettkampf im Park des Sanatoriums ausgetragen wird. Intellektualität und Volkstümlichkeit gehen auch bei Hans Huber Hand in Hand. Er verkehrt in Jodler- und

Dr. iur. Emil Huber

PSYCHIATRISCHE BEHANDLUNGSMETHODEN IN DER ERSTEN HÄLFTE DES 20. JAHRHUNDERTS

Bis zum Aufkommen der evidenzbasierten Medizin und Psychotherapie ist die Geschichte der psychiatrischen Behandlungsmethoden über weite Strecken eine «Geschichte therapeutischer Verlegenheitslösungen», die nicht selten fatale Folgen für die Betroffenen hat.

Zur Behandlung der progressiven Paralyse, eines Spätstadiums der Syphilis, wird von dem österreichischen Psychiater Julius Wagner-Jauregg die **Fieberkur** unter Verwendung von Malaria-Erregern entwickelt. 1927 erhält er hierfür den Nobelpreis. Die Therapie gilt bis zur Erfindung der Antibiotika als einzig wirksame Behandlungsform bei dieser Erkrankung.

Die **Schlafkur** oder **Dauernarkose** ist in den zwanziger und dreissiger Jahren des letzten Jahrhunderts eine verbreitete Behandlungsmethode der Schizophrenie. 1922 berichtet der Schweizer Psychiater Jakob Klaesi in der «Zeitschrift für Psychiatrie» über Versuche, bei denen er mit dem Barbiturat «Somnifen» fünf- bis zehntägige Dauernarkosen bei schizophrenen Patienten durchführte – angeblich mit gutem Erfolg. Die Behandlungsmethode verbreitet sich daraufhin vor allem im deutschsprachigen Raum, obwohl sie bei mehr als 10 Prozent der Patienten zum Tode führt.

Die **Insulin(schock)therapie** wird in der Psychiatrie von 1933 bis in die 1950er-Jahre zur Behandlung von Depressionen und Schizophrenien eingesetzt. Durch die Injektion von Insulin wird künstlich eine Senkung des Blutzuckerspiegels herbeigeführt, bis ein Komazustand eintritt. Dabei kommt es häufig zu einem Krampfanfall. Nach einigen Minuten wird der Zustand durch Verabreichung des Hormons Glucagon wieder beendet. Aufgrund der umstrittenen therapeutischen Wirkung und der Gefahr von irreversiblen Schädigungen bei wiederholtem Einsatz verschwindet diese Behandlungsform mit dem Aufkommen der modernen Psychopharmaka vollständig.

Bei der **Elektrokrampftherapie (EKT)** wird durch kontrollierte Stromstösse ein epileptischer Anfall

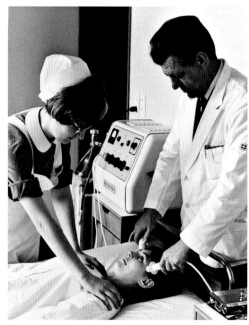

EKT-Behandlung im Sanatorium Kilchberg in den 1950er-Jahren

im Gehirn ausgelöst. Der italienische Psychiater Ugo Cerletti wendet nach vorausgehenden Tierexperimenten 1938 die Behandlungsmethode erstmals bei einem schizophrenen Patienten an, wodurch laut Berichten eine deutliche Besserung des Zustandsbilds erzielt wird. Ein Hauptproblem sind die mitunter durch den Krampfanfall verursachten körperlichen Folgeschäden bis hin zu Frakturen, weshalb die EKT seit den 1950er-Jahren zunehmend in Verruf gerät. Seit etwa zwei Jahrzehnten erlebt sie aufgrund der gut belegten Wirksamkeit eine Renaissance vor allem in der Behandlung von therapieresistenten schweren Depressionen. Im Sanatorium Kilchberg wurde diese Therapiemethode 2013 wiedereingeführt. Sie wird heute ausschliesslich unter Vollnarkose angewendet.

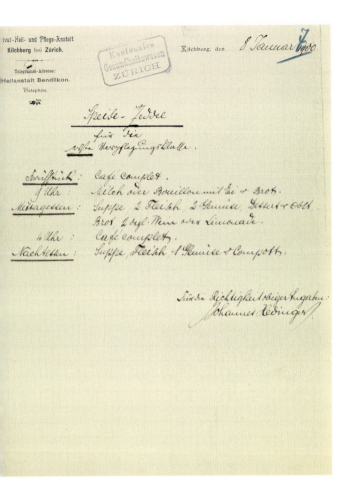
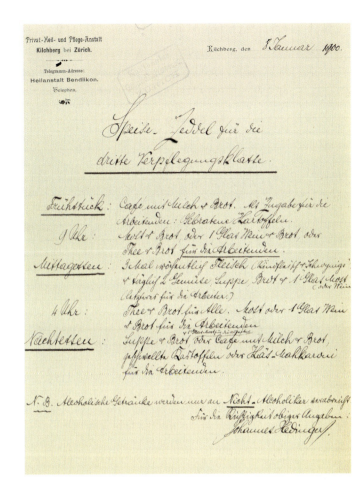

Speisepläne der I. und III. Klasse vom 8. Januar 1900. Bemerkenswert ist das Angebot von Most und Wein zu fast allen Mahlzeiten – mit Ausnahme des Frühstücks. Allerdings gibt es eine Einschränkung: «Alkoholische Getränke werden nur an Nicht-Alkoholiker verabreicht.»

Schwingerkreisen, verfolgt aufmerksam die philosophischen und theologischen Debatten der Zeit und ist ein ausgewiesener Kenner der deutschsprachigen Literatur. Mit etlichen Künstlern des Expressionismus und Dadaismus verkehrt er persönlich, ist ihnen Freund und Förderer und betreut sie auch als Arzt. Während des Ersten und Zweiten Weltkriegs finden neben Künstlern und Literaten zahlreiche jüdische Emigranten Aufnahme im Sanatorium.

Unter Führung der Familie Schneider

Nach dem Tod von Emil Huber 1938 führt sein Bruder Hans die Klinik im Namen der Erbengemeinschaft weiter. Diese entschliesst sich 1946, das Sanatorium (ohne Stockengut) zu verkaufen. Neue Eigentümer werden zum 1. Februar 1947 Helly und Walter Schneider-Burger; zuvor leiteten sie die Privatklinik Schlössli Oetwil. Als neuen Ärztlichen Direktor gewinnen sie Urs Martin Strub, der zuvor als Oberarzt in der Klinik Rheinau tätig war. Zum Zeitpunkt der Eigentumsübertragung sind von den 165 Betten 146 belegt. Das

Personal besteht aus 2 Ärzten, 12 Schwestern, 9 Pflegern, je 3 Handwerkern und Gärtnern, 2 Helfern im Arztsekretariat und in der Verwaltung, 20 in der Hauswirtschaft. Die neue Besitzerfamilie beginnt mit der Renovation des Hauses A, richtet ein neues Laboratorium ein und erwirbt zwei Mehrfamilienhäuser für das Personal.[20]

Als ab 1952 die ersten Psychopharmaka auf den Markt kommen und in den Kliniken eingesetzt werden, wandeln sich die Verhältnisse in der Psychiatrie tiefgreifend. «Der Mensch, der heute psychiatrische Hilfe braucht, hat unvergleichlich bessere Therapie-Chancen als der Patient vor 30 Jahren. Denn die neu erforschten Therapie-Möglichkeiten, vor allem jene mit Psychopharmaka, haben den Anteil der chronisch kranken Patienten stark vermindert. Viele Kranke, die vor ein bis zwei Generationen zu langen Klinikaufenthalten gezwungen waren, können jetzt nach kurzen Klinik-Kuren zuhause ein normales Leben führen», heisst es im Prospekt des Sanatoriums von 1960. Die neuen Medikamente verändern auch die Stimmung in der Klinik. «Die neue Chemie und Alchemie der Psyche haben auch über unser Nervensanatorium, das oft laut war wie andere Institute ähnlicher Art, eine merkbare Besänftigung und Ruhe gebracht», schreibt Urs Martin Strub zur 100-Jahr-Feier des Sanatoriums 1967. Beschäftigungs- und Physiotherapie bleiben tragende Säulen des therapeutischen Konzepts, ergänzt um die von Strub eingeführte Logotherapie nach Viktor E. Frankl. Die Beschäftigungstherapie wandelt sich in den 1960er-Jahren mehr und mehr zu einer an konkreten Behandlungszielen orientierten Ergotherapie und wird durch die Einführung der Kunsttherapie sinnvoll ergänzt. Wie sein Vorgänger Hans Huber unterhält Urs Martin Strub, der sich nebenbei als Lyriker einen Namen macht, enge Beziehungen zum Burghölzli, das seit 1942 von Manfred Bleuler als Ärztlichem Direktor und Nachfolger seines Vaters Eugen Bleuler geleitet wird.

Klinikerweiterung in der Hochkonjunktur

Im günstigen Umfeld der beginnenden wirtschaftlichen Hochkonjunktur entschliesst sich das Ehepaar Schneider zu einer Vergrösserung der Klinikanlage. «Im Betrieb ist mit den bisherigen Mitteln und Methoden des Renovierens und Verbesserns nicht mehr weiterzukommen. Es fehlen vor allem die Nebenräume, deren ein moderner psychiatrischer Anstaltsbetrieb unbedingt bedarf. Es sind dies u.a. ein genügend grosser, geschlossener Raum für Gymnastik und Unterhaltung mit den ebenfalls wieder notwendigen ökonomischen Räumlichkeiten, genügend Platz mit den nötigen Einrichtungen für Beschäftigung nach neuzeitlichen Methoden sowie Unterrichtsräume mit Demonstrationsmaterial»[21], stellt Walter Schneider 1958 fest. Um das ambitionierte Raumprogramm realisieren zu können, muss die Institution eine neue Grösse erlangen. Dies erreicht sie durch den Bau der Patientenhäuser E und F in den Jahren 1960–62. Mit 225 Betten positioniert sich das Sanatorium Kilchberg nunmehr als mittelgrosse Institution unter den Psychiatrischen Kliniken des Landes. Statt drei sind es jetzt sechs Ärzte, die sich um das Wohl der Patien-

Helly und Walter Schneider-Burger

Aufführung «Psychiatrama»
zum 100-jährigen Jubiläum
des Sanatoriums

ten kümmern. Zur Ausbildung neuer Pflegekräfte gründet das Sanatorium zusammen mit anderen Privatkliniken 1959 die Pflegefachschule «Südhalde» in Zürich-Riesbach.[22] 1968 feiert das Sanatorium Kilchberg sein hundertjähriges Bestehen mit der Aufführung «Psychiatrama», ein «Schau- und Hörspiel mit stehenden, bewegten und lebenden Bildern über die Geschichte der Psychiatrie»[23]. Die Musik komponiert Rolf Walss[24], die künstlerische Beratung übernimmt unter anderen der Maler Hans Erni.

Die günstige Wirtschaftslage nutzend, lassen Helly und Walter Schneider eine zweite Ausbauetappe folgen. Nach vierjähriger Bauzeit wird das grosse, multifunktionale Haus B 1974 offiziell eingeweiht. Es bietet Platz für vier Patientenstationen mit 98 Betten, zudem für Empfang, Verwaltung, Apotheke, Labor, Wäscherei und einen Therapietrakt. Dank der Klinikerweiterung kann die Geschlechtertrennung sukzessive aufgehoben werden, die seit der Gründung zu komplizierten räumlichen Verhältnissen geführt hat. So befand sich der Männerspeisesaal während Jahrzehnten im Obergeschoss des Werkstattgebäudes. 1978 ist die strikte Trennung von Männern und Frauen endgültig passé.

1974 tritt Walter Schneider als Direktor zurück und amtet fortan als Verwaltungsratspräsident der neugegründeten Aktiengesellschaft *Sanatorium Kilchberg AG*. Verwaltungsleiter wird sein Sohn Jürg Schneider. Unter ihm nimmt die Klinik 1979 die erste EDV-Anlage in Betrieb.

Stetiger Wandel

Nach dem Rücktritt von Walter Schneider erlebt das Sanatorium unruhige Zeiten, was nicht zuletzt an den häufigen Chefarztwechseln abzulesen ist. Auf Urs Martin Strub, der 1969 nach 22 Jahren aus dem Dienst ausscheidet, folgen Emil Pinter (1970–1975), Lea Prasek (1975–1981), Kaspar Wolfensberger (1981–1983), Hans Kayser (1983–1986) und Ralf Krek (1986–1992), die den eingeschlagenen Kurs der Vorgänger mit jeweils eigenen Schwerpunkten fortsetzen. Das therapeutische Angebot erweitert sich stetig, verliert aber auch an Ausrichtung und Kontur. Wichtige Meilensteine sind die Eröffnung einer Psychotherapiestation und die Verankerung von Gruppenangeboten im therapeutischen Repertoire. Dank verbesserter Psychopharmaka sinkt die Verweildauer der Patienten stetig, 1982 unterschreitet sie erstmals den Durchschnitt von einhundert Tagen. Dies bleibt nicht ohne Folgen für die Wirtschaftslage des Unternehmens; zu innerbetrieblichen Problemen und Konflikten gesellen sich die kontinuierlich sinkende Bettenauslastung und steigende Kosten.

Ende der 1980er-Jahre erlebt das Sanatorium eine Zäsur: 1988 verlässt Walter Schneider den Verwaltungsrat, 1990 tritt Jürg Schneider als Verwaltungsleiter zurück. Damit scheidet Familie Schneider nach über vierzig Jahren aus der operativen Führung des Sanatoriums aus. Die Aktiengesellschaft ist hingegen bis heute in ihrem Familienbesitz.

Dr. Urs Martin Strub

Regionale Versorgungsklinik

1990 beauftragt der Verwaltungsrat des Sanatoriums eine Beratungsfirma aus St. Gallen mit einer Betriebsanalyse. Sie kommt zu dem Ergebnis, dass der Betrieb durch eine Erhöhung der Wirtschaftlichkeit und die Einrichtung offener Akutstationen den aktuellen Erfordernissen anzupassen sei. Mit Pharmazeut Halwart Kahnert übernimmt ein Vertreter der Beratungsfirma die Verwaltungsdirektion.

Seit dem 1. April 1991 ist das Sanatorium Kilchberg aufgrund eines Vertrags mit der Zürcher Gesundheitsdirektion als Regionalklinik im kantonalen psychiatrischen Versorgungssystem verankert, zuständig für den Bezirk Horgen, seit 1. Januar 1993 auch für den Bezirk Affoltern und den Zürcher Stadtkreis 2. Anlässlich der 125-Jahr-Feier des Sanatoriums 1993, die ein beachtliches Presseecho auslöst, lobt Gesundheitsdirektor Peter Wiederkehr das Vertragswerk als «ein Beispiel kooperativer Zusammenarbeit von Staat und Privaten».

Unter Waldemar Greil, dem Ärztlichen Direktor ab 1992, wird das Sanatorium den Aufgaben einer regionalen Versorgungsklinik gerecht. «Bedingt durch diese neue Aufgabe», schreibt Greil im Jahresbericht 1992, «hat sich die Klinik, vor allem in den letzten beiden Jahren, immer mehr in Richtung eines psychiatrischen Akutspitals verändert. Es ist nicht mehr möglich, Patienten auszuwählen, die für bestehende Abteilungskonzepte

Prof. Dr. Waldemar Greil

Dr. René Bridler

Peter Hösly

Walter Bosshard

geeignet sind, sondern es werden für Patienten aus dem gesamten Spektrum psychischer Erkrankungen Behandlungsmöglichkeiten angeboten.» Dementsprechend verdoppeln sich im Verlauf der 1990er-Jahre die jährlichen Aufnahmen auf über 1000.[25] Ein zentraler ärztlicher Aufnahmedienst, eine straffere Organisation und eine verbesserte Triage mit zügiger Verlegung der Patienten von den Akutstationen gewährleisten seither die ständige Aufnahmebereitschaft. Grossen Wert legt Greil auf einen hohen medizinischen und therapeutischen Standard, sichergestellt durch eine wissenschaftliche Vernetzung der Klinik, intensive Weiterbildung des Personals und öffentliche Fortbildungsveranstaltungen. Darüber hinaus macht er sich für eine klare therapeutische Ausrichtung der Klinik stark: Seit Beginn seiner Amtszeit ist das Sanatorium Kilchberg an einer evidenzbasierten Psychotherapie mit kognitiv-verhaltenstherapeutischem Zuschnitt orientiert. Neben den Ärzten werden zunehmend auch klinische Psychologen im Bereich der Psychotherapie tätig. Ihr Beschäftigungsumfang hat sich zwischen 1992 und 2007 von einer halben auf zehn Stellen vervielfacht und beträgt heute insgesamt 25 Stellen, davon 5 in Kaderfunktion.

1993 wird das erste Ambulatorium eröffnet; das zweite folgt 2002 auf dem Areal des See-Spitals in Horgen. 1994 nimmt das «Drop-In», eine Beratungsstelle für Drogenabhängige, in Thalwil seine Tätigkeit auf.[26] Als Ergänzung des stationären Angebots führt das Sanatorium seit 2003 eine teilstationäre Tagesklinik. Um die Aufnahmekapazität im Akutbereich zu steigern, wird 2007 das neue Patientenhaus D mit drei zum Teil geschlossen geführten Akutstationen eröffnet. Im folgenden Jahr kann das Körpertherapiezentrum H samt Turnhalle dem Betrieb übergeben werden.

Waldemar Greil, dessen Arbeit während fünfzehn Jahren das Sanatorium prägt, übergibt die ärztliche Leitung 2007 an Erich Seifritz, der zwei Jahre später durch den heutigen Ärztlichen Direktor René Bridler abgelöst wird. Seit der Pensionierung von Halwart Kahnert als Verwaltungsdirektor im Jahr 2006 leitet Peter Hösly die Klinik. Präsident des Verwaltungsrats ist seit 1996 Walter Bosshard.

Das Sanatorium Kilchberg heute

Auch in der Gegenwart setzt das Sanatorium Kilchberg neue Akzente und passt sein therapeutisches Spektrum den veränderten gesellschaftlichen Rahmenbedingungen an.

2010 nimmt die Klinik «Recovery» in ihre Zielsetzungen auf. Anfang der 1990er-Jahre von Betroffenen in den USA ins Leben gerufen, engagiert sich die Recovery-Bewegung für eine verbesserte Lebensqualität psychisch erkrankter Patienten. Geleitet von der Überzeugung, dass ein sinnerfülltes, selbstbestimmtes Leben auch mit psychischen Beeinträchtigungen möglich ist, zielt Recovery darauf ab, den Patienten eine Teilhabe am beruflichen, gesellschaftlichen und kulturellen Leben zu ermöglichen – und so die Genesungspotenziale des Einzelnen zu fördern.

Im Jahr 2014 entscheidet die Klinikleitung, im ganzen Sanatorium Massnahmen gegen den Willen von Patienten – wie beispielsweise Zwangsbehandlungen oder Isolationen – kontinuierlich zu reduzieren. Im Hinblick auf dieses Ziel werden zwei zuvor meist geschlossen geführte Akutstationen umgebaut. Die Mitarbeitenden werden gezielt geschult. Sowohl innerhalb als auch ausserhalb des Hauses setzt sich die ärztliche Leitung für eine nachhaltige Umsetzung des Programms ein.

Reformansätze wie diese, die das psychiatrische Handeln konsequent am Leitgedanken der Menschenwürde orientieren, sollen den Klinikalltag im Ganzen durchdringen. Daneben stehen Bestrebungen, neue Behandlungsangebote zu schaffen, die dem gegenwärtigen Therapiebedarf entsprechen: 2013 wird das «Zentrum für stressbedingte Erkrankungen» eröffnet. Daran angeschlossen ist die Privatstation Belvedere. Für die Therapie stressbedingter Erkrankungen hat ein Expertenteam der Klinik das Behandlungskonzept «SymBalance» entwickelt. Seit Herbst 2015 ist das Sanatorium Kilchberg zudem in der Stadt Zürich mit einer eigenen Praxis präsent: Das «Zentrum für Psychosomatik Zürich City» bietet eine interdisziplinäre Behandlung, bei der neben den psychischen Beschwerden auch die körperlichen Begleiterscheinungen sowie psychosomatische Wechselwirkungen besondere Berücksichtigung finden.

Gegenwärtig verfügt die Klinik über zehn Stationen mit 175 Betten, darunter drei Privatstationen. Die stationären Behandlungsmöglichkeiten werden ergänzt durch ein teilstationäres und ambulantes Angebot. Das Behandlungsspektrum reicht von affektiven, stressbedingten und psychosomatischen Beschwerden über Angst-, Zwangs- und Essstörungen bis hin zu Psychosen und gerontopsychiatrischen Erkrankungen. Hauptpfeiler sind die medizinische und pharmakologische Behandlung sowie die Psychotherapie mit dem Schwerpunkt Kognitive Verhaltenstherapie. Neben Psychiatern, Psychotherapeuten und Pflegefachkräften betreuen internistische und neurologische Fachärzte die Patienten. Mit seiner 150-jährigen Geschichte ist das Sanatorium Kilchberg nicht nur eine der ältesten, sondern mit seinen 400 Mitarbeitern auch eine der grössten psychiatrischen Privatkliniken der Schweiz.

Anmerkungen

1   A. Zinn (1863): Die öffentliche Irrenpflege, S. 8.
2   A. Zinn (1863): Die öffentliche Irrenpflege, S. 10.
3   Die Trennung der psychisch Kranken in «Heilbare» und «Unheilbare» geht auf Johann Christian Reil aus Halle (1759–1813) zurück, der auch den Begriff «Psychiatrie» geprägt haben soll.
4   Im gleichen Jahr wird die kantonale Heil- und Pflegeanstalt Rheinau gegründet.
5   G. Binder (1911): Das alte Kilchberg, S. 35–36.

6   Zitiert nach G. Binder (1948): Eine Geschichte der Gemeinde Kilchberg, S. 180.
7   202 Patienten belegten die III. Klasse, 154 die I. und die II. Klasse. Im Verlauf des Jahres verstarben 16 Männer und 25 Frauen. Am 31.12.1899 war die Anstalt von 103 Männern und 76 Frauen belegt. Vgl. Jahresbericht pro 1899.
8   Jahresbericht pro 1899.
9   W. Buser war als Nachfolger Kesselrings von 1906 bis 1913 Ärztlicher Leiter des Sanatoriums Kilchberg.

10 Die vorausgehenden Zitate aus dem Vortrag entstammen dem genannten Bericht in der NZZ.

11 Bleulers Schrift «Die Psychoanalyse Freuds – Verteidigung und kritische Bemerkungen» erschien 1910.

12 Kesselring absolvierte sein Medizinstudium in Zürich, wo er die Vorlesungen Auguste Forels besuchte, der von 1879 bis 1998 Professor an der Universität Zürich und Direktor des «Burghölzli» war (vgl. U.R. Meyer, o.J., S. 9–17).

13 Gemäss Henry F. Ellenbergers Standardwerk «Die Entdeckung des Unbewussten» (1973) wird in der NZZ die Psychoanalyse erstmals am 8. Februar 1911 erwähnt. «An diesem Tag erschien die Besprechung des Büchleins ‹Die Psychanalyse› [sic!] von Ludwig Frank, verfasst von Dr. Karl Oetker» (S. 1086).

14 Vgl. U.R. Meyer (o.J.): Kontroverse um die Psychoanalyse.

15 Brief von C.G. Jung vom 2.12.1911, zit. nach U.R. Meyer (o.J.), S. 41f.

16 Brief von C.G. Jung vom 23.1.1912, zit. nach U.R. Meyer (o.J.), S. 42. Freud selbst nahm die Zürcher Mediendebatte sehr ernst und brachte C.G. Jungs spätere Distanzierung von ihm und Teilen seiner Lehre in direkte Verbindung mit den Ereignissen in Zürich. Sein Vertrauter Ernest Jones schreibt in «Sigmund Freud, Leben und Werk» (1969): «Am Anfang des Jahres hörte er von Jung, dass in Zürich ein Pressesturm losgegangen war, bei dem die Psychoanalyse bösen Angriffen ausgesetzt wurde. […] Freud hatte immer den Eindruck, dass der Gesinnungswandel, der bald danach bei seinen Schweizer Anhängern eintrat, zum Teil eine Folge jener scharfen Kritik war, die damals gegen die Psychoanalyse erhoben wurde» (S. 372 f).

17 Mitgliederverzeichnis (1912), in: Zentralblatt für Psychoanalyse, 2. Jahrgang, Heft 4, S. 239. Die geringe Zahl der Mitglieder ist darauf zurückzuführen, dass die Vereinigung erst 1910 gegründet worden war.

18 Bezeichnenderweise geben die Jahresberichte ab 1910 keine Auskunft mehr über die soziale Herkunft der Patienten.

19 Jahresbericht für 1908/09.

20 Zwei weitere Personalhäuser wurden 1964 erbaut.

21 W. Schneider (1962): Rede zur Eröffnung der Häuser E, F, G am 20.6.1962.

22 Trägerkliniken der «Südhalde» waren nebst dem Sanatorium Kilchberg das Schlössli Oetwil, die Hohenegg, die Littenheid/SG und die Anstalt für Epileptische. Im Rahmen der kantonalen Reorganisation der Schulen im Gesundheitswesen (2009) wurde die «Südhalde» geschlossen.

23 So der Text der Einladung zu «Psychiatrama».

24 Das Werk findet sich als op. 24 im Nachlass des Komponisten in der Zentralbibliothek Zürich.

25 Gegenwärtig verzeichnet das Sanatorium über 2000 stationäre Aufnahmen pro Jahr.

26 Das Ambulatorium in Horgen wurde 2016 geschlossen. Die Drogenberatungsstelle in Thalwil verlor seit 1999 mehr und mehr an Bedeutung. Die Versorgung der Drogenabhängigen verlagerte sich zunehmend in die jeweiligen Heimatkantone, da die betroffenen Personen von Zürich rigoros rückgeführt wurden. Durch diese politische Veränderung kam es zu einer deutlichen Verringerung der Konsultationen im «Drop-In». 2001 wurden die Räumlichkeiten in Thalwil gekündigt.

H. J. RIEGER

Vom Winzerhaus zur Klinik im Park

Die Baugeschichte des Sanatoriums

Obwohl in mehreren Etappen gewachsen, präsentiert sich das Sanatorium heute als geschlossenes Ensemble. Der Hauptbau von 1890 dominiert die Gesamtanlage im Innern wie auch entlang der Alten Landstrasse. Herzstück des Areals ist der gepflegte Park. Mit seiner grossen Rasenfläche, dem alten Baumbestand und dem unverbauten Wiesenhang wirkt er als grüne Oase mitten in Kilchbergs ungeordneter Hangbebauung. Gegen den See hin entfalten Hauptbau und Bäume eine prägnante Fernwirkung.

Kaum ein Besucher würde im Bauernhaus an der Alten Landstrasse 70, dessen Giebelfront markant in die Strassenbiegung vorstösst, den Gründungsbau des Sanatoriums vermuten **(C)**. Tatsächlich eröffnete das Stifterpaar Johannes und Maria Hedinger 1867 in diesem Haus, dem heutigen Ambulatorium, die *Pflegeanstalt Mönchhof.* Kilchberg war bis ins 19. Jahrhundert eine Streusiedlung; nur bei der alten Kirche und in Bendlikon hatten sich Ansätze zu dörflichen Kernen gebildet. Die übrigen Bauernhöfe lagen über das ganze Gemeindegebiet verstreut. Auch der Gründungsbau der Hedinger'schen Anstalt stand isoliert inmitten des Rebbergs. «Mönchhof» bezeichnete den ganzen Hang, der sich vom «Oberen Münchhof», einem ehemaligen klösterlichen Gut, bis zum See hinunter erstreckt. Erst im Verlauf der zweiten Jahrhunderthälfte wandelte sich das bäuerliche Kilchberg zum Vorort Zürichs; zwischen 1850 und 1900 wuchs die Bevölkerung der Gemeinde von 1141 auf 1951 Einwohner.

Das genaue Alter des ehemaligen Doppelbauernhofes, in dem die Familie Hedinger die Anstalt eröffnete, ist nicht bekannt. Am Sturz des Kellertores findet sich die Jahreszahl 1609[1]; die zwei darüberliegenden Riegelgeschosse dürften ebenfalls ins 17. oder ins 18. Jahrhundert zurückgehen. Ein 1973 unweit der Haustüre freigelegter Sodbrunnen

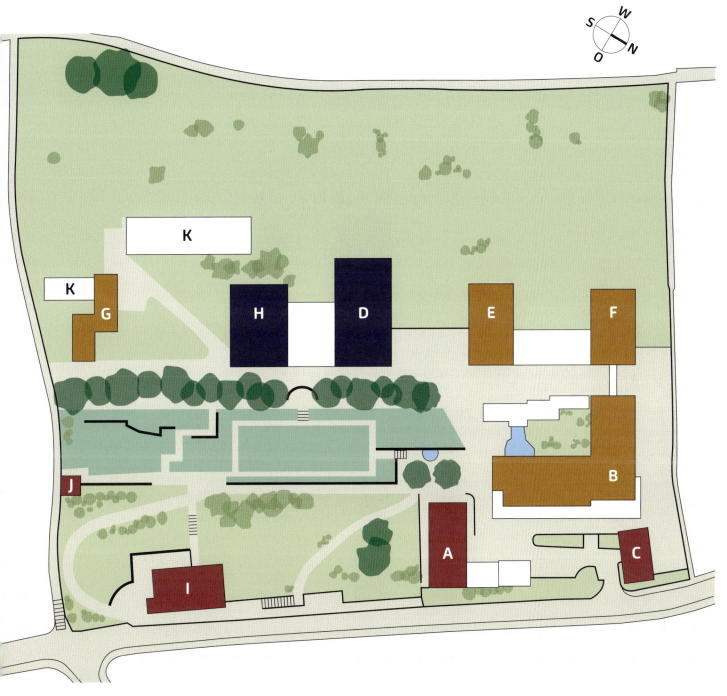

Arealplan des Sanatoriums Kilchberg 2017

A   Hauptbau von 1890
B   Haus B, 1974
C   Altes Haus, 17.–19. Jh.
D   Patientenhaus D, 2007
E   Patientenhaus E, 1961
F   Patientenhaus F, 1962

G   Gärtnerei, 1960
H   Körpertherapiezentrum, 2008
I   Institut, 1930/1950
J   Gartenpavillon, 1932
K   Treibhäuser, 1960

Bauetappen

■ bis 1930/1950
■ 1960 1974
■ 2007/2008

lässt vermuten, dass der Hof den nach Einsiedeln ziehenden Pilgern als Herberge gedient hatte.[2] Im Jahre 1813 gehörte ein Hausteil Hans Rudolf Speerli, der andere Johannes Günthardt. Nachdem Johannes Hedinger die beiden Liegenschaften 1854 und 1861 erworben hatte, liess er sie zur Pflegeanstalt umbauen.[3] Dabei vereinheitlichte er die Hausteile durch ein neues Satteldach, ein zentrales Treppenhaus und eine gleichmässige Befensterung. Die hochragende Giebelfront hat die Merkmale eines typischen Zürcher Weinbauernhauses bewahrt: hohes Kellergeschoss, vorkragendes Pfettendach und Kreuz-Flugsparren. Seit der letzten Aussenrenovation wirkt das Äussere purifiziert. Die Fassaden sind hellgrau verputzt, die Fenster mit hellblauen Jalousieläden versehen, die Dachflächen in fast regelmässiger Folge von Gauben durchstossen. Das Innere des Gebäudes wurde mehrfach verändert, zum letzten Mal anlässlich des Umbaus zum Ambulatorium (2005). Die alten Weinkeller dienen heute zusammen mit dem seitlichen Anbau von 1922 dem Technischen Dienst als Werkstätten.

Ausbau zum Sanatorium

Zwanzig Jahre nach der Eröffnung schritt Familie Hedinger zur Erweiterung der Heilanstalt. Nebst dem 1887–90 erbauten Hauptgebäude **(A)** liessen sie bis 1901 drei weitere, inzwischen abgetragene Bauten erstellen: das kleine Wartheim, den stattlichen Mittelbau und das flach gedeckte Werkstattgebäude.[4] Die Patientenhäuser trugen alttestamentarische Namen: der Gründungsbau hiess «Jacobsheim», das Haupthaus «Bethesda», der Mittelbau «Bethel». Die fünf Bauten säumten einen U-förmigen Hof, der sich zur Alten

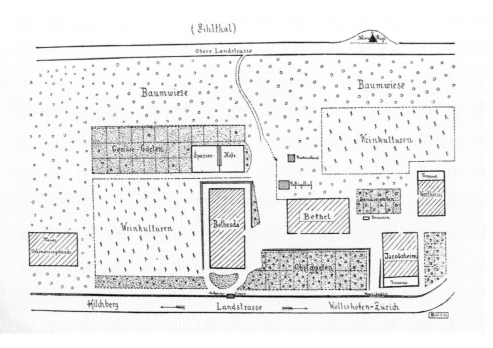

Situationsplan der Heilanstalt Kilchberg, dat. 1893

Landstrasse hin öffnete; sie prägten während siebzig Jahren das Erscheinungsbild der 1904 in «Sanatorium» umbenannten Heilanstalt.

Im Gegensatz zum Burghölzli, bei dem der Kanton die Hügellage mit der Begründung verworfen hatte, der Ausblick auf die sonnenglänzende Seefläche würde die Patienten noch schwermütiger stimmen[5], bemühte sich die Kilchberger Bauherrschaft, die Aussichtslage wie im Hotelbau optimal zu nutzen. Auch die Architektur des Neubaus verrät Züge des Hotel- und Sanatoriumsbaus der Epoche. Es ist, als ob der Architekt[6] geahnt hätte, dass die Institution fünfzehn Jahre später in «Sanatorium» umbenannt würde. Sorgfältig gearbeitete Gurtgesimse, Eckquader und Sandsteinelemente im Stil des späten Historismus gliedern die grau verputzten Fassaden. Hohe Fenster im Unter- und Hauptgeschoss erhöhen den repräsentativen Charakter. Die Fenster der Obergeschosse besitzen hellblaue (früher grüne) Jalousien, die Traufuntersichten des lukarnenreichen Walmdaches dezente Ornamentierung.

In den 1930er-Jahren erfuhr das Äussere seine letzten grösseren Veränderungen: An der Nordost-Ecke wurde die Küche samt der von Balustraden gesäumten Terrasse angebaut, der Haupteingang erhielt einen Vorbau im sachlichen Stil, die Südfassade im Obergeschoss einen wuchtigen Erker in konservativen Formen.[7] Seither hat sich das äussere Erscheinungsbild des Hauses kaum verändert, sieht man von Fassadenrenovationen, dem Erker auf der Ostseite und dem Büro über dem Vorbau ab.[8]

Im Inneren ist die ursprüngliche Grundstruktur trotz mancherlei Nutzungs- und Grundrissänderungen gut zu erkennen. Das Haupttreppenhaus hat das alte Holzgeländer bewahrt, das Nebentreppenhaus das Gusseisengeländer zumindest im untersten Abschnitt. Seit 1952 wird es von einem Personenaufzug flankiert. Das Erdgeschoss wurde 1956 gänzlich neu gestaltet. Dabei erhielt der Speisesaal auf der Ostseite breitere Fenster, wodurch sich die Sicht auf den Zürichsee stark verbessert hat. Der einzige als «historisch» zu bezeichnende Raum, das Erkerzimmer im ersten Obergeschoss (heute Tagesklinik), zeichnet sich durch seine kunstvoll gearbeitete Holzvertäfelung aus.

Ende des 19. Jahrhunderts lagen rund um die Hedinger'sche Anstalt zwei Rebberge, zwei Gemüsegärten, ein Obstgarten, ein Geflügelhof, ein Bienenhaus und zwei Spazierhöfe. Weiter unten, an der Alten Landstr. 84, stand die Stallscheune, welche der Anstalt zur Selbstversorgung, den Patienten zur Beschäftigungs- bzw. Arbeitstherapie diente. Nachdem Familie Hedinger 1902 das bisher gepachtete Kulturland erworben hatte, konnte der nächste Eigentümer, die Firma *Rutishauser & Cie*, den ersten Sanatoriumspark anlegen. Das Terrain südlich des Hauptgebäudes wurde zur Gartenterrasse aufgeschüttet, der Obstgarten am Hang in die Umzäunung einbezogen und mit Spazierwegen versehen. Die heutige Liegewiese entspricht der Gartenterrasse von 1905; allerdings blieb die Rasenfläche während fünfzig Jahren in drei Quadrate unterteilt. Die Genossenschaft, welche das Sanatorium ab 1906 betrieb, liess den sogenannten «Zellenhof» vor dem Westeingang des Haupthauses durch einen freundlichen, von niedrigen Sandsteinmauern gefassten

Vorhof mit Sitzbänken ersetzen sowie den Hühnerhof in eine Volière mit Terrarium und Aquarium umwandeln. Mit dieser neuen Gartenanlage hatte die Institution die Bezeichnung «Sanatorium» definitiv verdient.

Parkneugestaltung durch Gustav Ammann (1931/32)

In der Ära Huber veränderte sich das Sanatoriumsgelände tiefgreifend, galten Emil Hubers bauliche Ambitionen doch vor allem der Vergrösserung und Neugestaltung des Parks. Mit der Verlegung des Landwirtschaftsbetriebs auf das Stockengut schuf er die wichtigste Voraussetzung dafür. Anstelle der alten Stallscheune an der Alten Landstrasse erstellte er seinen persönlichen Wohnsitz. Die 1928 nach Plänen des Zürcher Architekten Otto Müller erbaute Villa mit ihrer grossen Dachzinne ist seit der Aufstockung des Gebäudes 1949/50[9] kaum mehr erkennbar. Da im selben, seither mit einem Satteldach gedeckten Haus das Physikalische Institut untergebracht war, heisst das Gebäude bis heute «Institut» **(I)**.

Die ersten Arbeiten auf dem Sanatoriumsgelände betrafen eine neue Zufahrt, die vom Institut im weiten Bogen nach oben führte. Sie wurde 1930 gebaut und 1948 gepflästert; heute ist sie von Gras bewachsen. Welch eminente Bedeutung Huber dem neuen Park zumass, bewies er damit, dass er den seinerzeit renommiertesten Schweizer Gartengestalter, Gustav Ammann, mit der Neugestaltung beauftragte. Am 5. Juni 1931 war Ammann in Kilchberg und vermass das Sanatoriumsgelände. Seine drei erhaltenen Projektpläne datieren vom 6., 9. und 17. Juni 1931[10]. Alle drei sahen die Verdoppelung der bestehenden Gartenterrasse nach Süden vor. Auf den beiden ersten Plänen projektierte Ammann für die neue Terrassenhälfte eine rechteckige Rasenfläche mit einem nur 60 cm

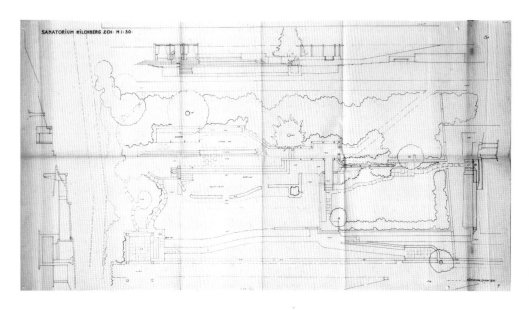

Projektplan Gustav Ammann, dat. 17.6.1931

Gustav Ammann (1885–1955) war die prägende Figur der Schweizer Garten- und Landschaftsarchitektur in der ersten Hälfte des 20. Jahrhunderts. In Zürich geboren, absolvierte er eine Gärtnerlehre bei Otto Froebel. Theodor (1810–93) und Otto Froebel (1844–1906) führten die wichtigste Gartenbaufirma des 19. Jahrhunderts in Zürich. Sie realisierten unzählige private und öffentliche Grünanlagen, z.B. den Rieterpark und den Platzspitz. Da es in der Schweiz keine Ausbildungsmöglichkeiten für Gartenarchitekten gab, zog Ammann 1907 nach Deutschland, studierte in Magdeburg und arbeitete in verschiedenen Büros. Wichtige Kenntnisse erwarb er sich beim Garten- und Sozialreformer Leberecht Migge in Hamburg. Zurück in Zürich wirkte Ammann von 1911 bis zur Auflösung der Firma 1933 als leitender Gartenarchitekt bei Otto Froebels Erben, gründete darauf sein eigenes Büro und wurde zum bevorzugten Projektpartner bedeutender Architekten der Schweizer Moderne. Mit ihnen konzipierte er z.B. die Gärten der Werkbundsiedlung Neubühl, die Grünanlagen der Freibäder Allenmoos und Letzigraben sowie der städtischen Wohnsiedlung Heiligfeld. Als leitender Gartenarchitekt der Schweizerischen Landesausstellung 1939 entwarf er Kollektiv- und Farbengärten fern jedes Monumentalismus, aber auch ohne Rückfall ins Ländliche. Ammanns Werkverzeichnis umfasst über 1'700 ausgeführte Entwürfe für Privatgärten und Parkanlagen. Den gartentheoretischen Diskurs förderte er mit über zweihundert Publikationen. Das im Todesjahr 1955 erschienene Buch *Blühende Gärten* gilt als sein Vermächtnis.

tiefen Wasserbecken, umgeben von einer Pergola. Auf die Hangkante darüber setzte er langgezogene Badehäuser mit Arkaden. Da sich der Auftraggeber zu keinen aufwendigen Hochbauten entschliessen konnte, beschränkte sich Ammann bei seinem letzten Plan auf die neue Terrassenhälfte. Er sah hier ein grosses, bis zu 1.70 m tiefes Schwimmbecken vor, hangseits flankiert von einem länglichen Sandplatz. Als neues Element schlug er in der Südostecke einen würfelförmigen Pavillon vor. Eine von Plattenwegen durchkreuzte Rasenfläche sollte die alte Gartenterrasse mit dem Schwimmbad verbinden.

Weder Ammann noch die Firma Otto Froebels Erben, deren leitender Gartenarchitekt Ammann damals war, führten die Arbeiten aus, sondern Unternehmer aus Kilchberg. Das Baubüro des Sanatoriums war für die Geländeterrassierung und das Anlegen der Plattenwege zuständig; die Quarzplatten wurden aus Barge im Piemont angeliefert. Der Kilchberger Maler und Innendekorateur Hugo Frey projek-

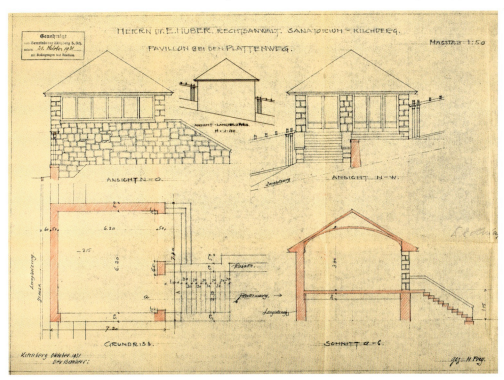

Bauzeichnung
des Garten-
pavillons von
Hugo Frey, 1931

Schwimmbad und Pavillon um 1945

tierte den Gartenpavillon (J). Während Gustav Ammann einen offenen Pavillon mit Flachdach vorgesehen hatte, entwarf Frey einen rustikalen Kubus mit Zeltdach und Kamin, der im Innern ein kulturhistorisches Juwel birgt: das Deckenfresko von 1933.[11] Die Ausführungspläne für das Schwimmbad und den mauergesäumten Sandplatz zeichnete, getreu den Ammann'schen Vorgaben, der Kilchberger Architekt R. Stutz, die Ausführung oblag dem lokalen Baugeschäft *M. Lanfranconi*.[12] Seitdem das Bassin 1996 zugeschüttet wurde, ist die abgewinkelte Sandsteinmauer im hinteren Teil der Gartenterrasse das einzige Überbleibsel des Schwimmbads bzw. des Sandplatzes. Nicht eruierbar ist der Name der Gartenbaufirma, welche den Park mit Bäumen bepflanzte. Für die räumliche Gliederung des Parks von hervorragender Bedeutung war das Pflanzen der dichten Buchenreihe auf der Hangkante über der Gartenterrasse. Dank dem Setzen zweier Linden wandelte sich der Vorhof des Hauptgebäudes zum «Lindenplatz».[13] Mit dem Ausbau der Gärtnerei, welche der erweiterte Park zu seiner Pflege verlangte, waren die Arbeiten im Herbst 1932 abgeschlossen. Wie Postkarten und Prospekte der Zeit beweisen, wurde die neue Parkanlage, mit etlichen Skulpturen angereichert, zum Stolz der Direktion.

Klinikerweiterung in der Ära Schneider

Unter der Leitung von Walter und Helly Schneider-Burger wurde die grösste bauliche Erweiterung in der Geschichte des Sanatoriums realisiert. Es ging den Eigentümern darum, das Sanatorium in einen zeitgemässen psychiatrischen Klinikbetrieb umzuwandeln. Dazu brauchte es neue Räume für Therapie, Gymnastik und Unterhaltung sowie modernere Infrastrukturanlagen (Heizung, Labore, Küche, Wäscherei etc.). Zudem sollte das Angebot für Patienten mit höheren Komfortansprüchen ausgebaut werden.

Mit der Projektierung der Erweiterungsbauten beauftragte Familie Schneider den Architekten Rolf Hässig aus Meilen. Er hatte sich durch den Bau von Patienten- und Personalhäusern in den Heilanstalten *Bergheim Üetikon a.S.* und *Schlössli Oetwil a.S.* einen Namen gemacht.[14] Im Sanatorium Kilchberg hatte er bereits den Umbau des Erdgeschosses im Haupthaus geleitet. Hässig reagierte geschickt auf die Topographie, indem er die drei neuen Gebäude höhengleich in der Falllinie des Hanges anordnete. Um Platz für die

Flugbild um 1954

1 Gärtnerei (G), Foto M. Wolgensinger 1962
2–5 Patientenhäuser E/F, Fotos M. Wolgensinger 1962
6 Haus B, Fotograf unbekannt

Patientenhäuser zu schaffen, musste zunächst der Gärtnereibetrieb verlegt werden. Das neue, aus zwei gestaffelten Baukörpern bestehende Gärtnerhaus **(G)** beherbergte nebst diversen Werkräumen der Gärtnerei die Wohnung des Obergärtners (heute Kunstthera-pie) und ein Dutzend Personalzimmer (heute Sozialdienst). Rückseitig ist ein kleines Treibhaus angebaut, das grössere steht frei im Hang. In ihnen wird der Blumenschmuck für den Park und die Patientenstationen gezüchtet, aber auch Frischgemüse für die Küche gezogen. In Anbetracht der Baujahre 1959–60 kann die Sichtbetonarchitektur der Gärtnerei als avantgardistisch bezeichnet werden. Mit seinem klaren Volumen, den wohl-proportionierten Fensterbändern und den sorgfältigen Details ist es ein kompromisslo-ses Werk der Moderne. Weitgehend original erhalten, gehört es zu den architekturhisto-risch wertvollsten Bauten des Sanatoriums.

Um die Gefahr eines Massenbetriebs zu vermeiden, entschied sich die Sanatori-umsleitung beim Bau der neuen Patientenhäuser von Anfang an für kleinere Pflegeein-heiten. Die neuen Patientenhäuser **E** und **F** mit je zwei Patientenstationen sollten dazu dienen, Patienten mit höheren Komfortansprüchen zu hospitalisieren und die überbeleg-ten Allgemeinabteilungen zu entlasten. Die zwei dreigeschossigen, quer zum Hang ste-henden Trakte, durch einen grossen Mehrzweckraum (E-Saal) miteinander verbunden, konnten im Oktober 1961 bzw. April 1962 bezogen werden. Im Haus **E** befanden sich zwei Privatstationen, im Haus **F** eine offene und eine geschlossene Allgemeinstation. Der ganze Neubaukomplex wurde als Eisenbeton-Monolith mit innerer Vermauerung erstellt. Diese Konstruktion ermöglichte beim Haus **F** die kühne und grundrisslich zweckmässige Auskragung der beiden Obergeschosse. Die Fenster sind grosszügig bemessen und nicht vergittert, sondern mit securisiertem Verbundglas versehen. Als Hauptkriterien bei der Ausgestaltung der Häuser nannte Architekt Rolf Hässig: «Kleine Pflegeeinheiten, grösste Anpassungsfähigkeit an die jeweiligen Pflegebedürfnisse, menschliche Massstäbe und Wärme sowie günstige Möglichkeiten zur Milieueinwirkung». «Wir müssen bedenken», schrieb er, «dass nur der kleinste Teil der Patienten eigentlich bettlägerig ist, dass es ihre Geistes- und Sinneswelt ist, welche besonderer Pflege bedarf. [...] Der Architekt ist mittel-barer Helfer des Arztes, indem er sich mit dessen Problemen auseinandersetzt und ihn baulich zu sekundieren sucht.»[15] In beiden Häusern wurden die geschossweise getrenn-ten Stationen später in eine einzige Privatstation umgebaut.

Zehn Jahre später fand der Klinikausbau mit der Realisierung des neuen Zentral-baus (Haus **B**) seinen vorläufigen Abschluss. Das mächtige Volumen des von Rolf Hässig projektierten Baukomplexes spiegelt das vielfältige Raumprogramm wieder: Empfang, Verwaltung, vier Patientenstationen, medizinische Einrichtungen, Apotheke, Wäscherei, Cafeteria für das Personal, Therapieräume etc. Kompliziert war auch der Bauprozess, da aus Gründen der Bettenkapazität der alte Mittelbau nicht gleichzeitig abgebrochen wer-den durfte.[16] Die winkelförmige Ausgliederung des viergeschossigen Neubaus erlaubte die Ausführung in zwei Etappen. 1970–72 wurde der quer zum Hang stehende Flügel

erstellt und bezogen, 1972–73 der hangparallel stehende Flügel sowie der eingeschossige Therapietrakt. Am 11. September 1974 fand die offizielle Einweihung in Anwesenheit von Gesundheitsdirektor Urs Bürgi statt. Wie bei den andern Bauten von Architekt Rolf Hässig zeigten die Fassaden anfänglich unverputzten Sichtbeton. Seit der Aussensanierung bzw. Aussenisolation der Häuser **B**, **E** und **F** in den Jahren 1996 bis 2001 sind die Fassaden in einem warmen Grau verputzt. Dank den bedeutenden Erweiterungsbauten der Hochkonjunktur hatte das Sanatorium den Schritt zur modernen Klinik geschafft.

Während gut dreissig Jahren ruhte die Neubautätigkeit. Als letzte Bauetappe konnten 2007/08 das Patientenhaus **D** und das Körpertherapie-Zentrum (**H**) eingeweiht werden. Die eleganten Flachdachbauten von *Fink Architekten* aus Schwyz gliedern sich harmonisch in die Umgebung ein; sie stehen auf gleicher Linie und in gleicher Stellung wie die Privatstationen **E** und **F**. Das viergeschossige Patientenhaus umfasst drei Akutstationen, das Körpertherapie-Zentrum u.a. eine grosse Turnhalle im Untergeschoss.

Die Klinik im Grünen

Die zehn Gebäude des Sanatoriums sind in eine weiträumige Grünanlage eingebettet. Nebst der prachtvollen Aussicht auf See und Berge sind die Parkterrasse, die gepflegten Gärten und die alten Bäume[17] ein nicht zu unterschätzender Wohlfühlfaktor für Patientinnen und Patienten, aber auch für Besucher und Personal. Bunte Blumenbeete flankieren bereits die Klinikzufahrt an der Alten Landstrasse. Weiter oben, vor dem Eingang zum Haus **A**, liegt der freundliche Lindenplatz. Niedrige Sandsteinmauern begrenzen den rechteckigen, chaussierten Platz, der von zwei alten Sommerlinden beschattet wird und mit einer halbrunden Brunnenanlage[18] sowie zahlreichen Sitzbänken bestückt ist. Zur wärmeren Jahreszeit fokussiert sich hier das öffentliche Leben des Klinikbetriebs. Der Rasen der Gartenterrasse erstreckt sich, seitdem die Liegewiese 1956 zusammengefasst und 1996 anstelle des Schwimmbassins die Spielwiese angelegt wurden, bis zum Grenzzaun. Die Liegewiese wird zweiseits von Hecken und hangseits von der Böschung mit Kleingehölz gesäumt. Am Ende der Spielwiese steht der auf quadratischem Grundriss errichtete, von einem Zeltdach gedeckte Gartenpavillon (**J**), heute Raum der Stille. Sein rustikales Bruchsteinmauerwerk kontrastiert mit den lichten Fensterflächen.

Der Bau des unterirdischen Parkhauses 2003 hat die Situation der Gartenterrasse nicht wesentlich beeinträchtigt. Die Betonstützmauern sind mit Kletterpflanzen bewachsen, die umliegenden Wiesen mit Wechselflor-Rabatten, Stauden, Nadel- und Laubbäumen durchsetzt. Zwei hohe Scheinzypressen heben sich prägnant vor der Südfassade des Haupthauses ab.

Die lange Reihe mächtiger Hain- und Rotbuchen mit ungeschnittenen Kronen wirkt raumdefinierend und trennt den eigentlichen Park vom oberen Teil des weiträumi-

gen Areals. Hinter den horizontal gereihten Häusern **E** bis **H** steigt der unverbaute Hang steil an. Die Magerwiese ist mit Wildblumen und einem guten Dutzend Apfel-, Zwetschgen- und Nussbäumen durchsetzt. Hinter den Privatstationen **E** und **F** liegen aufwendig gestaltete Gärten, unterhalb des Gewächshauses, einer Konstruktion aus Eisen und Glas, der gepflegte Kräutergarten.[19] Spazierwege durchziehen den vom hohen Metallzaun dreiseitig umschlossenen Wiesenhang. Auf der obersten Hangkante thront eine Aussichtsplattform mit drei markanten, von weither sichtbaren Linden.[20] Sie bietet eine prächtige Rundsicht auf den Zürichsee und die St. Galler und Glarner Alpen, aber auch auf das zu Füssen liegende, sorgfältig gewachsene Klinikensemble. Die idyllische Situation lässt vergessen, dass das längsrechteckige Sanatoriumsareal allseitig von Kilchbergs dichtem Siedlungsteppich umschlossen ist.

Anmerkungen

1 Der Stein mit der Jahreszahl 1609 wurde im 19. Jh. an die neue Kellertüre versetzt.

2 Der 12 Meter tiefe, kreisförmige Brunnenschacht aus dem 17. Jh. ist mit Bollensteinen ohne Mörtel gemauert. Im 19. Jh. wurde eine noch vorhandene Handpumpe eingesetzt. Eine neue Pumpanlage lieferte bis in die 1990er-Jahre täglich bis zu 3000 Liter Wasser für die Wäscherei.

3 Wie der Anstieg der Versicherungssumme beweist, erfolgte der Umbau in den Jahren 1864–68.

4 Im Wartheim befanden sich die Wäscherei und Schneiderei, im Werkstattgebäude ausser den Werkstätten der Speisesaal der Männer, ein Schlafsaal sowie die Leichenhalle.

5 Vgl. W. Rössler (2013), S. 34.

6 Da keine Baudokumente des Sanatoriums aus dem 19. Jh. auffindbar sind, bleibt der Name des Architekten unbekannt.

7 Küchenanbau 1930 von Arch. R. Meier, Zürich; erweitert und modernisiert 1964. Erker 1931 von Arch. R. Meier, Zürich. Vorbau Westseite 1934 von Arch. E. Trüb.

8 Beide 1992 angefügt. An der Stelle des neuen Erkers befand sich 1890–1992 der einzige Balkon des Hauses.

9 Architekten Hälg & Leu, Winterthur.

10 Die Pläne von Gustav Ammann für das Sanatorium Kilchberg liegen im gta Archiv (NSL-Archiv)/ ETH Zürich (Nachlass Otto Froebels Erben). Schriftliche Dokumente sind keine vorhanden.

11 Siehe dazu Kapitel «Traumgefilde am Zürichsee» in diesem Band.

12 Die Existenz eines offenen Schwimmbads in einer psychiatrischen Anstalt ist selten. Das Bad, dessen Becken 350'000 Liter fasste, stand bis 1995 morgens und nachmittags den Patienten, über Mittag dem Personal zur Verfügung. Das Projekt für ein Hallenbad scheiterte 1995 an den Kosten.

13 Die Bezeichnung «Lindenplatz» erscheint erstmals im Sanatoriumsprospekt 1947.

14 Weitere Bauten von Rolf Hässig: Gossau/ZH, Waldfriedhof 1948; Stadtspital Triemli 1961–70 (Architektengemeinschaft); Rheumaklinik Bad Schinznach 1969–72.

15 Rolf Hässig anlässlich der Einweihung der Häuser E und F am 20.6.1962 (Manuskript Archiv SK) und Artikel von Hässig in der Schweizerischen Bauzeitung vom 11.7.1963.

16 Dies, obwohl 1970 als Provisorium ein zusätzliches Patientenhaus D erstellt worden war. Das alte Haus D diente der Gerontopsychiatrie und wurde für den Bau der Turnhalle 2007 abgebrochen.

17 Das Baumschutzkonzept 2003 von Baumart Luzern erfasst 100 Bäume.

18 Brunnenanlage mit Plastik von Al Meier, 1995. Beim Zierwasserteich im B-Hof Gedenkstele von Al Meier für Helly und Walter Schneider, 1997.

19 Kräutergarten 2010, Gärten der Patientenhäuser E und F 2012/2013 angelegt.

20 Die Sandsteinmauern der Aussichtsplattform dürften auf die Parkgestaltung der 1930er-Jahre zurückgehen; bis in die 1960er-Jahre stand nur die mittlere Linde.

ZEITGESCHICHTE

M. LENNACKERS, T. BALLWEG

«Bekenntnis-Therapie»

Einflüsse des Pietismus und Samuel Zellers

Wie die meisten nicht staatlichen Einrichtungen im Bereich des Gesundheitswesens verdankt auch das Sanatorium Kilchberg seine Entstehung im 19. Jahrhundert einer religiösen Tradition.

Nach der Gründung 1867 ist die «Heil- und Pflegeanstalt Kilchberg» in den ersten 36 Jahren ein streng nach christlichen Prinzipien geführtes Haus. Das «Reglement für das Wartpersonal» von 1894 gibt hierüber deutlichen Aufschluss. Schon in Paragraph 1 heisst es: «Zur richtigen Pflege und Besorgung der Kranken bedürfen wir treuer und christlich gesinnter Wärter.» Was unter dieser Gesinnung genauer zu verstehen ist, wird in Paragraph 4 ausgeführt: «Sinn für Anstand, Ordnung, Reinlichkeit und sittliche Lebensweise, Fleiss und unerschöpfliche Geduld sind unerlässliche Eigenschaften.» Das Wartpersonal solle seine Arbeit im Sommer um 5 Uhr und im Winter um 5.30 Uhr «betend beginnen». Selbst in der freien Zeit sei es Aufgabe des Personals, «zur Erbauung und Belehrung, zum Trost und zur Aufmunterung durch Wort und Lied etwas dazu beizutragen, dass die Kranken es fühlen, man hat ein Herz für sie. [...] Gemäss des Apostels Wort: Die Liebe dringet uns also.» Vor allem aber wird eines erwartet und als heilsam empfohlen: eine umfassende Bereitschaft zum Sündenbekenntnis gegenüber der höheren Instanz. «Geflissentliches Verschweigen und absichtliches Verheimlichen von groben Fehlern können nicht geduldet werden. Bekenne Gott deine Fehler und verheimliche sie auch deinem Vorgesetzten nicht. Auf diese Weise wird mancher Schaden wieder gut gemacht werden können.» Auch der Alltag der Patienten ist von christlichen Prinzipien geprägt. «Die geistliche Pflege» sei «ein wichtiger Bestandteil der richtigen allgemeinen Krankenpflege», erklärt ein Prospekt aus dem Jahr 1894. Deshalb finde «morgens und abends nach den Mahlzeiten eine kurze Andacht statt». Zu den praktizierten Heilverfahren zählen vor der Jahrhundertwende neben ärztlicher Behandlung auch Handauflegung und Gebet.

Die frommen Grundsätze der Anstalt verraten mehr als nur eine typisch christliche Prägung. Bemerkbar macht sich in ihnen der Einfluss des Pietismus und besonders einer

Samuel Zeller (1834–1912)

Person: Samuel Zeller. Von 1862 bis zu seinem Tod 1912 ist Samuel Zeller der Leiter der Gebetsheilanstalt Männedorf (heute Bibelheim Männedorf) am rechten Ufer des Zürichsees. Zu ihm pilgern Kranke und Leidende, Zweifelnde und Ratsuchende; viele, die ihm begegnen, schliessen sich ihm an, leben in seiner Nähe – oder arbeiten, wie der spätere Gründer der Heilanstalt Kilchberg, an seiner Seite. Das Wirken Zellers fällt in eine Zeit wissenschaftlicher und technologischer Revolutionen. Sie gehen einher mit gravierenden Veränderungen der Gesellschaft, die bei vielen Menschen existenzielle Sorgen auslösen. Beispielhaft steht Samuel Zeller für einen friedlichen Widerstand zu dieser Entwicklung: In vielen Regionen Europas formieren sich im Laufe des 19. Jahrhunderts religiöse Erneuerungs- und Erweckungsbewegungen. Gegen Fortschrittsglauben und Säkularisation, Kapitalismus und Profitstreben propagieren sie religiöse Empfindsamkeit, christliche Nächstenliebe und die Treue zum Wort Gottes. Besondere Bedeutung erlangt dabei der Pietismus, der seit dem 17. Jahrhundert unter Protestanten eine wachsende Anhängerschaft findet.

1834 geboren, entstammt Samuel Zeller einer ursprünglich in Württemberg, einem Zentrum des Pietismus, ansässigen Familie. Etliche protestantische Pfarrer gehen aus ihr hervor. Erst Samuels Vater, Christian Heinrich Zeller, siedelt in die Schweiz über, arbeitet dort als missionierender Lehrer und übernimmt 1820 gemeinsam mit Christian Friedrich Spittler die Leitung des Kinderheims Schloss Beuggen bei Basel. Nach Zöglingsjahren in Payerne kommt Samuel Zeller als junger Seminarlehrer nach Schiers, wo ihm aufsässige Schüler das Leben schwer machen. Zurück in Beuggen erkrankt er körperlich – und durchlebt zugleich eine schwere psychische Krise. Sein Neffe Alfred Zeller, der 1914 nach dem Tod seines Onkels *Züge aus seinem Leben* für die Nachwelt festhält, berichtet: «Es war im Sommer 1857. Mit Samuel stand es schlimmer als je. Seine körperliche Krankheit hatte Fortschritte gemacht. Aber was war das gegenüber der Nacht in seiner Seele! Er war ein Hypochonder (Schwermütiger) vom reinsten Wasser.»[1]

Samuel Zeller begibt sich auf Erholungsreise durch die Schweiz – zunächst ohne Erfolg. Da begegnet ihm in Aarau Leneli, «ein ehemaliges Anstaltsmädchen von Beuggen»[2]. Leneli rät: «Wenn nur Herr Zeller nach Männedorf gehen wollte! Dort ist eine Jungfrau Dorothea Trudel, die betet mit den Kranken.»[3]

«Jungfer Trudel» – wie sie genannt wird – gründet ihre Gebetsheilanstalt bereits 1851. Sie nimmt Samuel Zeller gerne bei sich auf – und begrüsst ihn mit Worten, die seinen weiteren Lebensweg bestimmen: «Wenn einmal der Aussatz der Sünde weg ist, dann

Die Hauskapelle der Heil- und Plegeanstalt. Sie wurde 1908/ 1909 in einen Gesellschaftssaa umgewandelt. Er beherbergt heute die Cafeteria des Sanato ums.

wird wohl diese Krankheit auch verschwinden.»[4] Zeller fügt sich in die Gebräuche der Gebetsheilanstalt, erfährt Trost und Linderung seines Leidens. Doch zu einer echten Heilung fehlt noch etwas – das Bekenntnis einer alten «Sünde»: Als Schüler in Payerne hat er einst mit Klassenkameraden versehentlich einen Waldbrand entfacht. Wie sein Neffe zu berichten weiss, wurden die Buben vom Teufel höchstpersönlich angestiftet.[5] Schuldgefühle nagen seitdem an Samuel Zellers Gewissen, ohne dass er sich zu einem Geständnis durchringen kann. Jetzt, unter dem Einfluss von «Jungfer Trudel», zeigt er sich nachträglich beim Schulleiter von Payerne an – und ist schon bald von seiner Schwermut geheilt. 1862, nach dem Tod von Dorothea Trudel, führt er die Gebetsanstalt als Hausvater weiter.

Die Vorstellung, dass sündhaftes Verhalten seelisches Leiden verursacht, das nur durch Bekenntnis und Reue wieder behoben werden kann, rückt fortan ins Zentrum seines Wirkens. Im Stile biblischer Wunderberichte präsentiert sein Neffe skurrile Fallgeschichten. Eine junge Frau bezeichnet in jungen Jahren eine Darstellung von Jesus mit Dornenkrone gegenüber einer Jüdin als «Phantasiebild» – und wird von tiefer Schwermut befallen. Nicht anders ergeht es einem Lehrer: Nach Amerika ausgewandert, um dort in einem christlichen Erziehungsheim zu arbeiten, entschliesst er sich nach kurzer Zeit enttäuscht zur Rückkehr – und leidet schon bald unter der Schuld, seine Schüler im

Reglement für das Wart-
personal von 1894

Reglement

für das

Wart-Personal

der

Heil- & Pflege-Anstalt Kilchberg

bei ZÜRICH.

I. Allgemeines.

§ 1. Zu richtiger Pflege und Besorgung der Kranken bedürfen wir treuer, christlich gesinnter Wärter. Der Geist herzlichen Erbarmens soll in allem Tun und Lassen leitender Impuls sein.

§ 2. Alle Vorschriften dieses Reglementes gelten, auch wo nur von Wärtern gesprochen wird, in gleicher Weise für das weibliche Wartpersonal.

§ 3. Die Wärter sollen im Umgang mit den Kranken freundlich, gefällig und unparteiisch sein. Je hülfloser der Zustand des Kranken ist, desto pflichtgetreuer und hingebender soll der Wärter sein.

§ 4. Unter einander sollen die Wärter einig und verträglich sein. Ein Jeder gehe dem Andern mit gutem Beispiel voran. Meinungsverschiedenheiten, welche das gegenseitige Einvernehmen und das Zusammenarbeiten stören müssten, sind sofort zur Schlichtung der Direktion zu unterbreiten. Schwätzereien und leichtfertiges Wesen werden nicht geduldet.

Sinn für Anstand, Ordnung, Reinlichkeit, sittliche Lebensweise, Fleiss und unerschöpfliche Geduld sind unerlässliche Eigenschaften eines tüchtigen Wärters.

§ 5. Den Vorgesetzten der Anstalt (der Direktion, dem Arzte und dem Seelsorger) ist willig und pünktlich Gehorsam zu leisten.

6. Die Direktion weist jedem Wärter seine Abteilung zu. Zeitweise oder dauernde Versetzung auf eine andere Abteilung muss sich jeder Wärter gefallen lassen.

II. Anstellung und Entlassung.

§ 7. Die Anstellung des Wartpersonals geschieht durch die Anstalts-Leitung. In allen Fällen gilt eine Probezeit von vier Wochen.

§ 8. Der Dienstvertrag kann nach Ablauf der Probezeit von beiden Teilen auf 14 Tage gekündet werden.

§ 9. Beim Dienstantritt wird jedem Wärter ein Exemplar dieses Reglementes gegen Empfangsbescheinigung zugestellt und ihm zur Pflicht gemacht, die darin enthaltenen Vorschriften jederzeit gewissenhaft zu erfüllen.

III. Pflichten der Wärter.

§ 10. Ausreden, Entstellungen oder gar Lügen dürfen beim Wartpersonal nicht vorkommen; geflissentliches Verschweigen und absichtliche Verheimlichung von vorgekommenen groben Fehlern können nicht geduldet werden.

Stich gelassen zu haben. Gemäss Bericht des Neffen heilt Samuel Zeller beide durch seine «Bekenntnis-Therapie». «Er verlangte [...] von den Kranken ein offenes, gründliches Bekenntnis ihrer Sünden, wenn er für sie vor Gott treten sollte. So hat er manchen zu geistiger und leiblicher Heilung [...] und zum Seelenfrieden verholfen.»[6] Alfred Zeller vergleicht die Vorgehensweise seines Onkels mit einer anderen, damals noch jungen Behandlungsmethode: «Was an der neuerdings gepriesenen ‹Psychoanalyse› Richtiges ist, das hat er mit einem höheren Ziel im Auge und mit einer mächtigeren Hand praktisch betrieben. Er wusste längst, dass man das Trauma (d.h. den wunden Punkt) suchen müsse, wenn man einem innerlich Leidenden helfen wolle, und dass es darauf ankommt, dem Patienten selbst diese wunde Stelle zum Bewusstsein zu bringen.»[7]

Tatsächlich verdankt Zeller seinen schon bald wundertätigen Ruf bei der Bevölkerung vor allem seiner «mächtigen Hand»: Er heilt durch Handauflegen – eine Praxis, die umherziehende Magnetiseure im frühen 19. Jahrhundert populär machen. Als «Werkzeug Gottes» bewirkt Zeller durch mehrfaches Handauflegen im Frühjahr 1862 angeblich sogar «die wunderbare Heilung einer Gelähmten, die eines Sonntags zum Staunen aller aufrecht und ohne Krücken zur Kirche marschierte»[8]. Freilich gehört das Sündenbekenntnis auch hier dazu, geht es doch Zeller «sowohl um die Heilung des Leibes [...] als um die Neuschaffung des Herzens»[9].

Diesem missionarischen Projekt gelten Gebete, Bibelstunden und die gemeinsame Arbeit in einem familiären Umfeld, die das Leben in Männedorf bestimmen. Zeller ist ein begabter Redner und bibelfester Prediger. Zum Kreis der Personen, die er in seinen Bann schlägt, gehört auch Johannes Hedinger. Er kommt in einer Zeit des Umbruchs und der Unruhe nach Männedorf: 1861 muss sich Dorothea Trudel vor Gericht wegen unerlaubter ärztlicher Tätigkeit verantworten. Der Prozess endet mit einem Freispruch. Als «Jungfer Trudel» nur ein Jahr später an Typhus stirbt, scheint der Fortbestand der Gebetsheilanstalt ungewiss. Doch bald geht es wieder aufwärts. Nach einigen Jahren im Dienste Zellers gründet Johannes Hedinger 1867 in Kilchberg seine eigene Heilanstalt. Sie atmet bis zur Schwelle des 20. Jahrhunderts den Geist Samuel Zellers.

Anmerkungen

1 A. Zeller (1979): Samuel Zeller, S. 44.
2 A. Zeller (1979): Samuel Zeller, S. 45.
3 A. Zeller (1979): Samuel Zeller, S. 45.
4 A. Zeller (1979): Samuel Zeller, S. 46.
5 A. Zeller (1979): Samuel Zeller, S. 28.
6 A. Zeller (1979): Samuel Zeller, S. 85.
7 A. Zeller (1979): Samuel Zeller, S. 85.
8 A. Zeller (1979): Samuel Zeller, S. 103.
9 A. Zeller (1979): Samuel Zeller, S. 103.

«Unerbauliches aus einer frommen Anstalt»

Der aussichtslose Kampf eines Anstaltsleiters gegen Presse, Personal und Fritz Brupbacher

Seit 1895 leitet Johannes Hedinger (junior) die Heil- und Pflegeanstalt Kilchberg. Vom ursprünglich christlichen Geist, in dem die Anstalt einst von seinen Eltern gegründet wurde, bleibt kaum etwas übrig. Hedinger gerät ins Kreuzfeuer öffentlicher Kritik und kämpft mit einem starken Gegner: Fritz Brupbacher.

Am 25. Mai 1900 überreichen sechs Wärter der «Privat-Heil- und Pflegeanstalt Kilchberg» ihrem Direktor Johannes Hedinger einen Beschwerdebrief. Sie verlangen bessere Verpflegung, mehr Freizeit und mehr Lohn. Als Hedinger ihre Forderungen ablehnt und dem Wortführer Ulrich Zogg sogar «Undank» vorhält, kommt es zum Eklat. Die Wärter legen ihre Arbeit nieder. Auf der Suche um Beistand wenden sie sich an den Bezirksarzt Dr. Ganz aus Wädenswil, der das Haus seit 1890 regelmässig inspiziert und mit den Gegebenheiten bestens vertraut ist. Er verweist die Wärter an die kantonale Sanitätsdirektion in Zürich. Fünf von ihnen verfassen daraufhin ein Schreiben an die Behörde. Darin erheben sie schwere Vorwürfe gegen die Klinik und ihren Leiter, die weit über den ursprünglichen Anlass hinausgehen. Johannes Hedinger zieht seinerseits Konsequenzen und entlässt die Wärter fristlos.

Am 28. Mai 1900 erscheint in der sozialdemokratischen Tageszeitung *Volksrecht* eine erste Mitteilung über den Wärterstreik in Kilchberg, auf die am 29. und 30. Mai 1900 ein ausführlicher Bericht folgt. Unter der Überschrift «Unerbauliches aus einer frommen Anstalt» gibt er das Schreiben der Wärter nahezu im Wortlaut wieder.

Mitteilung von Dr. Berther an die Gesundheitsdirektion betreffend der Anstellung von Fritz Brupbacher zunächst (für 2 Monate) zur Aushilfe, ab 1. April 1899 als Assistenzarzt

Ein düsterer Gesamteindruck

«Das Essen in der Anstalt ist, nicht nur für das Personal, sondern auch für die Kranken, durchaus ungenügend, und zwar sowohl der Menge, als auch der Beschaffenheit nach. Mit hungerigem Magen müssen die Kranken ins Bett gebracht werden und es ist für Wärter, die Mitleid mit den Kranken empfinden, kein Kleines, die Klagen derselben anzuhören. [...] Der Kaffee, den man um vier Uhr bekommt, ist kaum zu geniessen, das Abendessen ist fast immer kalt, bis Patienten und Wärter es zu essen bekommen. Reklamationen nützen nichts; im Gegenteil, wenn man die Köchin um warmes Essen bat, erhielt man zur Antwort: Der Teufel soll Sie holen.»[1]

Das Bild, das der Artikel von den Zuständen in der Klinik zeichnet, könnte schlimmer kaum sein: fehlende Ordnung und Reinlichkeit in der Küche und anderswo; die Einrichtung vieler Patientenzimmer unzweckmässig oder ungenügend; das Haus notorisch überfüllt und im Ganzen nicht in der Lage, die Kranken angemessen zu betreuen und zu pflegen. Dazu kommen Schilderungen von fragwürdigen, teilweise sogar dramatischen Zwischenfällen, die den düsteren Gesamteindruck verstärken und auch Johannes Hedinger persönlich in ein schlechtes Licht setzen.

«Am Befremdlichsten ist bei der frommen Anstalt, dass der Besitzer einen Oberwärter im Dienst behält, dessen ‹Eigentümlichkeiten› zum Beruf eines Krankenwärters an einer Irrenheilanstalt am allerwenigsten passen. Nicht selten nämlich kommt es vor, dass dieser Oberwärter total betrunken nach Hause kommt. [...] Einmal passierte es, dass er in diesem Zustand einen Patienten aufs entsetzlichste misshandelte [...]. Der Besitzer der Anstalt, Herr Johannes Hedinger, kennt den Lebenswandel des Oberwärters. Warum behält er ihn dennoch?»[2]

Hedinger wehrt sich. Am 31. Mai 1900 erscheint in der *Neuen Zürcher Zeitung* eine persönliche Erklärung. «Ich habe die hohe Direktion des Gesundheitswesens des Kantons Zürich dringend ersucht, die einzelnen Beschwerdepunkte einiger des Dienstes in hiesiger Anstalt aus gewissen Gründen enthobener Wärter aufs genaueste zu untersuchen. Es wird sich dabei herausstellen, was Wahrheit, was aber auch böswillige Verleumdung ist.»[3]

Unter staatlicher Aufsicht

Für die Sanitätsdirektion sind einige der Anschuldigungen, die von den Wärtern erhoben und im *Volksrecht* öffentlich gemacht worden sind, nichts Neues. Die Heil- und Pflegeanstalt Kilchberg steht schon seit geraumer Zeit unter ihrer Aufsicht. Nachdem der Regierungsrat mit Beschluss vom 2. Oktober 1886 eine stärkere staatliche Kontrolle privater Einrichtungen angeordnet hat, werden erstmals 1889 sämtliche «Gemeinde- und Privat-Kranken- und Versorgungsanstalten» überprüft. 1890 führt die Sanitätsdirektion

Bericht des Kantonschemikers
des Kantons Zürich.

Protokoll Nro. *1802 – 1804.* überwiesen den *12. Juni 1900.*
Gegenstand: *3 Flaschen Wein (unversiegelt) erhoben in der Anstalt Hedinger in Kilchberg.*
Einsender: *Tit. Gesundheitskommission in Kilchberg.*
Auftrag: *Untersuchung im Sinne der Zuschrift.*

Untersuchungs-Ergebnis:

	I. Qualität	II. Qual.	III. Qual.
Specifisches Gewicht des Weines bei 15 °C.	0,9943	0,9955	0,9952
Alkohol, Volumprocente	9,23	7,66	7,42
Extrakt, gramm per Liter	11,3	14,0	13,0
Mineralstoffe	1,15	1,67	1,31
Sulfate	wenig	wenig	wenig
Acidität	5,1	5,3	4,7
Flüchtige Säuren (= Essig-
u. schweflige Säure.)	*In allen 3 Proben unbedeutende Mengen.*		
Künstliche Farbstoffe:	*nicht nachweisbar.*		

Befund. Den erhaltenen Analysenresultaten zu Folge und nach den Ergebnissen der Degustation liegt keine Veranlassung vor, die eingesandten Proben wegen Verdorbenheit oder Gesundheitsschädlichkeit zu beanstanden. Die Beschaffenheit von I lässt den betr. Wein als ein wahrscheinlich coupirtes Naturprodukt erscheinen, bei II & III ist auf gallisirte Getränke zu schliessen.

Taxe Fr.

Expedirt: ZÜRICH, den *11. Juni 1900.*

Der Kantonschemiker:

sig. *Lenzi.*

Bericht des Kantonschemikers vom 12. Juni 1900 über drei Flaschen Wein aus der Heilanstalt Kilchberg

vierteljährliche Routine-Inspektionen durch den jeweils zuständigen Bezirksarzt ein. Für die Heilanstalt in Kilchberg ist dies Dr. Ganz. Er soll feststellen, ob die Einrichtung des Hauses sowie Verpflegung und Unterbringung der Patienten den Anforderungen entsprechen.

Über die Jahre kritisiert Dr. Ganz in seinen Berichten die Überbelegung der Klinik und weist auf gravierende bauliche Mängel hin. Neubauten, Renovierungen und Modernisierungen verschaffen der Klinik nur kurze Atempausen. Zeigt sich der Bezirksarzt im Dezember 1896 erfreut von der «vorteilhaften Änderung» des Hauses, ist davon im nächsten Bericht schon nichts mehr spüren. Beharrlich mahnt er Verbesserungen an. Johannes Hedinger verspricht und vertröstet, er ziert und windet sich. Als Direktor hat er, wie es scheint, einen schweren Stand – dies umso mehr, als zwei seiner Brüder, die in der Heilanstalt arbeiten, sich schwerwiegende Verfehlungen zuschulden kommen lassen. Auch Klagen der Patienten über schlechtes Essen und vereinzelte Anzeigen wegen «Übergriffen» sind bereits aus dem Jahrzehnt vor dem Wärterstreik belegt.

So ist auch das Ergebnis der Untersuchungen, die die Sanitätsdirektion nach dem Artikel im *Volksrecht* im Juli 1900 durchführen lässt, weit weniger günstig, als Hedinger sich erhofft haben mag. Zwar werden im Protokoll des Regierungsrates vom 9. August 1900 einige der «Denunziationen» als unwahr oder haltlos zurückgewiesen. Andere Vorwürfe lassen sich nicht zweifelsfrei aufklären. Ein besonders schwerwiegender Fall – der Tod eines Patienten im Deckelbad – wird zwischenzeitlich von der Staatsanwaltschaft verfolgt. Johannes Hedinger und die Klinikärzte Dr. Berther und Dr. Huber werden schliesslich im Dezember 1900 von jeder Schuld freigesprochen. Der mitangeklagte Wärter wird wegen fahrlässiger Tötung zu drei Monaten Haft verurteilt. In der Summe aber bestätigt der Untersuchungsbericht weit mehr Vorwürfe, als er entkräftet. Die Verpflegung der Patienten III. Klasse ist «quantitativ und qualitativ eine sehr geringe», hinten und vorne fehlt es an Räumlichkeiten, etliche Zimmer und ein Teil der sanitären Anlagen sind ungenügend. Fazit: «In der Anstalt Hedinger treten somit alle Übelstände zu Tage, welche sich aus der Verpflegung von Armen und Unbemittelten in einer Privatanstalt ergeben müssen, denn eine solche sucht auch bei niedrigen Kostgeldern einen Gewinn zu erzielen.»[4]

Als Konsequenz aus dem Bericht stellt die Gesundheitsdirektion den Klinikbetrieb kraft einer Verfügung vom 18. August 1900 unter Auflagen und beauftragt den Bezirksarzt mit einer noch eingehenderen Kontrolle. Hedinger muss das hinnehmen, nutzt aber den Jahresbericht für das Jahr 1900, um sich noch einmal mit dem Wärterstreik und dem

Bericht der Untersuchungskommission auseinanderzusetzen. Er verteidigt die Qualität von Brot, Teigwaren, Kaffee und Milch, die allesamt beanstandet worden waren. Er begründet die «Ausnutzung des Raumes» mit der wirtschaftlichen Notwendigkeit, sich als Privatmann «auf bescheidenem Fusse halten» zu müssen. Und er tritt grundsätzlichen Bedenken entgegen, den leitenden Ärzten – als Angestellten des «Anstaltsbesitzers» – sei «der Einfluss auf die Unterbringung, Ernährung und Beschäftigung der Kranken hier entzogen».

Fritz Brupbacher bezieht Position

Den Beteuerungen Hedingers, nicht er, sondern «der Arzt sei es, welcher über alle diese Frage bestimmt»[5], steht das Zeugnis eines Mannes gegenüber, der in der fraglichen Zeit als Arzt an der Klinik tätig ist: Fritz Brupbacher.

Seit Februar 1899 widmet sich Brupbacher mit grossem Engagement den Patienten der Heilanstalt Kilchberg – zunächst als Assistenzarzt, dann – nach kurzer Unterbrechung[6] – als Ärztlicher Leiter. Doch auch der Wärterstreik beschäftigt ihn: Nachdem er sich mehrfach in Gesprächen mit Johannes Hedinger für die Belange des Wartpersonals eingesetzt hat, ohne damit etwas zu bewirken, entschliesst er sich, öffentlich Stellung zu beziehen. Am 31. Januar 1901 erscheint im *Volksrecht* ein kritischer Artikel Brupbachers. Hedinger ist empört: «Kurz vor Druck dieses Berichtes erlebten wir das Unglaubliche, dass Herr Brupbacher, noch im Dienste der Anstalt stehend, einen feindselig gehaltenen Artikel gegen die Anstalt und gegen mich, seinen bisherigen Freund und Guttempler-Bruder, in einem sozialistischen Blatte erliess.»[7]

Unter der Überschrift «Die Stellung des Wartpersonals in der Heil- und Pflegeanstalt Kilchberg» wendet sich Brupbacher dem Ausgangspunkt des Streits zu: den Bedingungen, unter denen die Wärter in der Klinik beschäftigt werden. Die Besoldung und Beköstigung, so hält er fest, lassen beide sehr zu wünschen übrig – obwohl «Herr Hedinger einen jährlichen Gewinn von zirka 10-15.000 Franken [macht], wie er mir selbst erst in den letzten Tagen vor Zeugen bestätigte». Der Artikel ist gespickt mit Seitenhieben auf Johannes Hedinger, den Brupbacher spöttisch als «Hexenmeister» und «finanziellen Taschenspieler» bezeichnet. Sein Hauptvorwurf: Hedinger beutet die Wärter aus.

«Diese Zustände in den Privatanstalten sind alt, werden aber nie sich bessern, so lange nicht eine beständige Kontrolle dieser Institute besteht. [...] Ich habe im ganzen 17 Monate in unserer Anstalt gearbeitet und kann versichern: gewissenhafter Arzt zu sein in einer Privatanstalt ist eine nervenzerrüttende Arbeit, wenn man nicht den Staat im Rücken hat, und der ist bis dahin eine schwache Stütze gewesen.»[8]

Die Kritik Brupbachers geht über den Einzelfall, an dem sie sich entzündet, hinaus. Die «Stellung des Wartpersonals» ist generell prekär. Überlegungen, Pflegeschulen zu etablieren, um denjenigen, die sich tagtäglich um die Patienten kümmern sollen, eine

Fritz Brupbachers Tätigkeit in der Heilanstalt Kilchberg – ein biografischer Wendepunkt

Fritz Brupbacher (1874–1945) gilt als einer der markantesten Vertreter der politischen Linken in der ersten Hälfte des zwanzigsten Jahrhunderts. Ansehen erwirbt er sich durch seinen Einsatz für die Arbeiter- und Frauenrechte, die Sexualaufklärung und die individuellen Freiheitsrechte.

Die kurze Phase seiner Tätigkeit in der Heilanstalt Kilchberg von 1899 bis 1901 markiert einen Wendepunkt in seiner Biografie. Nach seinem medizinischen Staatsexamen an der Universität Zürich im November 1898 entschliesst sich Brupbacher zu einem Aufenthalt am renommierten Hôpital Salpêtrière in Paris, um sich verstärkt der Psychiatrie zuzuwenden. Aber der Aufenthalt wird zur Enttäuschung. An seine spätere Frau, die russische Medizinstudentin Lidija Petrowna, die sich bereits in jungen Jahren für den Sozialismus engagiert, schreibt er: «So habe ich hier nichts Neues gelernt bisher, nur fester bin ich geworden in dem Glauben, den Du mir gabst.»[1]

Bereits nach zwei Monaten kehrt er nach Zürich zurück und ist froh, in der Heilanstalt Kilchberg sofort eine Stelle zu finden. «Sein Beruf bereitete ihm viel Freude, befriedigte seine leidenschaftliche psychologische Neugier, eine Eigenschaft, die durch alle späteren Lebensphasen erhalten blieb. [...] Er erhielt einen eindrücklichen sozialen Anschauungsunterricht, war aber nicht nur unbeteiligter Zuschauer, sondern hatte die Möglichkeit, diesen Menschen zu helfen oder es wenigstens zu versuchen.»[2] Die ärztliche Tätigkeit könnte Brupbachers Hingabebereitschaft befriedigen, wenn er nicht zugleich an eine politische Mission glauben würde. «Der Psychiater in ihm hatte eben einen Konkurrenten, den sozialistischen Agitator. Beide machten ihre Ansprüche. In rastloser Tätigkeit versuchte er, beiden gerecht zu werden, was ihm nicht gelang, jedoch Nervosität und Gefühle des Ungenügens hervorrief.»[3] Tagsüber kümmert sich Brupbacher in der Kilchberger Anstalt um seine Kranken, abends verfasst er das Programm für die «Schweizerische Antireaktionäre Gesellschaft», engagiert sich an der Universität im «Abstinentenverein» und an Leseabenden. Zeitgleich gründet er die Zeitschrift *Junge Schweiz* als Publikationsorgan der Antireaktionären Gesellschaft. Von 1899 bis 1900 erscheinen in unregelmässigen Abständen insgesamt vier Nummern. Im Vorwort des ersten Heftes schreibt er über den Zweck der Zeitschrift: «Alles was ich Ihnen biete, sind Nachfeierabend-Arbeiten, nackt und kunstlos, vielleicht sogar oft roh und ungefeilt, an schlechten Satzkonstruktionen fehlt es auch nicht –

aber ich schreibe auch nicht um jemandes Gaumen zu kitzeln; unsere Zeitschrift soll kein Literatur- und Kunstblatt, sondern ein Kämpferblatt sein, ein Kampfblatt gegen allen Unsinn, gegen jedes politische, ästhetische, bürgerliche und wissenschaftliche Vorurteil.»[4]

Dass die *Junge Schweiz* bereits nach vier Nummern ihr Erscheinen einstellt, liegt an Brupbachers Einstellungswandel. Immer mehr ist er von den Ideen des Marxismus und seiner politischen Mission überzeugt. Begeistert verkündet er im letzten Heft der *Jungen Schweiz* seine neue Devise: «Gehen wir ins Volk, es braucht uns, während wir überflüssig sind für unsere eigene Klasse. Denn sollte der Bourgeois Aufklärung brauchen? Das Proletariat aber sehnt sich nach den Mitteln und Wegen seiner Befreiung; wir sollen ihm Vertrauen einflössen zu seiner Macht; wir sollen ihm die Erkenntnis beibringen, dass in den politischen und gewerkschaftlichen Organisationen seine Kampfwerkzeuge liegen. Treten wir selber ein in die Arbeiterorganisationen, lassen wir uns dort gebrauchen, wo man uns benötigt.»[5]

Das Ende von Brupbachers bürgerlicher Laufbahn wird beschleunigt, als die Zürcher Universitätsleitung von seinen politischen Aktivitäten erfährt und ihm die Zulassung zur Promotion verweigert – «wegen gröblicher Professorenbeleidigung», die man in zwei Nummern der *Jungen Schweiz* ausfindig gemacht haben will. Aber erst mit dem Artikel im *Volksrecht* zur «Stellung des Wartpersonals in der Heil- und Pflegeanstalt Kilchberg» vom 31. Januar 1901 und der postwendend ausgesprochenen Kündigung durch Johannes Hedinger wird das letzte Hindernis zu Brupbachers politischer Mission beseitigt. «Durch die Haltung des Direktors war ihm die Entscheidung abgenommen worden, worüber er im Grunde erleichtert war.»[6]

Im Frühjahr 1901 eröffnet Fritz Bruphacher eine eigene Praxis im Stadtzürcher Arbeiterquartier Aussersihl, heiratet im selben Jahr Lidija Petrowna und widmet sich fortan der Propaganda für einen freiheitlichen Sozialismus der Arbeiterklasse.

[Bild: Fritz Brupbacher, 1898]

1 FB an LP am 20.01.1899, zit. nach K. Lang (1975), S.31.
2 K. Lang (1975): Kritiker, Ketzer, Kämpfer, S. 33.
3 K. Lang (1975): Kritiker, Ketzer, Kämpfer, S. 34.
4 F. Brupbacher (1899): Junge Schweiz, Nr. 1, S.1, zit. nach K. Lang (1975), S.38.
5 F. Brupbacher (1900): Junge Schweiz, Nr. 4, S.207, zit. nach K. Lang (1975), S.40.
6 K. Lang (1975): Kritiker, Ketzer, Kämpfer, S.42.

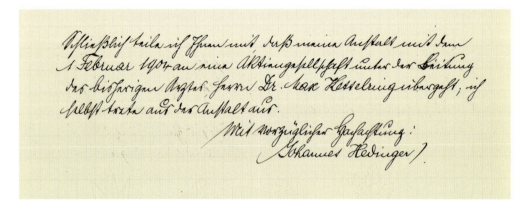

Auszug aus dem Schreiben von Johannes Hedinger vom 19. Dezember 1903 an das «Bureau» des «Hohen Kantonsrats» mit Rücktrittsankündigung zum 1. Februar 1904: «Ich selbst trete aus der Anstalt aus.»

fundierte Ausbildung zukommen zu lassen, stecken erst in den Kinderschuhen. Nicht zuletzt deswegen fehlt es dem Berufsstand an gesellschaftlicher Anerkennung und angemessenen Verdienstmöglichkeiten. Eine Ausnahme bildet das Burghölzli, eine staatliche Einrichtung. In den Privatkliniken zeigen sich vielerorts ähnliche Probleme wie in Kilchberg. Den Klagen des Pflegepersonals über die schlechten Arbeitsbedingungen und den geringen Lohn stehen dabei die Vorwürfe der Direktoren (und «Anstaltseigentümer») über Verfehlungen und die Arbeitsunwilligkeit vieler Wärter gegenüber.

Nach der Veröffentlichung des Artikels im *Volksrecht* entlässt Hedinger seinen Ärztlichen Leiter. Fritz Brupbacher kommt das ganz gelegen: Schon seit längerem liebäugelt er damit, sich niederzulassen. Jetzt ist die Zeit gekommen. «Ich bin fast froh, dass ich so mit Elan aus der Psychiatrie hinausgeworfen werde. Ich hätte sonst nie recht gewagt wegzugehen. Ich hätte zu stark an meinen Kranken gehangen und an der Psychopathologie.»[9]

Unrühmliche Posse und ein abruptes Ende

Johannes Hedinger bleibt als Leiter der Klinik unter Druck. Am 18. März 1901 verfügt die Sanitätsdirektion Spezialinspektionen auf unbestimmte Zeit. Zu der «beständigen Kontrolle» gesellen sich (ebenso beständige) Dispute und Zwistigkeiten mit Dr. von Eichborn und Dr. Liebetanz, den Nachfolgern von Fritz Brupbacher.

Eine erneute Welle öffentlicher Aufregung verursacht insbesondere «Der Fall Hedinger-Eichborn» – so der Titel eines seitenfüllenden Artikels, der am 13. Dezember 1903 im *Volksrecht* erscheint. Bereits fünf Tage zuvor, am 8. Dezember 1903, berichtet die Lokalzeitung *Der Wehnthaler* von den eigenartigen Vorkommnissen:

Conrad von Eichborn tritt am 1. April 1901 seinen Dienst als «Anstaltsarzt» an, wird aber bereits kurze Zeit später von Hedinger aus dubiosen Gründen fristlos entlassen. Von Eichborn klagt wegen Ehrverletzung und auf Entschädigung aus Vertragsbruch und gewinnt beide Prozesse. Hedinger will das nicht auf sich sitzen lassen. Er sinnt auf

Ankündigung der Übernahme der Ärztlichen Leitung durch Max Kesselring im *Tagesanzeiger* vom 21. März 1904

«Rache» und fädelt eine regelrechte Intrige ein, um seinen Gegner zu diskreditieren. Mit Unterstützung seines Anwalts, Eugen Curti-Forrer, sendet er von Eichborn einen fingierten Brief zu, in dem ein «Fräulein» den Arzt bittet, ihr beim Abbruch einer ungewollten Schwangerschaft zu helfen. Von Eichborn ist misstrauisch. Abtreibung und die Beihilfe dazu stehen unter Strafe. Schliesslich lässt er sich erweichen und sendet dem anonymen Fräulein postlagernd ein «Mittel» zu. Es kommt, wie es kommen musste: Der Schwindel fliegt auf, Hedinger findet sich als Angeklagter vor Gericht wieder.

Die unrühmliche Posse fällt in das Ende der Ära Hedinger. Die Zeichen stehen längst auf Abschied. Am 19. Dezember 1903 erklärt er in einem Brief an den Kantonsrat: «Schliesslich teile ich Ihnen mit, dass meine Anstalt mit dem 1. Februar 1904 an eine Aktiengesellschaft unter der Leitung des bisherigen Arztes Herrn Dr. Max Kesselring übergeht; ich selbst trete aus der Anstalt aus.»

Nach Hedingers Rückzug kommt die Einrichtung in ruhigeres Fahrwasser. Die negative Berichterstattung verstummt, die Spezialinspektionen sind bald Geschichte. Ein neues, erfolgreiches Kapitel beginnt, das sich fast unbemerkt in einem kleinen, aber richtungsweisenden Entscheid ankündigt: Die «Heil- und Pflegeanstalt Kilchberg» nennt sich seit 1904 «Sanatorium» – und sie will es künftig auch sein.

Anmerkungen

1 «Unerbauliches aus einer frommen Anstalt», Teil 1 (1900), Volksrecht.

2 «Unerbauliches aus einer frommen Anstalt», Teil 2 (1900), Volksrecht.

3 Erklärung Hedinger (1900), NZZ.

4 Protokoll des Regierungsrates (1900): 1414.

5 Jahresbericht pro 1900 der Privat-Heil- und Pflegeanstalt Kilchberg.

6 Vom 1.9.1899 bis 25.3.1900 ist Brupbacher vorübergehend als Assistenzarzt in der Irrenanstalt Breitenau tätig.

7 Jahresbericht pro 1900 der Privat-Heil- und Pflegeanstalt Kilchberg.

8 F. Brupbacher (1901): Die Stellung des Wartpersonals, Volksrecht.

9 Brief von Fritz Brupbacher vom 1. März 1901, zitiert nach: Lang, Karl (1975), S. 43.

M. LENNACKERS, T. BALLWEG

Fürsorge statt Zwang

Zur Reformschrift von Max Kesselring

Im Januar 1909 erscheint in der Monatszeitschrift *Hochland* ein Aufsatz unter dem Titel «Hygiene des Geistes». Autor ist Max Kesselring, den Johannes Hedinger 1903 als Psychiater nach Kilchberg holt. In seine Amtszeit fallen die Umbenennung der Heil- und Pflegeanstalt in «Sanatorium Kilchberg» und ein verändertes therapeutisches Konzept. Als er im Sommer 1906 das Sanatorium verlässt, ist der schwierige Umbruch gelungen.

Mit *Hygiene des Geistes* stellt sich Max Kesselring in die Tradition des britischen Psychiaters John Conolly (1794–1866), einer der grossen Reformer der Psychiatriegeschichte. Von 1839 bis 1843 leitet Conolly das Middlesex County Asylum in Hamwell, veröffentlicht 1856 sein Werk *Treatment of the insane without mechanical restraints*. Darin stellt er Grundzüge einer Behandlung psychisch Kranker vor, die noch heute unter dem Namen «No-restraint-System» bekannt sind. Conollys Reformansätze, obwohl in Fachkreisen diskutiert, sind im 19. Jahrhundert kaum ins öffentliche Bewusstsein vorgedrungen. Weithin gelten psychiatrische Kliniken als geschlossene (Irren-)Anstalten, hinter deren Mauern und Gitterstäben unheilbar Geisteskranke hausen, für die es keine Therapie gibt. Kesselring stellt sich gegen diese verzerrte Sichtweise. Er ist einer der ersten Psychiater, die Conollys Ideen und daraus abgeleitete Reformvorschläge einem grösseren Publikum bekannt machen. Bewusst platziert Kesselring seinen Essay nicht in einem Fachjournal, sondern in der Monatszeitschrift *Hochland*: 1903 von Carl Muth gegründet, der das Blatt als Herausgeber und Autor über Jahrzehnte prägt, richtet sich *Hochland* an einen aufgeschlossenen, an allen gesellschaftlichen und kulturellen Fragen interessierten Leserkreis. Ohne seine katholischen Wurzeln zu verleugnen, gewinnt *Hochland* überkonfessionellen Zuschnitt (zum Missfallen der Amtskirche) und steigt bald zu einer bedeutenden Zeitschrift im deutschsprachigen Raum auf.

Sechster Jahrgang.   Januar 1909.   4. Heft.

Hygiene des Geistes.

Ein Beitrag zu persönlicher und sozialer Kultur.

Von

Max Kesselring.

Das Studium der menschlichen Krankheiten ist die erfolgreichste Art, die Schwächen unserer Organisation zu erkennen und Mittel und Wege zu finden, welche uns befähigen, diese Schwächen zu schonen und allen Schädlichkeiten vorzubeugen. So hat uns auch die Erforschung der Geisteskrankheiten, die im letzten Jahrhundert so überaus große Fortschritte aufweist, manche Tatsachen der geistigen Hygiene aufgedeckt und Krankheitsursachen deutlicher erkennen lassen, auf die früher nur wenig Wert gelegt wurde.

Unter Krankheiten des Geistes versteht man im engeren Sinne alle jene Zustände, bei welchen durch Aufregung, Depression, Wahnideen, Halluzinationen, Verwirrtheit oder mangelhafte geistige Entwicklung die Urteilsfähigkeit in einem hohen Grade getrübt ist. Indessen hat man seit langer Zeit erkannt, daß eine genaue Grenze nicht so leicht zu ziehen ist und daß bei sehr vielen Menschen sich Anzeichen finden, die mehr oder weniger deutlich an die gewöhnlichen Geisteskrankheiten erinnern. Der Mangel an Vollkommenheit bei allen Erscheinungen des Lebens tritt um so stärker zu Tage, je komplizierter und feiner organisiert die Erscheinung ist; der menschliche Geist ist daher schon von Geburt an häufig einseitig veranlagt und das Leben trägt später meist noch dazu bei, die Unvollkommenheiten zu verstärken. Der menschliche

Hochland. VI. 4.   26

Hygiene des Geistes ist nur eine von etlichen Publikationen, mit denen Max Kesselring als Autor hervortritt. Erwähnenswert sind sein Hauptwerk *Die Heilung der Gemütskranken: Grundlagen moderner Anstaltsbehandlung* (1929) und die Studie *Nietzsche und sein Zarathustra in psychiatrischer Beleuchtung* (1954).

Um die Diskussion auf eine breitere Grundlage zu stellen, bettet Kesselring zudem seine Ausführungen zur (Anstalts-)Psychiatrie in einen weiter gefassten Diskurs über «Tatsachen der geistigen Hygiene»[1] ein, in dem er neben genetischen Faktoren auch die individuelle Lebensführung und gesellschaftliche Einflüsse als Ursachen psychischer Störungen geltend macht und kritisiert.

Auf Conolly beruft sich Kesselring bereits während seiner Tätigkeit in Kilchberg. Im *Jahresbericht pro 1905* des Sanatoriums Kilchberg schreibt er: «Leider herrscht bei vielen noch immer die falsche Anschauung, dass eine Irrenanstalt zu strengsten Internierung der Kranken da sei; in Wirklichkeit ist aber eine zweckmässige Behandlung weitaus wichtiger. Mit vollem Recht sagt John Conolly [...]: Die ganze Behandlung und Verpflegung der Kranken und die Leitung eines Asyls muss vor allen Dingen geistige und körperliche Heilung und Besserung bezwecken und sich einerseits eben so weit von der Oekonomie und Organisation eines Arbeitshauses, als andererseits von den Einschränkungen eines Gefängnisses fernhalten.»

In *Hygiene des Geistes* spannt Kesselring den Bogen weiter und erinnert an dunkle Zeiten vor Aufkommen der modernen Psychiatrie: «Noch am Anfang des 19. Jahrhunderts waren die Irrenanstalten Stätten, an die man nur mit Grausen und Schrecken dachte. Nur die aufgeregtesten Kranken wurden dahin verbracht, wenn jede andere Möglichkeit, sie zu verpflegen, ausgeschlossen war, und nur die allerwenigsten wurden geheilt; ihre krankhafte Aufregung dauerte hier vielmehr fort und fort, bis eine vollständige Erschöpfung der körperlichen Kräfte den Tod herbeiführte oder die endgültige Zerrüttung der geistigen Fähigkeiten den Patienten zu einer, in diesem Falle noch wohltätigen, Geistesschwäche und Apathie brachte, so dass er von seiner Umgebung gar keine Notiz mehr nahm. Man hörte in diesen Anstalten beständig nur das Schreien der Kranken, Ausbrüche des Zorns, der Erbitterung und Verzweiflung, doch waren alle diese Anstalten meistens geleitet von durchaus human denkenden Menschen, die in bester Absicht handelten: die Widerspenstigen wurden bestraft, solchen, die sich selbst ein Leid antun wollten oder an Zerstörungssucht litten, wurden Fesseln angelegt, andere, die sich verunreinigten, band man, um sie daran zu hindern, an Zwangsstühle.»[2]

Dr. Max Kesselring
(1875–1961)

Initiativen, die sich für ein Ende oder wenigstens eine Beschränkung von Zwangsmassnahmen einsetzen, gibt es schon frühzeitig. Vincenzo Chiarugi befreit 1786 in Florenz Patienten von den damals üblichen Ketten, ebenso wie 1793 Philippe Pinel im Pariser *Hôpital Bicêtre*. Erst John Conolly aber entwickelt ein durchgängiges Anstaltskonzept, bei dem der Verzicht auf Zwangsmassnahmen mit einer gezielten Therapie einhergeht. Arbeit und tägliche Spaziergänge gehören im gleichen Masse dazu wie sportliche Übungen und Spiele. Zudem legt Conolly grossen Wert auf eine angenehme Unterkunft und gute Verpflegung. Sein besonderes Augenmerk gilt den Pflegern, die im täglichen Umgang mit den Patienten Einfühlungsvermögen benötigen. Statt Zwangsmassnahmen zu überwachen – oder, schlimmer noch: willkürlich und ohne ärztliche Anweisung zu verhängen –, sollen Pfleger den Patienten mit Fürsorge begegnen, um Leiden zu lindern und die Aussicht auf Genesung zu fördern.

«Worin bestand nun das Geheimnis der ungeheuren Wirkung dieser so einfachen Änderung in der Behandlung? Es bestand eben darin, dass die früher angewandte Methode damals mit der innersten menschlichen Natur gar nicht rechnete [...]. Erst dann zog Ruhe und Zufriedenheit in die aufgeregten und verworrenen Gemüter der Kranken ein, als Conolly ihnen Freiheit und Arbeit gewährte; die natürliche Tendenz zur Heilung wurde jetzt nicht mehr durch die früheren plumpen Anordnungen der Wärter unterbrochen oder gar vollständig vernichtet. [...] Man trat nicht gegen die wahnhaften Ideen und gegen die Absonderlichkeiten direkt auf, sondern die gesunden Reste des Denkens und Fühlens wurden gepflegt und gefördert.»[3] Was Kesselring hier bereits andeutet, wird noch fast ein Jahrhundert brauchen, um als «ressourcenorientiertes Vorgehen» in der Psychiatrie allgemeine Verbreitung zu finden. Das Ideal einer Klinik, die auf Zwang verzichtet, beschreibt er so: «In der Anstalt sorgt eine verständige und teilnehmende Leitung dafür, dass der Schwache nicht gereizt wird, dass er ungestört das leistet, was seine geschwächten Kräfte vermögen, dass er nicht Versuchungen ausgesetzt wird, denen er nicht widerstehen kann, und dass Lob und Belohnung ihn ermuntert, wenn seine Arbeit und sein Fleiss den guten Willen zeigen.»[4]

Conollys System sorgt im 19. Jahrhundert in Fachkreisen eine Zeit lang für Aufsehen. Nach dem Vorbild von Hamwell werden in England weitere Anstalten gegründet. Auch in Kontinentaleuropa findet die Reform einige namhafte Fürsprecher. Auf breiter Front durchsetzen kann sich der Ansatz von Conolly aber nicht. Kesselring gibt der Reformbestrebung einen neuen Impuls und regt eine öffentliche Diskussion an. Damit greift er der kritischen Auseinandersetzung über Psychiatrie in der zweiten Hälfte des 20. Jahrhunderts vor. Anders aber als radikale Vertreter der «Anti-Psychiatrie» sieht Kesselring psychiatrische Kliniken nicht als blosse Verwahranstalten an, in denen Patienten interniert und weggesperrt werden, sondern als einen geschützten Ort, der eine zweckmässige, lindernde oder heilende Therapie ermöglicht – im Zeichen der Fürsorge.

Anmerkungen

1   M. Kesselring (1909): Hygiene des Geistes, S. 393.

2   M. Kesselring (1909): Hygiene des Geistes, S. 394f.

3   M. Kesselring (1909): Hygiene des Geistes, S. 395f.

4   M. Kesselring (1909): Hygiene des Geistes, S. 397.

M. LENNACKERS, T. BALLWEG

Leitmotiv «Schweizer Sanatorium»

Über eine Marke und ihr Gestaltungspotenzial

Das Jahr 1904 markiert einen bedeutenden Einschnitt: Die «Heil- und Pflegeanstalt Kilchberg» nennt sich fortan «Sanatorium». Was zunächst als blosser Namenswechsel erscheint, setzt einen Wandlungsprozess in Gang, der bis in die Gegenwart fortdauert. Dieser Prozess ist in zahlreichen Prospekten des Hauses dokumentiert. Sie spiegeln das Selbstverständnis einer psychiatrischen Klinik als Sanatorium im jeweiligen historischen Kontext.

Aussergewöhnlich ist ein Prospekt, der von Hugo Frey im Auftrag Emil Hubers in den Jahren 1928 und 1929 künstlerisch gestaltet wird. Er erscheint etwa ein Jahr später im Verlag *Conzett & Huber* – ein Glücksfall, da sich Huber aufgrund der Personalunion als Besitzer des Sanatoriums und Mitinhaber des Verlags eine aufwendige Gestaltung von Layout und Grafik leisten kann. Hugo Frey zeigt das Sanatorium Kilchberg in einer Bildfolge von Innen- und Aussenansichten, in der Interieur und landschaftliches Panorama, Natur und Architektur harmonisch ineinandergreifen. Leuchtende Aquarelle, Zeichnungen und Fotografien setzen unterschiedliche Akzente: hier üppige Farbenvielfalt, dort eine in sich zurückgenommene Skizze; hier die klaren Linien und Formen einer Fassade, dort verschlungene Pfade, ein hinter Bäumen und Sträuchern verborgener Winkel. Frey beschwört das atmosphärische Stimmungsbild einer Heilanstalt im emphatischen Wortsinn herauf, einen Ort der Musse und des Zu-sich-Kommens. Das Sanatorium Kilchberg reiht sich damit in die Gilde der Schweizer Sanatorien ein, die im «Zeitalter der Extreme»[1] für die von Krieg und Krisen geschüttelten Menschen in Europa und der Welt Zuflucht und Genesung verheissen.

Natur als Kur

In ihrer modernen Form etablieren sich Sanatorien bereits um die Mitte des 19. Jahrhunderts. Historische Wurzeln reichen bis in die Antike zurück[2], Vorläufer in der Neuzeit, noch im Bann der Humoralpathologie, sind Luftkurorte und Heilbäder. Eng verflochten ist die Entstehung der Sanatorien mit dem Kampf gegen eine der grossen sozialen Herausforderungen der Epoche – die Tuberkulose. 1855 eröffnet im niederschlesischen Görbersdorf das erste Tuberkulose-Sanatorium. Rasch kommt es zu weiteren Gründungen in Europa und der ganzen Welt. Als «Lungenheilstätten» dienen sie der Genesung der Kranken im gleichen Mass wie dem Schutz derer, die (noch) nicht infiziert sind. Doch bleibt das Sanatorium nicht den Lungenkranken vorbehalten. Schon bald gibt es Sanatorien für die unterschiedlichsten Beschwerden und Leiden.

Die Schweiz entwickelt sich zu einem Zentrum des neuartigen «Heilwesens». Lungen- und Höhen-Sanatorien machen auch hier den Anfang. Nicht weniger berühmt sind Einrichtungen, die im Geist der Lebensreform-Bewegung gegründet und geführt werden. Im Sanatorium Monte Verità bei Ascona tummeln sich seit 1900 Kommunisten, Anarchisten und zivilisationsmüde «Aussteiger» aus aller Herren Länder. Bürgerlicher geht es zu im «Sanatorium Lebendige Kraft», das Maximilian Bircher-Benner 1904 auf dem Zürichberg eröffnet. Die Patienten unterziehen sich in bester Lage über dem See einer mehrwöchigen Kur mit vielen Spaziergängen, Luft- und Wasserbädern, Gartenarbeit und reichlich Rohkost. Das Reglement ist streng. Thomas Mann, der 1909 für einige Wochen im «Lebendige Kraft» weilt, bezeichnet das Sanatorium als ein «hygienisches Zuchthaus»[3], dessen rigider «Ordnungstherapie»[4] er am liebsten entfliehen möchte. Er bleibt und empfängt, während sich seine körperliche Verfassung bessert, erste Anregungen für seinen *Zauberberg*.

Zu Beginn des 20. Jahrhunderts erleben die Sanatorien der Schweiz einen regelrechten Boom, die Liste der Einrichtungen ist lang. Orientierung über die wachsende Vielfalt des Angebots bietet das «Schweizerische Bäderbuch», das in erster Auflage 1918 erscheint und auch das Sanatorium Kilchberg als Adresse verzeichnet mit dem Vermerk «Jahresbetrieb»[5]. Im Kapitel «Die Sanatorien der Schweiz» fragt Dr. Emil Cattani: «Wie kommt es aber, dass gerade die Schweiz ihre Anziehungskraft auf Gesunde, Erholungsbedürftige und Kranke aller Weltteile bewährt – wie erklärt man sich den mächtigen Zauber, den sie auf alle ausübt – wieso hinterlässt sie die stärksten Eindrücke und ruft die angenehmsten Erinnerungen wach?»[6] Die Antwort folgt auf den Fuss: «Die Schweiz ist das Lieblingsland der

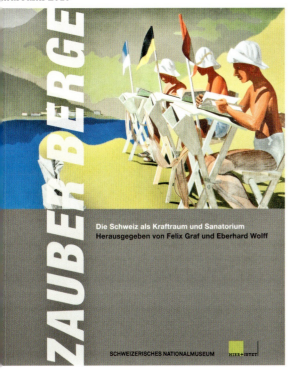

Katalog zur Ausstellung des Schweizerischen Nationalmuseums 2010

ZAUBERBERGE

Die Schweiz als Kraftraum und Sanatorium
Herausgegeben von Felix Graf und Eberhard Wolff

SCHWEIZERISCHES NATIONALMUSEUM   HIER+JETZT

Prospekt des Sanatoriums
Kilchberg (ca. 1930): Bootshaus des Sanatoriums am See
und Physikalisches Institut
(nach Zeichnungen von Hugo
Frey)

Prospekt des Sanatoriums
Kilchberg (ca. 1930): Park mit
Skulptur und Brunnenrelief

Prospekt des
Sanatoriums Kilchberg
(ca. 1930): Innenräume

Natur. Denn alles Grosse, Erhabene, alle Lieblichkeit und Anmut, jeder Zauber der Verkettung, der Verschmelzung und der Kontraste der ganzen weiten Erde scheint sich hier in einem kleinen Raume vereinigt zu haben, um dieses Gebiet zu dem europäischen Erdentempel zu stempeln, wohin alle Verehrer der Natur pilgern.»[7]

Die Schweiz als «Weltkurort par excellence»

Im 17. Jahrhundert ahnt noch niemand, dass die Schweiz zweihundert Jahre später als das «Sanatorium Europas»[8] gelten wird. «Das Gebirge galt für zivilisierte Menschen als unbewohnbar. Bei einem Aufenthalt in höheren Lagen drohten die Adern zu platzen, die weitverbreiteten Kröpfe und der Kretinismus im Wallis wurden mit der schlechten Quali-

Prospekt des
Sanatoriums Kilchberg
(ca. 1930): Aussenansichten

tät des Wassers in Verbindung gebracht, und die Luft war zwischen den Bergen gefangen und nur für jene erträglich, die damit aufgewachsen waren. Schliesslich waren sich die Ärzte darüber einig, dass der Konsum von Milch und Milchprodukten bei Erwachsenen zu schweren Störungen führen müsse.»[9] Vor allem der Zürcher Gelehrte Johann Jakob Scheuchzer sowie – mit grösserer Ausstrahlung – Albrecht von Haller und Jean-Jacques Rousseau kehren dieses negative Image im 18. Jahrhundert um. Luft und Wasser der Schweizer Alpen geniessen seither den Ruf, besonders rein und klar zu sein – und damit gesundheitsförderlich. Auch mit der Milch geht es aufwärts: «Hatte die in Paris erschienene ‹Encyclopédie› von Diderot und d'Alembert noch erklärt, Milchtrinken mache dick, schwer, faul und stupid, so erschien in der Ausgabe von Yverdon eine Neufassung des Artikels. Kein Geringerer als Albrecht von Haller hatte ihn umgeschrieben, und er rühmte

Prospekt des Sanatoriums
Kilchberg (ca. 1930) mit
Aquarellen von Hugo Frey

die gesundheitsfördernden Eigenschaften der Milch. Dass die Alpenmilch die beste war, verstand sich von selbst.»[10] Alpenkräuter und der daraus gemachte «Schweitzer Thee»[11] sowie nicht zuletzt die (romantische) Entdeckung der Landschaft, die durch ihre Anmut besänftigen und durch ihre Erhabenheit den Geist anregen kann, tragen ihrerseits bei zum Ruf der Schweiz als «Weltkurort par excellence»[12]. Die Erfolgsgeschichte der Marke «Schweizer Sanatorium» ist nicht vorstellbar ohne eine tiefgreifende Wandlung der Wahrnehmungs- und Bewertungsmuster im Blick auf Natur und Gesundheit.

Allerdings gelten nicht bei allen Beschwerden alpine Regionen als geeigneter Aufenthaltsort – insbesondere nicht bei Erkrankungen des Nervensystems. Dazu bemerkt Dr. E. Mory im Schweizerischen Bäderbuch: «Hier steht im Vordergrund die Neurasthenie, die von Jahr zu Jahr, infolge der Sturm- und Drangperiode, in der wir leben, und namentlich seit dem Kriege enorm zugenommen hat. […] Schwere Formen von Neurasthenie eignen sich kaum für einen Aufenthalt im Hochgebirge, und wenn wir auch in unserer langen Hochgebirgspraxis Fälle gesehen haben, die scheinbar glänzende Resultate aufwiesen, sind das Ausnahmen, die wir nicht verallgemeinern möchten. Da eignen sich besser die Orte an den Gestaden der Schweizer Seen und in den Hügelregionen, denn die Kontraste sowohl des Sommers als auch des Winters sind im Hochgebirge zu gross, als dass ein schwer zerrüttetes Nervensystem sie nicht als lästig empfinden müsste.»[13] Doch von welcher Erkrankung spricht er da eigentlich? «Wissenschaftlich zu definieren, was Neurasthenie ist, würde ich mich schwer hüten, da keine Definition alle befriedigen könnte. Jeder Laie stellt sich ja selbst die Diagnose. ‹Ich bin nervös› hört man heutzutage mehr als jede andere Selbstkritik.»[14] Die Neurasthenie ist das Burnout der ersten Hälfte des 20. Jahrhunderts. Doch auch diese Benennung stellt keineswegs den ersten Versuch einer medizinischen Klassifikation stressbedingter Erkrankungen dar. Im «Handbuch der praktischen Heilkunde» von 1806 erwähnt Friedrich Wilhelm von Hoven die «Nervenauszehrung oder die Hektik (Tabes nervosa, Hectica, Febris hectica)» und erklärt, sie sei «hauptsächlich in grossen Städten zu Hause, und am meisten sind ihr zartgebaute und wohlgebildete Menschen unterworfen».[15] Neben Neurasthenie gelten nach Mory auch «Epilepsie» und «Psychosen» als «Kontra-Indikationen»[16] für das Hochgebirge.

Von Luftkuren, Toilettenmassnahmen und Hodenmassagen

Im Bäderbuch führt Cattani die sogenannten «Nervensanatorien» unter den «Spezialsanatorien» auf und erklärt hierzu: «Das dankbarste Feld zur Behandlung in diesen Sanatorien bieten die sogenannten allgemeinen oder funktionellen Neurosen, insbesondere die Neurasthenie und Hysterie mit ihren wechselvollen und vielgestaltigen Symptomen.»[17] Tatsächlich nimmt die Behandlung der sogenannten funktionellen oder «Psycho-Neurosen» im Sanatorium Kilchberg sprunghaft zu. Werden im Jahresbericht 1904 nur drei Erkrankungen dieses Spektrums verzeichnet, zählen die Jahresberichte von 1910 bis 1912 insgesamt 49 Fälle.[18] Hinzu kommen die sogenannten «organischen Nervenkrankheiten»[19], zu deren Behandlung ebenfalls ein Sanatorium empfohlen wird. «Vornehmlich werden Residuen apoplektischer Anfälle sowie Lähmungen, Gefühlsstörungen und Schmerzen der von spinalen oder peripheren Nervenkrankheiten Ergriffenen durch die in den Sanatorien angewandten Heilfaktoren unter ständiger ärztlicher Kontrolle günstig beeinflusst.»[20] Zu den grundlegenden Therapiemethoden eines Sanatoriums zählen gemäss Cattani «die wissenschaftliche Hydrotherapie», «Massage», «Gymnastik», «Bewegungstherapie» sowie die «elektrische Behandlung», zu der die «mannigfaltigsten und kompliziertesten Apparate» dienen. «Dazu gesellt sich die Lichtheiltherapie in allen ihren Formen.»[21]

Bereits 1906 hat sich Hermann Determann in seinem Buch «Physikalische Therapie der Erkrankungen des Zentralnervensystems inklusive der allgemeinen Neurosen» ausführlich mit körperbezogenen Therapien bei psychischen Beschwerden auseinandergesetzt. Einige seiner grundlegenden Einsichten lassen sich auch heute noch aufrechterhalten. So bemerkt er zur Behandlung der «Neurasthenie»: «In erster Linie müssen diejenigen Schädlichkeiten entfernt werden, die als Ursache des Leidens mitwirkten. Da gilt es oft eingewurzelte Vorurteile und schädliche Gewohnheiten zu beseitigen, die ganze Lebensweise, die Tageseinteilung, die Ernährung müssen genau durchgesprochen und eventuell geändert werden. Alle Unzweckmässigkeiten sind möglichst auszumerzen, meist ist das Arbeitsquantum einzuschränken.»[22] Andere therapeutische Ratschläge wirken aus heutiger Sicht zwar nicht verfehlt, aber in ihrer Begründung etwas befremdend: «Gerade Neurastheniker sind in ihrem Wohlbefinden sehr abhängig von der Möglichkeit recht ausgiebiger Ausdünstung, und dem so oft geäusserten instinktiven Verlangen dieser Kranken, die Kleider wenigstens zeitweilig abzulegen, sollte man viel mehr als bisher nachkommen, zumal in der wärmeren Jahreszeit. […] Ich empfehle einer grossen Zahl meiner Patienten, morgens und abends unbekleidet und barfuss alle die notwendigen Toilettemassnahmen vorzunehmen und dabei Gymnastik (nach Schreber etc.) zu betreiben.»[23]

Neben Wasser, Licht und körperlicher Betätigung gilt Luft als das vierte therapeutische Element bei einem Sanatorium-Aufenthalt, und zwar auch im Falle psychischer Beschwerden: «In dem Bestreben, dem Patienten so viel wie möglich frische Luft, besonders durch Einatmung, zuzuführen, lasse ich noch bei vielen Patienten, welche sich im Freien bewegen, die Freiluftliegekur vornehmen.»[24] Einige recht konkrete Behandlungsempfehlungen des Buches lassen sich allerdings heute nicht mehr ohne weiteres befolgen – zumindest nicht im Rahmen einer Therapie. Bei sexuellen Funktionsstörungen im Kontext der Neurasthenie gibt Determann zunächst zu bedenken, dass «eine zu intensive, etwa von spezialistischer Seite empfohlene Lokalbehandlung oft geeignet» sei, «die allgemeinen Erscheinungen der Neurasthenie, insbesondere die hypochondrische Verstimmung in den Vordergrund zu drängen»[25]. Woraufhin nun aber doch eine sehr kon-

krete Empfehlung zur Lokalbehandlung folgt: «Dagegen ist die durch Zabludowski empfohlene künstliche Hyperämie der Hoden durch Abschnürung nach einer Reihe von
günstigen Versuchen bei sexueller Schwäche entschieden als aussichtsvoll zu versuchen;
wenigstens bei jüngeren Individuen.»[26] Etwas anderes hilft dagegen offenbar nicht: «Von
der vom gleichen Autor empfohlenen Massage der Hoden sah ich keinen Erfolg.»[27]

Körper und Seele als Einheit

Die physikalische Therapie psychiatrischer Erkrankungen geht vom Grundgedanken
einer engen Verbindung zwischen körperlichen und psychischen Vorgängen aus, der
heute als eine Selbstverständlichkeit gilt. Zu Beginn des 20. Jahrhunderts ist er vor allem
in Sanatorien beheimatet. Entsprechend finden körperbezogene Therapieformen im
Sanatorium Kilchberg sehr viel mehr und nachhaltiger Berücksichtigung als in anderen
psychiatrischen Einrichtungen dieser Zeit. In einem Prospekt von ca. 1930 wird neben
den psychotherapeutischen Verfahren «Analyse, Hypnose und Persuasion» sowie
«medikamentöse Therapie» die «physikalische Therapie» im «speziell hierzu eingerich-
teten Institut» hervorgehoben. Sie umfasst «Elektrotherapie, Massage, Höhensonne,
Diathermie, Vierzellenbad, Schonungslichtbad für Schwitzkuren» und «medikamentöse
Bäder aller Art».

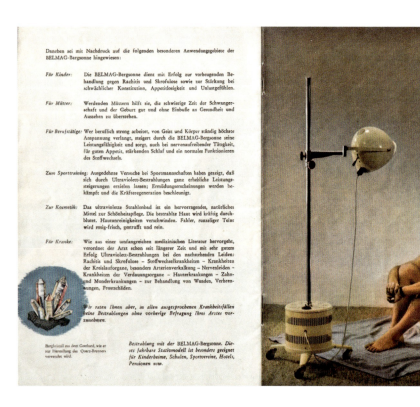

Prospekt der Firma Belmag

In den 1970er-Jahren gelingt mit dem Konzept der «Körperzentrierten Psychotherapie» eine enge Verzahnung von physikalischen und psychologischen Behandlungsmethoden. Pionierarbeit auf diesem Gebiet leistet Yvonne Maurer, die von 1974 bis 1983 als Oberärztin und stellvertretende Chefärztin am Sanatorium Kilchberg tätig ist. 1979 veröffentlicht sie ihr Buch *Physikalische Therapie in der Psychiatrie*, 1986 das Standardwerk *Körperzentrierte Psychotherapie*, das 1993 auch in englischer Sprache erscheint. Die therapeutische Umsetzung ihres Konzepts am Sanatorium Kilchberg beschreibt sie folgendermassen: «Der Einbezug des Körpers in die Behandlung wird von vielen psychisch Kranken als die intensivste Form der Zuwendung überhaupt erlebt und unter allen Behandlungsmethoden als die wohltuendste empfunden. Unser Konzept geht allerdings weit über jene Ansätze hinaus, die nur von der entspannenden und lockernden oder aktivierenden Wirkung der Bewegungstherapie sprechen. Es geht unter anderem darum, durch verbessertes Körpererleben, Gefühle, die zu wenig entwickelt wurden, nachholend zur Entfaltung zu bringen. Ebenso besteht die Möglichkeit, verdrängte Persönlichkeitsmerkmale bewusst werden zu lassen. Unbewusste Aggressions-, Berührungs-, Bewegungs-, Rivalitäts-, Kontroll- und Machtwünsche können durch bestimmte körperliche Bewegungsfolgen angetippt, geweckt, erlebbar gemacht und dank der aufmerksamen Zuwendung des Therapeuten angenommen und eingebaut werden, nämlich als Anteile der ganzheitlichen Person.»[28]

Der gesundheitsfördernde Anblick der Berge

Selbst wenn bei psychischen Beschwerden ein Aufenthalt in hochalpiner Lage nicht empfehlenswert scheint, so gilt doch zumindest die Aussicht darauf für ein Schweizer Sanatorium als unverzichtbares Genesungselement. «Schliesslich war auch schon der Anblick der Berge gesundheitsfördernd, denn: die Berge sind schön.»[29] Bis heute versäumt es kein Prospekt des Sanatoriums Kilchberg, auf das besondere Naturpanorama aufmerksam zu machen, das sich dem Betrachter vom Park aus bietet, gerne verbunden mit dem Hinweis, dass sich die Anlage «am schönsten Platze»[30] befindet, nämlich auf dem Rücken eines Hügels, den «der Volksmund von alters her ‹die kleine Rigi› nennt»[31]. Ein Prospekt des Hauses aus den 1920er-Jahren lobpreist in hymnischem Ton: «Unbehindert schweift der Blick von seiner Lage über den See, das Häusermeer der Stadt, die Hügel der Niederungen hin zu der Pracht der Alpen, die vom Säntis bis zum Titlis mit leuchtenden Häuptern herüberwinken. Der Ort ist wie kein zweiter geeignet, dem Kranken und Erholungsbedürftigen heilende Pflege, Ruhe und beschauliches Geniessen eines schönen, wechselvollen Naturbildes zu verschaffen.»[32] Freilich, eines haben die wolkenverhangenen Hügel des Zürichsees nicht zu bieten, dessen Heilwirkung zu Beginn des 20. Jahrhunderts unbestritten ist: das Sonnenlicht der Hochalpen. Dank des technischen Fortschritts steht jedoch seit 1911 ein künstliches Surrogat zur Verfügung, das bald in

Prospekt o. J. (ca. 1928):
Die Kegelbahn des Sana-
toriums und Blick vom
Park auf die Glarner Alpen

allen Schweizer Sanatorien unterhalb der Gipfelregionen zu finden ist: die BELMAG-Bergsonne. Gemäss Firmenprospekt «verordnet der Arzt schon seit längerer Zeit und mit sehr
gutem Erfolg» Bestrahlungen auch bei «Nervenleiden»[33].

Feudale Ausstrahlung mit ironischem Augenzwinkern

Sport und Unterhaltung sollen ebenso den Ansprüchen eines Sanatorium-Aufenthalts
entsprechen. Der Prospekt des Hauses von 1930 erwähnt: «Günstige Gelegenheit für
Sommer- und Wintersport. Spaziergänge in die nähere und weitere Umgebung. Ausflüge
im Auto und Schlitten. Eigenes Bade- und Bootshaus am See. Kegelbahn, Croquettespiel,
Turnanlage im Park. Billard, Radio, Unterhaltungs- und Konzertabende. Reichhaltiger
Lesestoff.»

Die Umgestaltung des Gartens und die Renovierungen der Gebäude Ende der
1920er- und Anfang der 30er-Jahre sind ebenfalls der «Idee Sanatorium» verpflichtet.
Nach Entwürfen des bekannten Schweizer Gartenarchitekten Gustav Ammann wird der
Anlage ein Freischwimmbecken mit Pavillon hinzugefügt, dessen Deckenfresko auf eine
Szene im *Zauberberg* anspielt.[34] «In der Mitte der Anlage findet der Besucher eine Voliere
und einen kleinen Tierpark. Gerne ergötzt sich der Patient an dem munteren Treiben der
gehaltenen Vögel und Tiere.»[35] Und schliesslich sind es weitere schmückende Details –
ein Affenkäfig, ein Alpinum mit Bergkräutern und eine Statue der Venus im Zentrum des
Parks –, die dem Sanatorium Kilchberg in den 30er- und 40er-Jahren eine fast schon feu-
dale Ausstrahlung geben und von manchem Patienten mit ironischem Augenzwinkern
kommentiert werden.

Wer sich hier behandeln lässt, kann sich als Patient einer psychiatrischen Klinik
oder wahlweise als Kurgast eines Schweizer Sanatoriums sehen. In einem gesellschaftlichen Gefüge, in dem seelische Erkrankungen mit subtilen und oft auch rabiaten Mecha-
nismen der Ausgrenzung verbunden sind, hat diese alternative Betrachtungsweise einen
entlastenden Effekt. Programmatisch heisst es in einem Prospekt des Jahres 1947, das
zugleich den Beginn einer neuen Ära[36] markiert: «Sinn und Gestalt eines privaten Nervensanatoriums prägen sich wohl umso reiner aus, je entfernter einerseits seine Anlage
dem Bild der üblichen Heil- und Pflegeanstalt steht, je überzeugender andererseits sich
seine Atmosphäre derjenigen des Kurhauses nähert.» Allerdings wird diese Auffassung
nicht durchgängig geteilt – vor allem nicht von der regionalen Konkurrenz. In der Chronik
der psychiatrischen Klinik «Schlössli»[37] wird – unter ausdrücklicher Anspielung auf Kilchberg sowie das Bellevue in Kreuzlingen – schon die Namensgebung «Sanatorium» als
eine «mildernd-verhüllende Bezeichnung»[38] kritisiert. Weiter heisst es: «Beschönigende
Begriffe aus dem ausgehenden 19. Jahrhundert sind auch ‹Nervenheilanstalt› und ‹Ner-
venkrankheit›. Was die Ärzte ‹biologische Psychiatrie› nannten, hiess bei den Patienten
‹Nerven›. Es war beruhigender, an einer Erkrankung der Nerven zu leiden, als geistes-

gestört zu sein, denn Nervenkrankheiten empfand man nicht als Stigmatisierung.»[39] Klarer lässt sich kaum fassen, was ein Sanatorium ausmacht, gemäss dessen programmatischer Ausrichtung die angezweifelten Bezeichnungen nicht nur als sachlich zutreffender, sondern – gerade wegen ihres entstigmatisierenden Effekts – auch als deutlich angemessener gelten. Kritik gibt es gelegentlich auch von anderer Seite: Gäste, deren Erwartungen an ein Schweizer Sanatorium durch spezielle Beobachtungen in einem akutpsychiatrischen Umfeld enttäuscht werden. Das vielleicht prominenteste Beispiel ist Otto Flake, der 1918 auf Empfehlung seines Schriftstellerkollegen Albert Ehrenstein das Sanatorium Kilchberg besucht in der Hoffnung, dort einen Rückzugsort vor den Wirren des Krieges zu finden. Mit spitzer Feder notiert er in seiner Autobiographie, das Sanatorium sei «in Wahrheit eine Irrenanstalt»[40].

Auch ein Affenkäfig gehörte zum Tierpark des Sanatoriums, 1923

«Äusserst bescheidene Preise»

Die Schweiz als «Gesundheitsparadies» zieht ein illustres internationales Publikum an. Aristokraten und Bourgeoise, Politiker und Industrielle, Künstler, Literaten und andere Vertreter der «Bohème» bevölkern die Sanatorien von Basel und Zürich bis hinauf ins Hochgebirge. Dies umso mehr, als das Land in der Zeit der beiden Weltkriege vielen als eine «Friedensinsel» erscheint. 1943 betitelt die Schweizer Verkehrszentrale eine englischsprachige Sondernummer ihrer Werbezeitschrift: «Switzerland – Fount of Health». «Health» meint dabei weit mehr als nur ein Freisein von Krankheiten und Krankheitssymptomen, nämlich Teilhabe an vielfältigen geistigen, kulturellen und sportlichen Angeboten – im sicheren Refugium eines Sanatoriums. Gleichzeitig muss sich die Institution gegen ein «selbst unter Ärzten verbreitete[s] Vorurteil» zur Wehr setzen: «Das Sanatorium ist durchaus nicht ausschliesslich für die Reichen bestimmt. [...] Für den mässig Wohlhabenden, ja auch den Minderbegüterten bedeutet das Sanatorium im Blick auf das vorzüglich Gebotene und die Aussicht auf Heilung häufig eine Ersparnis.»[41] Diese Auskunft ist in einem Prospekt des Sanatoriums Kilchberg aus den 1920er-Jahren noch pointierter formuliert: «Die Preise der Anstalt für ärztliche Behandlung und Verpflegung sind äusserst bescheidene. Es soll auch den weniger bemittelten Klassen möglich gemacht werden, sich der Dienste einer privaten Anstalt zu erfreuen.»[42]

SWITZERLAND – FOUNT OF HEALTH

Sonderedition
der Schweize-
rischen Ver-
kehrszentrale
von 1943

Anmerkungen

1 Die griffige Formel («Age of Extremes») geht auf den amerikanischen Historiker Eric Hobsbawm zurück.

2 Siehe hierzu «Tief ist der Brunnen der Vergangenheit» in diesem Band.

3 E. Wolff (2010): Zwischen «Zauberberg» und «Zuchthaus», S. 29.

4 E. Wolff (2010): Zwischen «Zauberberg» und «Zuchthaus», S. 29.

5 Heilquellen, Klimatische Kurorte und Sanatorien der Schweiz (1926), S. 170.

6 E. Cattani (1926): Die Sanatorien der Schweiz, S.142.

7 E. Cattani (1926): Die Sanatorien der Schweiz, S. 142.

8 F. d. Capitani (2010): Gesunde Schweiz, S. 15.

9 F. d. Capitani (2010): Gesunde Schweiz, S. 15.

10 F. d. Capitani (2010): Gesunde Schweiz, S. 16.

11 J.F.N. Favre (1715): Dissertatio medica inauguralis de Thee helvetico = Vom Schweitzer Thee, Basel.

12 E. Cattani (1926): Die Sanatorien der Schweiz, S. 142.

13 E. Mory (1926): Die Indikationen der schweiz. Heilquellen und klimatischen Kurorte, S. 7–8.

14 E. Mory (1926): Die Indikationen der schweiz. Heilquellen und klimatischen Kurorte, S. 10.

15 F. W. v. Hoven (1806): Handbuch der praktischen Heilkunde, 2. Bd., S. 145.

16 E. Mory (1926): Die Indikationen der schweiz. Heilquellen und klimatischen Kurorte, S. 10.

17 E. Cattani (1926): Die Sanatorien der Schweiz, S. 145–146.

18 Die Berichte von 1910 bis 1912 verzeichnen unter «Psycho-Neurosen» 19 Fälle von Hysterie, 17 von Neurasthenie, zwölf Angstneurosen und eine Zwangsneurose.

19 E. Cattani (1926): Die Sanatorien der Schweiz, S. 145–146.

20 E. Cattani (1926): Die Sanatorien der Schweiz, S. 145–146.

21 E. Cattani (1926): Die Sanatorien der Schweiz, S. 143–144.

22 H. Determann (1906): Physikalische Therapie, S.88.

23 H. Determann (1906): Physikalische Therapie, S. 91–92.

24 H. Determann (1906): Physikalische Therapie, S. 92.

25 H. Determann (1906): Physikalische Therapie, S. 103.

26 H. Determann (1906): Physikalische Therapie, S. 103.

27 H. Determann (1906): Physikalische Therapie, S. 103.

28 Y. Maurer (1980): Physio- und Bewegungstherapie, S. 13.

29 F. d. Capitani (2010): Gesunde Schweiz, S. 17.

30 Prospekt Sanatorium Kilchberg bei Zürich (o.J.), S. 2.

31 Prospekt Sanatorium Kilchberg bei Zürich (o.J.), S. 2.

32 Prospekt Sanatorium Kilchberg bei Zürich (o.J.).

33 Prospekt BELMAG-Bergsonne in: F. Graf & E. Wolff (2010), Zauber Berge. Die Schweiz als Kraftraum und Sanatorium, S. 120.

34 Siehe «Traumgefilde am Zürichsee» in diesem Band.

35 Prospekt Sanatorium Kilchberg bei Zürich (o.J.).

36 Das Sanatorium Kilchberg wird 1947 von Walter Schneider-Burger übernommen.

37 H.R. Bosshard-Hinderer & E. Bosshard-Hinderer (2008), Schlössli.

38 H.R. Bosshard-Hinderer & E. Bosshard-Hinderer (2008), Schlössli, S. 30.

39 H.R. Bosshard-Hinderer & E. Bosshard-Hinderer (2008), Schlössli, S. 30f.

40 Otto Flake (1980): Es wird Abend, S. 255. Dem Zitat geht die Bemerkung voraus: «Albert Ehrenstein […] rief mich aus Kilchberg an, in seinem Sanatorium könne ich Unterkunft finden. Ich besuchte ihn; der Arzt verlangte, um gedeckt zu sein, einen Aufenthalt von Monaten und hätte mich als Patienten mit geistigen Störungen behandelt.» (S. 255) Flake hatte vor, sich krankschreiben zu lassen, um einer Einberufung des deutschen Militärs zu entgehen. Der Ärztliche Leiter des Sanatoriums, Hans Huber, musste zur Rechtfertigung einer längerfristigen Krankschreibung gegenüber den Militärbehörden eine entsprechende Diagnose ausstellen sowie eine mit der Diagnose übereinstimmende psychiatrische Behandlung suggerieren.

41 Emil Cattani (1926): Die Sanatorien der Schweiz, S. 147.

42 Prospekt Sanatorium Kilchberg bei Zürich (o.J.), S. 16.

T. BALLWEG, K. CATTAPAN

Dada-Psychologie

Die Begegnung zweier Sphären

1917 wird das Sanatorium Kilchberg zu einem Refugium der Dadaisten. Ihr Aufenthalt hinterlässt Spuren und wirft die Frage auf: Wer ist der bessere Seelenarzt?

Das Verhältnis von Dada und Psyche lässt sich nicht anhand der klassischen Rollenverteilung von Patient und Arzt beschreiben, auch wenn der Kontakt der beiden Sphären oberflächlich diesem Muster zu entsprechen scheint. Die wechselseitige Wahrnehmung ist von derart vielschichtigen und widersprüchlichen Motiven geprägt, dass es einer speziellen «Dada-Psychologie» bedürfte, um sie angemessen zu charakterisieren. Die Facetten dieses Verhältnisses reichen von distanziert-objektiver Betrachtung bis zu wechselseitiger Faszination, von Freundschaft über Komplizenschaft bis hin zu literarischer Abrechnung, von der Vorstellung des Künstlers als einem exemplarisch Leidenden bis zur Idee des Künstlers als dem eigentlichen Seelenarzt.

Zahlreich sind die Anekdoten, die eine Komplizenschaft zwischen Arzt und Künstler verraten – vor allem, wenn es darum geht, psychische Erkrankungen zu attestieren. Ein Beispiel hierfür ist die militärische Musterung Hans Arps, die der Künstler und Chronist Hans Richter in seinem Buch *Dada-Profile* schildert: «Eines Tages war er gezwungen, sich, begleitet von unserem Freund und Beschützer Dr. Huber, auf dem Generalkonsulat in Zürich vorzustellen.»[1] Hans Huber war von 1913 bis 1947 Ärztlicher Leiter des Sanatoriums Kilchberg. «[Arps] Kriegsdiensttauglichkeit, das heisst sein geistiger Zustand, sollte untersucht werden, da ja ernsthafte Zweifel daran bestanden, weil ein normaler Mensch weder Dadaist noch abstrakter Maler geworden sein könnte. Nach ausholenden Beruhigungsgesten führten die beiden untersuchenden Konsularärzte im weissen Kittel den nicht widerstrebenden Arp in ein grosses Zimmer, sahen ihn genau an und fragten ihn dann, wie alt er sei. Arp zögerte, als ob er nachdächte, bat um ein Stück Papier und schrieb sein Geburtsdatum 16.9.87, 16.9.87, 16.9.87 ... bis die Seite voll war. Dann addierte er die Summe und reichte das Resultat den Examinatoren. Sie glaubten ihm.»[2]

Pathologisierung des Künstlers

Ähnliche Unterstützung erfährt Tristan Tzara, und zwar vom Zürcher Psychiater und Literaten Charlot Strasser, der ihm ein Gutachten mit der Diagnose «Dementia praecox» ausstellt. «Mit diesem Gutachten bewaffnet musste Tzara sich einem ärztlichen Gerichte vorstellen, das in Bern tagte», so erzählt Friedrich Glauser in seiner Schrift *Dada,* «und mich hatte er zu seinem Begleiter ausersehen. Unterwegs lasen wir das Gutachten des Psychiaters: es war sehr amüsant. Als Beweis für den Irrsinn seines Patienten hatte der Seelenarzt Gedichte seines Patienten zitiert, die mehr als deutlich beweisen sollten, dass es sich hier um einen krassen Fall von Verblödung handeln müsse. Tzara spielte seine Rolle ausgezeichnet.»[3] Strasser mag zu einem solchen Gefälligkeitsgutachten auch bereit gewesen sein, weil er sich in seiner pazifistischen Gesinnung mit der Dada-Bewegung verbunden glaubte. Allerdings revidierte er diese Auffassung später gründlich. In seinem Roman *Geschmeiss um die «Blendlaterne»* (1933) charakterisiert er die Protagonisten der Bewegung unverhohlen als schmarotzerhafte, kleinkarierte Egozentriker mit einer Neigung zum Denunziantentum und rächt sich damit auf nicht gerade professionelle Weise dafür, dass er sich in seiner ärztlichen Rolle mitunter ausgenutzt vorkam.

Hans Richter (1917): Porträt von Hans Huber

Hans Richter (1917): Porträt von Katja Huber

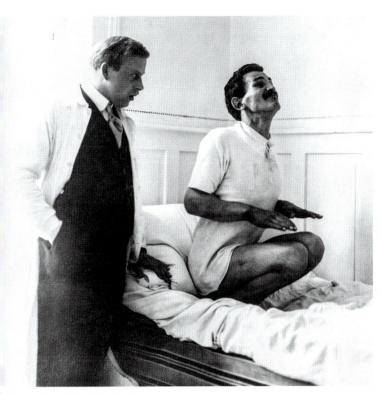

Der Arzt und sein «Studienobjekt»: Dr. Hans Huber demonstriert einen katatonen Stupor (Sanatorium Kilchberg, 1920).

Übereinstimmende Gesinnungen sind jedoch für das Verhältnis von Dada und Psyche nicht allzu wichtig; der Grund der wechselseitigen Faszination liegt tiefer.

Sowohl in der Kunst- als auch in der Psychiatriegeschichte zeigt sich seit Ende des 19. Jahrhunderts eine wachsende Tendenz zur Pathologisierung des Künstlers. Kurt Schneider macht zu Beginn seiner Schrift «Die psychopathischen Persönlichkeiten» (1923) die Feststellung, dass der Künstler «Psychopath sein muss»[4]. Dieser Auffassung liegt die Idee zugrunde, dass jede Abweichung vom Normaltypus – sei es im über- oder unterdurchschnittlichen Sinne – als krankhaft anzusehen sei, sofern die betreffende Person oder die Gesellschaft unter dieser «Abnormität»[5] leide, was allerdings kaum zu vermeiden sein dürfte. Unter diesen Voraussetzungen muss der Künstler, sofern es sich tatsächlich um einen solchen handelt, psychopathologisch einzuordnen sein. Damit wird er für den Psychiater zu einem interessanten Studienobjekt. Aber auch der Künstler selbst, sofern er die Voraussetzungen teilt, muss ein besonderes Interesse daran haben, sich psychopathologisch zu verorten, da andernfalls seine künstlerische Begabung zu bezweifeln wäre.

Patienten als «Kinder»

Diese Verortung bleibt nicht ohne Folgen für das Verhältnis zwischen Arzt und Künstler: Richter schildert in *Dada-Profile* auch seine Aufenthalte mit Künstlerkollegen im Sanatorium Kilchberg. Zunächst ist er bemüht, das Verhältnis zu Huber unter freundschaftlichen Gesichtspunkten zu beschreiben, doch dann kippt die Darstellung in eine bemerkenswerte Asymmetrie: «Dr. Huber aus Kilchberg war unser Freund, der Freund Hardekopfs, Serners, Arps, Ehrensteins, Elisabeth Bergners und mancher anderer. [...] Er betrachtete uns trotz der täglichen öffentlichen Verrückterklärung in den Zeitungen, mit der Dada plakatiert wurde, keineswegs als ›Kunden‹. Im Gegenteil, er schien vom Ungewöhnlichen unserer künstlerischen Versuche angezogen und nahm Dada oder wenigstens die Dadaisten so ernst wie seine Patienten. [...] In einem abgezäunten Teil trafen wir einen Christus, sich selbst predigend, und Kranke, die die interessantesten Bilder malten. [...] Alle waren Hubers Kinder, zu denen er so freundlich und vernünf-

25. Februar 2016, 06:30 Uhr: «Offizium» zum Dada-Feiertag des Sanatoriums Kilchberg im Cabaret Voltaire; v.l.: Waldemar Greil, Adrian Notz (Direktor des Cabaret Voltaire), René Bridler, Peter Hösly, Walter Bosshard, Harald Müller

tig redete wie mit uns. Unheimlich! Die ‹Idée fixe›, die jene Kranken trieb, schien mir dadurch plötzlich in einem anderen Licht. Ihre ganze Besessenheit nur als eine Variante unserer Auch-Besessenheit.»[6] Die Erfahrung des Unheimlichen ergibt sich aus der psychopathologischen Perspektive, die Richter fast unwillkürlich einnimmt, indem er angesichts des beobachteten Verhaltens der Patienten sein eigenes Tun als eine «Auch-Besessenheit» verortet. Dabei modifiziert sich unter der Hand auch das Verhältnis zum Arzt, der – bei aller Freundschaft – «die Dadaisten so ernst nimmt wie seine Patienten», die ihrerseits als seine «Kinder» erscheinen. Die damit einhergehende Asymmetrie wird eher noch vergrössert durch die Beteuerung, dass der Arzt mit seinen Patientenkindern einen ebenso freundlichen und vernünftigen Umgang pflegt «wie mit uns».

Der Künstler als Patient und Seelenarzt

Eine spezielle Form der Pathologisierung findet statt, wenn die Protagonisten ihr persönliches Leiden nicht als eine höchst individuelle Problematik begreifen, sondern als exemplarisch für das Leiden des Menschen an sich selbst und seinen gesellschaftlichen Bedingungen. Hugo Ball sieht in seiner Schrift *Der Künstler und die Zeitkrankheit* den Verlust der «seelischen Einheit»[7] als das zentrale Problem des Menschen der Moderne, das sich im Künstler auf prototypische Weise manifestiert. Er wird zu einem Symptomträger seiner Epoche, weil er das fragmentierte Ich vor Augen führt, das der Heilung durch Bewusstwerdung und Integration bedarf. «Kunst und Künstler haben das Höchstmass ihrer Leiden erreicht. Der Kranke tröstet den Gesunden als den noch nicht der Dissoziierung Verfallenen, aber mit ihr Kämpfenden.»[8]

Die eigentliche Pointe von Hugo Balls «Dada-Psychologie» liegt freilich darin, dass der Anspruch des Künstlers weit über Tröstung hinausreicht. Er selbst stellt aufgrund seiner künstlerischen Befähigung Heilung in Aussicht, während dem Arzt aufgrund seiner wissenschaftlichen Profession allenfalls ein «abstrakte[r] Eingriff in den Mechanismus der Krankheit»[9] zugetraut wird. Es ist der Künstler, der auf sehr viel konkretere Weise «die verdrängten Vorstellungen wachzurufen und im Symbole zu bannen»[10] vermag als der medizinisch geschulte Experte. Der Künstler beansprucht damit als ein exemplarisch Leidender zugleich die therapeutische Rolle des Arztes, der allerdings in diesem Anspruch nicht viel mehr gesehen haben dürfte als eine krankheitsbedingte ödipale Fantasie.

Anmerkungen

Das Kapitel ist eine leicht modifizierte Fassung des Artikels «Dada-Psychologie», der 2016 erschienen ist in: Genese Dada, Zürich: Scheidegger & Spiess. Wir danken dem Verlag für die Genehmigung des Wiederabdrucks in diesem Band.

1 H. Richter (1961): Dada-Profile, S. 12.
2 H. Richter (1961): Dada-Profile, S. 12.
3 F. Glauser (1976): DADA, S. 44f.
4 K. Schneider (1923): Die psychopathischen Persönlichkeiten, S. 8.
5 K. Schneider (1923): Die psychopathischen Persönlichkeiten, S. 16.
6 H. Richter (1961): Dada-Profile, S. 66.
7 H. Ball (1984): Der Künstler und die Zeitkrankheit, S. 116.
8 H. Ball (1984): Der Künstler und die Zeitkrankheit, S. 119.
9 H. Ball (1984): Der Künstler und die Zeitkrankheit, S. 116.
10 H. Ball (1984): Der Künstler und die Zeitkrankheit, S. 116.

M. LENNACKERS, T. BALLWEG

«Der Leiter der Anstalt war informiert»

Exilanten während des Zweiten Weltkriegs

Die Schicksale der Flüchtlinge, die während des Zweiten Weltkriegs im Sanatorium Kilchberg Unterkunft finden, zeigen auf exemplarische Weise die Erwartungen an das «Exilland Schweiz», die Enttäuschungen über seine zunehmend restriktive Flüchtlingspolitik und die Bedeutung, die unter solchen Umständen dem mutigen Handeln Einzelner zukommt.

Über viele Jahrhunderte gewährt die Schweiz religiös oder politisch Verfolgten Schutz. Nach dem Edikt von Nantes 1685 nehmen die Kantone mehrere Zehntausend Hugenotten und Waldenser auf. Im 19. Jahrhundert suchen deutsche Revolutionäre und polnische Unabhängigkeitskämpfer in grosser Zahl Asyl in der Schweiz. Trotz des finanziellen Aufwands zur Versorgung der Flüchtlinge profitiert das Land von den «neuen Impulsen, die von den Asylanten im Bereich der Wissenschaft, der Kunst und der Wirtschaft»[1] ausgehen.

Doch im Verlauf des 19. Jahrhunderts ändert sich das politische Klima. Angst vor Überfremdung, die Sorge um das eigene wirtschaftliche Wohlergehen und die Befürchtung, es könnten Konflikte aus anderen Ländern in die Schweiz importiert werden, bestimmen mehr und mehr die Diskussion um Asylsuchende. Zu einer tiefen Zäsur kommt es in der Spätphase des Ersten Weltkriegs: 1917 wird die Eidgenössische Fremdenpolizei unter Heinrich Rothmund gegründet. Sie ist dem Eidgenössischen Justizministerium unterstellt. Als Organ einer «Politik der Abwehr»[2] verfolgt die Fremdenpolizei von Beginn an das Ziel, «die Schweiz schon an den Grenzen abzusichern und durch die Einführung von Grenzkontrollen und Visapflicht den Zuzug von Fremden zu erschweren»[3]. Bedingt durch die Flüchtlingskrise der Nachkriegszeit[4] gelingt es ihr, Aufnahmekriterien festzulegen, um «‹unerwünschten› oder ‹wesensfremden Elementen› – so die

Diktion der Fremdenpolizei – die Niederlassung und erst recht die Einbürgerung»[5] zu verweigern. Statt Zufluchtsort soll die Schweiz nur noch Transitland sein: Emigranten sollen die Eidgenossenschaft möglichst bald wieder verlassen.

Eines der wichtigsten Ziele der neuen Schweizer Asylpolitik ist der Schutz des heimischen Arbeitsmarktes. Die Sorge vor kultureller Vereinnahmung wird in der Wirtschaftskrise der frühen 1920er-Jahre von der «Angst vor wirtschaftlicher und beruflicher Überfremdung»[6] überlagert. Der Zugang zum Arbeitsmarkt wird für Emigranten massiv erschwert. Ab 1931 ist eine Arbeitsbewilligung erforderlich. Wie schwierig die Lage für Emigranten unter diesen Umständen ist, verdeutlicht ein Brief des Schriftstellers Albert Ehrenstein an Hermann Hesse aus dem Jahr 1936:

«[D]ieser Tage ereilte mich eine den 20. Februar als letzte Frist setzende Ausweisung aus dem Kanton Zürich, weil ich ohne ‹Arbeitsbewilligung›, von deren seit 1931 eingeführter Notwendigkeit ich nichts wusste, sehr gelegentlich an ein paar Schweizer Blättern [...] mitgearbeitet hatte – wie seit 20 Jahren. Nun ist es natürlich eine sträfliche Gewohnheit, dass ich mit 49 Jahren unbelehrbar genug bin, Gedichte, Skizzen, Aufsätze zu schreiben und mich zu freuen, wenn so was [...] noch gedruckt wird. Dass man aber für so eine dichterische Unzucht mit dem Worte [...] gleich in die Verbannung geschickt wird (wohin?), ist eine zu smarte Erfindung der helvetischen Freiheitspolizei [...].»[7]

«Was suchen Sie in der Schweiz?»

Da den Kantonen eine gewisse Souveränität verblieben ist, kann Ehrenstein zunächst noch in der Schweiz bleiben: Von Zürich zieht er ins Tessin. Dort gewähren ihm die Behörden eine befristete Aufenthaltserlaubnis. Zwei Jahre später aber, im März 1938, wird er erneut ausgewiesen. Zum Verhängnis wird ihm diesmal sein österreichischer Pass, der nach dem «Anschluss» Österreichs an das Deutsche Reich seine Gültigkeit verliert. Ehrenstein befindet sich in einer Zwickmühle: Nach Grossdeutschland einreisen, um sich neue Papiere zu besorgen, kann er nicht, da er dort als Jude verfolgt würde. Ohne gültigen Pass aber verlängern die Kantonsbehörden seinen Aufenthalt nicht. Wiederum wendet sich Ehrenstein an Hermann Hesse, seit 1924 Schweizer Staatsbürger und im Tessin zu Hause. Hesse appelliert für den «verehrten Kollegen A. Ehrenstein»[8] brieflich an die Fremdenpolizei: «Er ist aus dem Kanton Tessin ausgewiesen worden, ohne ein anderes Verbrechen begangen zu haben als dass er Besitzer eines österreichischen Passes ist. So sehr ich begreife, dass es zu den Funktionen der Fremdenpolizei gehört, die Schweiz vor Überfremdung zu schützen, so unbegreiflich ist mir die oft brutale Härte, mit der von den niederen Instanzen gegen Persönlichkeiten vorgegangen wird, die in Kunst und Wissenschaft ihren Namen haben. [...] Herr Ehrenstein, der bis zur Eroberung Österreichs Österreicher war, betreibt zur Zeit seine Aufnahme in die czechoslovakische Staats-

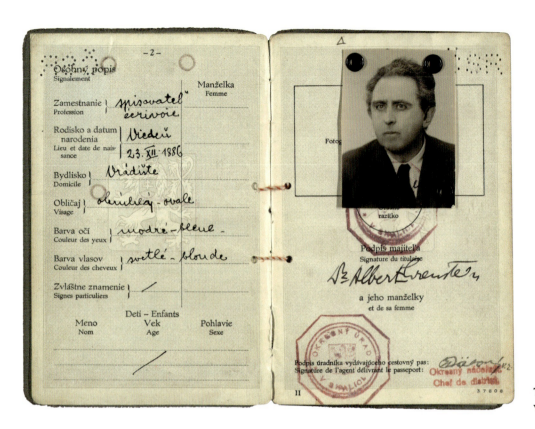

Tschechoslowakischer Pass
von Albert Ehrenstein

angehörigkeit, die Formalitäten werden jedoch noch einige Zeit erfordern. Ich möchte die Bitte, ihn mindestens solange in der Schweiz verweilen zu lassen, auf das Herzlichste unterstützen.»[9]

Nach Erhalt seiner neuen Staatsangehörigkeit wird Ehrenstein eine Verlängerung des Aufenthalts gewährt. Doch es ist nur eine kurze Frist. In seiner bedrängten Lage erhält er Besuch von einem früheren Bekannten, der sich illegal in der Schweiz aufhält: Eduard Claudius. Der bekennende Kommunist war nach der Machtübernahme der Nationalsozialisten in die Schweiz emigriert. Von dort aus unterstützte er die antifaschistische Propaganda in Deutschland. Einer drohenden Verhaftung entzog er sich 1936 durch Flucht, kämpfte im Spanischen Bürgerkrieg gegen die Truppen Francos und kehrte nach mehrfachen Verwundungen 1939 in die Schweiz zurück. Über die Beweggründe seines Besuchs bei Ehrenstein schreibt Claudius: «Um mich zu erholen und auch von der Polizei unbelästigt einige Wochen leben zu können, fuhr ich ins Tessin, in die Nähe Brissagos, natürlich mit falschen Papieren. Hier lebte in einem zerfallenen Häuschen AE [Albert Ehrenstein]. Es war ein früher Sommertag, als ich den Pfad durch die verwilderten Weinhänge zu ihm hinaufstieg. Sonne war und vom Lago Maggiore wehte ein leiser Wind. Ich aber fühlte mich nicht gut. Der falsche Ausweis, ausgestellt für einen Schweizer Bürger, gab mir wenig Schutz, sollte es zu einer Kontrolle durch die Polizei kommen. Wohl sprach ich Schweizer Deutsch, aber da man mich lebenslänglich aus der Schweiz ausgewiesen hatte, war ich schon in allen Fahndungsbüchern ausgeschrieben.»[10] Ehrenstein reagiert entsetzt auf den Besuch: «Was suchen Sie in der Schweiz? Verstehen Sie nicht, dass Sie sich in eine Falle begeben haben? Jeder versucht hinauszukommen, um Hitler zu entgehen, und Sie kommen hierher. Sie müssen hinaus, irgendwohin, nach China oder den USA oder Mexiko. Nur noch wenige Monate, und Hitler wird seinen Weg durch die Schweiz nehmen, um nicht die Maginotlinie überrennen zu müssen.»[11]

Nach dem deutschen Einmarsch in Polen am 1. September 1939, der den Beginn des Zweiten Weltkriegs markiert, werden Asylanten in der Schweiz aufgefordert, sich zur Überprüfung ihrer Aufenthaltsgenehmigung bei den Behörden zu melden. Eduard Claudius und Albert Ehrenstein müssen das Tessin verlassen. Claudius befürchtet «jahrelange Internierung in Gefängnis und Lager»[12]. Auch Ehrenstein reagiert zunächst fassungslos, doch dann kommt ihm ein möglicher Ausweg in den Sinn. Während des Ersten Weltkriegs hatte er unter ähnlichen Umständen im Sanatorium Kilchberg Zuflucht gefunden. Zu Hans Huber, dem Ärztlichen Leiter des Sanatoriums, steht er noch immer in vertrautem Kontakt. Bereits am 11. September kann Ehrenstein an Hermann Hesse berichten: «Ich habe Brissago liquidiert und konnte meine Sachen im Sanatorium Kilchberg unterstellen – ob ich jemals werde auspacken können, ist eine kaum zu bejahende Frage an das Schicksal. […] Meine Bekannten hier in Zürich sind bereits sämtlich mit Flüchtlingen und Emigrantenkindern gesegnet.»[13]

«Seelische Depressionen wegen illegaler Erlebnisse»

Auch für Eduard Claudius findet sich ein Ausweg. Hans Huber erklärt sich bereit, ihm Unterkunft zu gewähren – allerdings unter strenger Geheimhaltung. Ausser ihm selbst soll niemand im Sanatorium von der wahren Geschichte Kenntnis erhalten. Zudem soll ein ordentlicher stationärer Aufenthalt mit Diagnose, Behandlung und Aktenführung vorgetäuscht werden. Doch hierzu braucht der psychiatrisch unerfahrene Claudius noch eine praktische Unterweisung, die er von Ehrenstein erhält. «Er gab mir erst einmal Unterricht im ‹Verrücktspielen›»[14], schreibt Claudius. «Sein psychologisches Wissen, seine Kenntnis der verwickelten seelischen Probleme waren denen eines Nervenarztes ebenbürtig, wenn nicht überlegen. Ich war so gut präpariert, dass ich mich, als ich zur ersten Konsultation zu einem Nervenarzt ging, beinahe schon krank fühlte. Der Arzt schüttelte bedenklich den Kopf und wies mich in die gleiche Anstalt ein, in der AE [Albert Ehrenstein] seiner Mobilisierung entgangen war. Der Leiter der Anstalt war informiert. Der untersuchende Arzt jedoch nahm mich ahnungslos als wirklichen Patienten. Man behielt mich gleich da. Die Diagnose: schwere seelische Depressionen auf Grund langwährender illegaler Erlebnisse.»[15] Die ersten Wochen seines Aufenthalts nutzt Claudius, um sich von den Strapazen der Flucht zu erholen und den begonnenen Roman *Grüne Oliven und nackte Berge*[16] fortzusetzen, der von seinen Erlebnissen während des Spanischen Bürgerkriegs geprägt ist. Die Abende verbringt er im «Gesellschaftssaal» und beobachtet seine Mitpatienten: «Ein Engländer las die Bibel. Es war eine deutsche Ausgabe, und er las, das Buch auf den Kopf gestellt. Ein Kranker kroch auf dem Boden, bellte und apportierte. Er fühlte sich als Hund. Zwei ältere Frauen hielten sich umschlungen und flüsterten miteinander. Als ich näher trat, hörte ich nur Gebrabbel. [...] Ich versuchte zu ergründen, was ich tun müsse, um vor den wachsamen Augen der beiden Wächter als Kranker zu erscheinen. Es fiel mir nichts ein. Einzig, wenn sich leise eine Tür öffnete und wieder zu gemacht wurde, schrak ich heftig zusammen, als habe es einen Kanonenschlag gegeben. Das gehörte zu meinem ‹Programm›.»[17]

Eduard Claudius (alias Eduard Schmidt) als Kämpfer der Internationalen Brigaden im Spanischen Bürgerkrieg

Als Therapie werden ihm tägliche Fahrten nach Zürich verordnet, wo er sich mit Albert Ehrenstein trifft. «Seine ewige Frage war: Hast du auch arbeiten können? Schreibst du täglich eine Seite? [...] Allen Fragen nach seinem Leben aber wich er aus. Sein Gesicht wurde grauer, in seinen schönen dunklen Augen wuchsen die Schwermut, die Einsamkeit, die Verzweiflung. Wovon er lebte, war unerklärlich, denn er durfte keine Zeile in der Schweiz veröffentlichen.»[18]

Die Wochen der Ruhe, die Eduard Claudius im Sanatorium Kilchberg vergönnt sind, finden mit einer unerwünschten Begegnung ein jähes Ende: «Eines Tages, als ich eben im Begriff war, das Zimmer zur täglichen Fahrt nach Zürich zu verlassen, wurde ich von einem Wächter aufgefordert, in das Besuchszimmer zu gehen. Bedeutungsvoll sagte er: ‹Zwei Herren warten auf Sie!› Im Besuchszimmer wurde ich aufgefordert, wegen Fluchtverdacht meinen Gürtel abzugeben. Ich war verhaftet. Noch versuchte ich den Kranken zu spielen, sprach nur spanisch, und da ich annahm, die Polizisten verstünden mich [nicht], verfluchte ich sie mit allen spanischen Flüchen, die ich kannte. Einer aber sagte ruhig: ‹Machen Sie kein Theater. Sprechen Sie mit uns Schweizer Deutsch. Sie können es doch.»»[19]

Claudius wurde zu drei Wochen Haft verurteilt «wegen Übertretung der fremdenpolizeilichen Vorschriften»[20] und ins Zuchthaus Witzwil überführt. «In der täglich zehnstündigen Arbeitszeit musste ich Rosenkohl säubern, den das Zuchthaus an die grossen Hotels in den Bergen lieferte. Körbeweise, säckeweise Rosenkohl, immer wieder Rosenkohl. Noch jahrelang konnte ich dieses Gemüse nicht mehr essen.»[21] Nach Vollzug der Haftstrafe soll er zunächst an die deutschen Behörden ausgeliefert werden. Doch Albert Ehrenstein und Hans Huber setzen sich erneut für ihn ein. An den Anwalt von Eduard Claudius schreibt Huber am 3. November 1939: «Nach unserer näheren ärztlichen Bekanntschaft mit dem Manne möchten wir ihm wünschen, dass ihm als politischer Flüchtling das Aufenthaltsrecht in der Schweiz zugebilligt würde.»[22]

Anstelle einer Ausweisung nach Deutschland wird Claudius schliesslich in ein Schweizer Arbeitslager überführt, das er erst gegen Ende des Krieges verlassen kann.

Albert Ehrenstein kommt 1940 mit finanzieller Unterstützung der Jüdischen Gemeinde Zürich erneut im Sanatorium Kilchberg unter und erhält am 31. März 1941 ein Einreisevisum für die USA.[23]

Das Sanatorium Kilchberg als Refugium

Nicht nur Personen wie Hermann Hesse, Albert Ehrenstein und Hans Huber nehmen in den Jahren der nationalsozialistischen Diktatur Anstoss an der Vorgehensweise der Fremdenpolizei und den flankierenden Gesetzesmassnahmen des Eidgenössischen Justizdepartements. Zur wachsenden Kritik kommt das konkrete Engagement: Ab 1933 werden verschiedene Hilfsorganisationen tätig, die sich 1936 zur *Zentralstelle für Flüchtlingshilfe* zusammenschliessen. «Die Hilfsorganisationen [versuchen], auf die Handhabung des Asylrechts Einfluss zu nehmen und die Behörden dazu zu bewegen, grosszügiger und menschlicher in der Praxis zu verfahren.»[24] Der *Zentralstelle für Flüchtlingshilfe* gehört auch der *Schweizerische Israelitische Gemeindebund* (SIG) an. Als nach der Machtergreifung im Januar 1933 und dem Boykott jüdischer Geschäfte im April desselben Jahres die ersten jüdischen Flüchtlinge eintreffen, übernimmt der SIG «Obdach und Verpflegung [der] Verfolgten»[25]. Für jüdische Emigranten ist Hilfe umso dringender geboten, als sie gemäss eines Bundesratsbeschlusses vom 7. April 1933 nicht als politische Flüchtlinge gelten. «Nur jene [Flüchtlinge], die explizit nachweisen können, aufgrund ihrer politischen Gesinnung bedroht zu sein, finden als politische Flüchtlinge Aufnahme in der Schweiz; dabei handelt es sich in den seltensten Fällen um Flüchtlinge jüdischer Herkunft.»[26]

Für die meisten jüdischen Flüchtlinge bis 1937 kommt die Schweiz daher tatsächlich nur als Durchgangsstation in Betracht. Immerhin verfügen viele von ihnen über die finanziellen Mittel, um nach Frankreich, in die USA oder Palästina weiterzureisen. Nach dem «Anschluss» Österreichs, und erst recht nach dem Ausbruch des Zweiten Weltkriegs, ändert sich die Lage dramatisch. Hans Huber bietet jüdischen Flüchtlingen in dieser äusserst bedrohlichen Situation im Sanatorium Kilchberg ein Refugium. Neben seiner politischen Gesinnung hat er auch persönliche Beweggründe: Seine eigene Frau, Katja, ist Jüdin. 1938 und 1939 weist die Klinik eine auffallend hohe Zahl an jüdischen Patienten auf. 1938 sind im «Pensionsbuch», das die Aufnahmen selbstzahlender Gäste und Patienten enthält, 13 Personen mit jüdischer Religionszugehörigkeit verzeichnet – bei insgesamt 47 Neuzugängen. 1939 steigt die Zahl auf 19 Personen an, davon 12 aus dem europäischen Ausland. Bei insgesamt 51 verzeichneten Neuaufnahmen liegt der Anteil von Personen mit jüdischer Religionszugehörigkeit damit bei 37 Prozent. Ab 1940, als noch einmal fünf jüdische Personen in der Klinik gemeldet sind, nimmt deren Zahl deutlich ab. Für das Jahr 1941 ist nur ein einziger Aufenthalt eines Flüchtlings mit jüdischen Wurzeln im Sanatorium Kilchberg belegt: Vom 28. April bis zum 12. Juli 1941 ist der gebürtige Berliner Hanno Zeiz (alias: Thomas Sessler)[27] in der Klinik. Sein Schicksal erhellt auch die prekäre Lage derjenigen deutschen Emigranten, die sich von der Schweiz aus am Widerstand gegen die NS-Diktatur beteiligen.

«Falsche Vorstellungen vom Asylland Schweiz»

Im Herbst 1935 flieht Hanno Zeiz, noch keine zwanzig Jahre alt, aus Deutschland in die Tschechoslowakei. Zuvor betätigt er sich im Berliner Untergrund als Journalist und Herausgeber des *Roten Nachrichtendienstes*, einer illegalen kommunistischen Zeitschrift. Als einige Mitstreiter inhaftiert werden, geht er ins Exil. Nicht nur wegen seiner politischen Überzeugung schwebt er in Gefahr: Seine Mutter, Gertrud Sessler, entstammt der jüdischen Kaufmannsfamilie Segall.

Hanno Zeiz' Weg führt nach Wien. Dort trifft er mit seinen Eltern zusammen, deren Existenz nach dem Erlass der Nürnberger Gesetze am 16. September 1935 ebenfalls bedroht ist. August Hermann Zeiz, Hannos Vater, betreibt spätestens ab 1939 ein gewagtes Doppelspiel: Unter dem Pseudonym Georg Fraser schreibt er harmlos-regimekonforme Theaterstücke, die sich der Gunst des Publikums und des Reichspropagandaministeriums erfreuen. Daneben führt er eine «Agentur Georg Marton», hervorgegangen aus dem *Georg Marton Verlag*, die er in eine Art Nachrichtenzentrale umwandelt. Über sie nimmt er Kontakt zum Ausland und zu den alliierten Geheimdiensten auf. Er bietet verfolgten Juden seine Hilfe an und ermöglicht einigen von ihnen die Flucht.

Hanno Zeiz unterstützt seinen Vater von der Schweiz aus, in die er sich nach dem Einmarsch Hitlers in Österreich abgesetzt hat. In Zürich gründet er den Neuen Bühnenverlag, der zum Treffpunkt österreichischer Emigranten wird. Zugleich dient das Büro an der Theaterstrasse 4 als Zentrale für Widerstandsaktivität und geheimdienstliche Tätigkeit. Der Publizist Robert Jungk vermittelt Zeiz den Kontakt zu amerikanischen Verbindungsoffizieren. Ausserdem lernt er den Philosophen und Psychoanalytiker Walter Hollitscher kennen, ein «fanatischer Nazihasser [...], Tag und Nacht bereit, für ein freies Österreich auf die Barrikaden zu steigen»[28]. Hollitscher – nach dem Krieg ein einflussreiches Mitglied der Kommunistischen Partei Österreichs – gibt die Widerstandszeitung *Der freie Österreicher* heraus. Hanno Zeiz beteiligt sich daran und sucht mit Hollitscher nach Wegen, die Zeitung über die Grenze zu schmuggeln. Zweimal gelingt es ihnen. «Bei der dritten Nummer[29] aber versagt ein Schweizer Verbindungsmann, ein Anwalt. Die Schweizer Polizei kommt der Sache auf die Spur, verhaftet die Betei-

Aus: Thomas Sessler, alias Hanno Zeiz (1947): *Fünf gegen eine ganze Stadt. Eine Geschichte für die Jugend*

LEBENSLÄUFE UND SCHICKSALE

Im Februar 1943 deckt die Gestapo die Fluchthelfertätigkeit von **August Hermann Zeiz** auf. Er wird ins KZ Dachau verbracht. Seine Frau Gertrud wird nach Auschwitz deportiert und dort ermordet. 1944 aus Dachau entlassen, schliesst sich August Hermann Zeiz der Widerstandsgruppe 05 an. Der Tod seiner Frau und die eigenen Erlebnisse im Konzentrationslager bestärken ihn darin, gegen die Nazis vorzugehen, «diesmal mit besonderer Verbissenheit und mit dem Vorsatz, ebenfalls zu sterben, falls mir die Gestapo ein Bein stellen sollte»[*]. Nach dem Zweiten Weltkrieg baut Zeiz den Marton-Verlag wieder auf. Die letzten Lebensjahre bis zu seinem Tod 1964 verbringt er in Berlin.

Thomas Sessler gründet 1952 in München einen eigenen Verlag, mit dem er sich erfolgreich für Theaterautoren aus aller Welt einsetzt. 1966 kauft er den *Georg-Marton-Verlag*, für den sich zuvor sein Vater engagiert hat, und zieht mit seinem Unternehmen nach Wien um.

Eduard Claudius kehrt im Juli 1945 nach Deutschland zurück. Von 1945 bis 1947 arbeitet er als Pressechef des bayerischen Ministeriums für Entnazifizierung. Danach übersiedelt er in die Sowjetische Besatzungszone und wird 1956 in den diplomatischen Dienst der DDR aufgenommen. Von 1959 bis 1961 ist Claudius als Botschafter der DDR in Nordvietnam tätig. Sein literarisches Werk umfasst Romane, Erzählungen, Reportagen und Memoiren. Der autobiografisch geprägte Roman *Grüne Oliven und nackte Berge*, an dem er während seines Aufenthalts im Sanatorium Kilchberg arbeitet, erscheint 1945 und macht ihn in der Nachkriegszeit weithin bekannt.

---

[*] K. Gradwohl-Schlacher (2001): Gestern wurde Friede gemacht, S. 236f.

---

ligten und beschlagnahmt einen Koffer mit doppeltem Boden, in dem die Auflage versteckt ist.»[30]

Hollitscher wird verwarnt. Hanno Zeiz verliert seine Arbeitserlaubnis, wird mit weiteren Helfern inhaftiert und anschliessend interniert. Zunächst kommt er nach Magliaso, später wird er nach Engelberg verlegt. Auch dort setzt er seine Untergrundtätigkeit fort: Er ist Verbindungsmann einer Widerstandsgruppe, die das amerikanische *Office of Strategic Studies* (OSS) über den strategisch wichtigen Pegelstand des Rheins an verschiedenen Orten informiert. Die Schweizer Behörden machen dazu während des Kriegs keine Angaben. Im Dezember 1944 wird Hanno Zeiz erneut verhaftet, kann aber aus dem Gefängnis ausbrechen. Das OSS verhilft ihm zur Flucht nach Frankreich. In den letzten Monaten des Krieges ist er als Special Agent für das OSS tätig und kehrt nach der Kapitulation nach Österreich zurück. Ein Schweizer Gericht verurteilt ihn im März 1945 in Abwesenheit zu achtzehn Monaten Haft.

Über dreissig Jahre nach dem Krieg berichtet Hanno Zeiz, jetzt unter dem Namen Thomas Sessler, anlässlich eines «Symposiums zur Erforschung des österreichischen Exils» über seine Erfahrungen und Erlebnisse in der Schweiz während des Zweiten Weltkriegs. Sein überaus kritisches Referat, in dem er die Praxis der Fremdenpolizei und die Zustände in den Internierungslagern angreift, stellt er in einer Schlussbetrachtung in einen weiteren historischen Rahmen: «Die Schweiz, eingekreist von Hitler-Deutschland und dem faschistischen Italien, musste wohl die Realitäten um sich akzeptieren. [...] Vielleicht mit knirschenden Zähnen, wenn man davon auch wenig zu spüren bekam. Ich glaube heute, dass alle, die damals die Schweiz als Asylland suchten, falsche Vorstellungen von diesem Land und seinen Möglichkeiten hatten. Man dachte an Henri Dunant, den Gründer des Roten Kreuzes, an die Musterdemokratie, in der niemand als das Volk bestimmt. Man verband die Hoffnung, Asyl zu finden, mit der so oft und viel strapazierten Humanität, der sich die Schweiz besonders befleissigt ein Hort sein zu wollen.»[31]

Wenn staatliches Handeln von der Realpolitik beherrscht wird, ist die idealistische Gesinnung Einzelner von besonderer Bedeutung. Beispielhaft hierfür steht der Theologe Karl Barth, den Hans Huber Mitte der 1940er-Jahre kennenlernt. Beide knüpfen bald engere Bande, schätzen den intensiven Gedankenaustausch. Oftmals geht es um philo-

Karl Barth und
Hans Huber in den
1950er-Jahren

sophische und weltanschauliche Fragen, bei denen der Agnostiker Huber und der gläubige Protestant Barth ihre gegensätzlichen Standpunkte erläutern – und nach Verbindendem suchen. Sie finden es auf dem Feld der politischen Ethik: Bereits vor Beginn des Zweiten Weltkriegs wendet sich Barth gegen die offizielle Abschottungspolitik der Schweiz. Während des Krieges setzt er sich mit Vorträgen, Briefen und Behördeneingaben für Flüchtlinge ein. Was es bedeutet, politisch verfolgt zu sein, weiss er aus eigener Erfahrung: Auf Druck des NS-Regimes verlässt er 1935 Deutschland, in dem er seit 1921 als Theologe gewirkt hat. Als gebürtiger Schweizer kehrt er in seine Heimatstadt Basel zurück, wo er auf den Lehrstuhl für Systematische Theologie berufen wird. Karl Barth und Hans Huber, die unabhängig voneinander für Asylsuchende eintreten, finden das Verbindende ihrer wachsenden Freundschaft in der Menschenfreundlichkeit.

Anmerkungen

1 C. Hoerschelmann (1998): Exilland Schweiz, S. 18.
2 C. Hoerschelmann (1998): Exilland Schweiz, S. 22.
3 C. Hoerschelmann (1998): Exilland Schweiz, S. 23.
4 Die Russische Revolution 1917 und die darauf folgenden Bürgerkriege in Osteuropa, der Zusammenbruch Österreich-Ungarns sowie des Osmanischen Reichs und die staatliche Neuordnung Südosteuropas (einschliesslich der Türkei) führen zu einer Massenflucht von historischem Ausmass.
5 C. Hoerschelmann (1998): Exilland Schweiz, S. 23. Hoerschelmann schreibt weiter: «Als ‹wesensfremd› galten damals in erster Linie ‹Slaven, Ostjuden und Zigeuner›; dies war

«Ein ungewöhnlicher Professor»: Karl Barth beim Spiel mit Seifenblasen

sozusagen die ‹rassische Komponente› der Abwehrhaltung. Als ‹unerwünscht› galten auch [...] die Anarchisten, Bolschewisten und Kommunisten; dies war die politische Komponente der Abwehr» (S. 23).

6 C. Hoerschelmann (1998): Exilland Schweiz, S. 24.

7 Albert Ehrenstein an Hermann Hesse, 4. Februar 1936. In: A. Ehrenstein (1989): Werke, Band 1, S. 286.

8 Hermann Hesse an die Fremdenpolizei vom 28. April 1938. In: A. Ehrenstein (1989): Werke, Band 1, S. 306.

9 Hermann Hesse an die Fremdenpolizei vom 28. April 1938. In: A. Ehrenstein (1989): Werke, Band 1, S. 306.

10 E. Claudius (1968): Ruhelose Jahre, S. 92.

11 E. Claudius (1968): Ruhelose Jahre, S. 93.

12 E. Claudius (1968): Ruhelose Jahre, S. 93.

13 Albert Ehrenstein an Hermann Hesse, 11. September 1939. In: A. Ehrenstein (1989): Werke, Band 1, S. 336.

14 E. Claudius (1968): Ruhelose Jahre, S. 94.

15 E. Claudius (1968): Ruhelose Jahre, S. 94–95.

16 Der Roman erscheint 1945 im Steinberg Verlag, Zürich.

17 E. Claudius (1968): Ruhelose Jahre, S. 95.

18 E. Claudius (1968): Ruhelose Jahre, S. 95.

19 E. Claudius (1968): Ruhelose Jahre, S. 95–96.

20 E. Claudius (1968): Ruhelose Jahre, S. 96.

21 E. Claudius (1968): Ruhelose Jahre, S. 96.

22 Patientendossier E.S., Staatsarchiv.

23 H. Mittelmann (1989): Zeittafel, S. 499.

24 C. Hoerschelmann (1998): Exilland Schweiz, S. 45.

25 C. Hoerschelmann (1998): Exilland Schweiz, S. 44.

26 C. Hoerschelmann (1998): Exilland Schweiz, S. 33.

27 1946 adoptiert Malvine von Sessler-Herzinger Hanno Zeiz, der daraufhin den Namen Thomas Sessler und die österreichische Staatsbürgerschaft annimmt. Da der vorliegende Aufsatz sich im Wesentlichen auf Ereignisse vor 1946 bezieht, wird Hanno Zeiz darin unter seinem Geburtsnamen geführt.

28 Th. Sessler (1977): Bekanntes und Unbekanntes aus der Schweizer Exil- und Emigrationszeit, S. 181.

29 Vermutlich im Januar 1944.

30 Th. Sessler (1977): Bekanntes und Unbekanntes aus der Schweizer Exil- und Emigrationszeit, S. 182.

31 Th. Sessler (1977): Bekanntes und Unbekanntes aus der Schweizer Exil- und Emigrationszeit, S. 184.

INNENANSICHTEN

T. BALLWEG

Geniestreich oder Wahnidee?

Die Geschichte einer unwahrscheinlichen Begegnung zwischen Albert Ehrenstein und seinem Bruder Carl

Eigentlich kam er in die Schweiz, um sich zu erholen. Doch der Aufenthalt des Dichters Albert Ehrenstein im Sanatorium Kilchberg gewinnt dramatische Züge und zeigt einen merkwürdigen Verlauf.

Am 24. Dezember 1916 schreibt Albert Ehrenstein aus dem österreichischen Grenzort Feldkirch an Stefan Zweig: «Ich bin ein furchtbarer Pechvogel. Meine Nerven waren so kaputt, dass mir der Kreisphysikus von Charlottenburg 2 Monate strengstes Sanatorium verordnete, Fischer gab mir so lang einen [...] Urlaub, aber trotzdem [...] kam ich nach 14tägigem Warten nicht in Konstanz über die Grenze. [...] Ich zerspringe hier täglich vor Wut. Bin abgeschnitten von Allem, ohne Lektüre, arbeitsunfähig.»[1] Neben seiner schriftstellerischen Tätigkeit arbeitet Ehrenstein seit Juni 1916 als Lektor für den *S. Fischer Verlag* in Berlin. Bereits im November wird er wegen «nervlicher Überlastung»[2] beurlaubt und begibt sich auf den Weg in die Schweiz, um sich im Sanatorium Bellevue in Kreuzlingen von Ludwig Binswanger behandeln zu lassen. Als nach einigen Wochen die Einreise bewilligt wird, ändert Ehrenstein sein Reiseziel und fährt auf direktem Weg nach Zürich. Im März und April 1917 beteiligt er sich mit Vers-Rezitationen und einem Vortrag über Oskar Kokoschka an den Soireen der Galerie Dada[3], wo er auch Charlot Strasser begegnet, der als Psychiater in der Zürcher Künstlerszene einen besonderen Ruf geniesst. Von ihm erhält er am 17. Mai 2017 ein Attest mit der Diagnose «Hebephrenie» und dem Vermerk «Pat[ient] bedarf Versorgung in einer geschlossenen Anstalt»[4]. Als er am gleichen Tag im Sanatorium Kilchberg erscheint, erklärt er im Aufnahmegespräch: «Er komme ins Sanatorium, um sich etwas zu pflegen. Er habe einen Ort gesucht, wo er ungestört seiner Arbeit nachgehen könne.»[5] Tatsächlich gelingt es Ehrenstein während seines viermonatigen Aufenthalts im Sanatorium Kilchberg, das Manuskript für einen neuen Gedichtband so weit fertigzustellen, dass das Buch 1918 unter dem Titel *Die rote Zeit* im *S. Fischer Verlag* erscheinen kann.[6]

Eine «tiefe Depression»

Gegenüber dem Personal des Sanatoriums wirkt er zunächst sehr verschlossen. Doch nach etwa zwei Monaten tritt überraschend eine Änderung ein. In der Akte wird am 18. Juli 1917 vermerkt: «[Der Patient] klagt heute eine ganze Geschichte wegen seines Bruders. Es ist das erste Mal, dass er aus sich etwas heraustritt. Er erhalte von ihm wohl Briefe, doch glaube er nicht, dass dieselbe[n] aut[h]entisch seien. Sie seien ja an [Wort?] geschrieben.

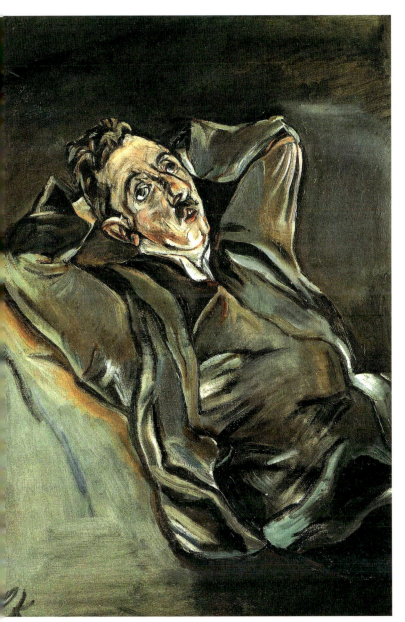

Oskar Kokoschka (1914): Porträt Albert Ehrenstein

Immer mehr komme er zur Überzeugung, dass sein Bruder tot sei. Man habe ja schon einen anderen [Bruder] von ihm im Militär ermordet.»[7] Ehrensteins jüngster Bruder Otto war am 11. Januar 1917 im Alter von 19 Jahren an einer Blinddarmentzündung verstorben. Sein Bruder Carl, dessen Tod Albert Ehrenstein offenbar ebenfalls befürchtet, lebt bei den Eltern in Wien. Schon wenige Tage später wird aus der Vorstellung, sein zweiter Bruder könne ebenfalls tot sein, subjektive Gewissheit. In der Akte heisst es am 23. Juli 1917: «Spricht immer von seinem Bruder auf der Visite und behauptet nun als absolut sicher, dass er gestorben sei. Wieder etwas mehr aufgeregt, schlafe nachts nicht. Finde deswegen keine Ruhe mehr.»[8] Am 27. Juli 1917 nimmt der Ärztliche Leiter des Sanatoriums, Hans Huber, mit dem Bruder in Wien Kontakt auf, um ihn über den Zustand seines Patienten zu informieren, den er als «tiefe Depression» charakterisiert. Weiter heisst es in diesem Brief: «Mit der allgemeinen Verschlimmerung seines Zustands gewann ein neuer Gedanke absolute Macht über ihn. Er glaubt, auch Sie seien nun während des Krieges umgekommen, die Briefe, die er von Ihnen erhält, seien gefälscht, um ihn zu beruhigen. Von dieser Wahnidee ist er durch nichts abzubringen. Um sie herum konzentriert sich sein ganzes Denken und mit ihr bohrt er sich immer tiefer in seinen

Depressionszustand hinein, die das schlimmste befürchten lässt, wenn es noch lange so weitergehen sollte.»[9] Trotz der ärztlichen Befürchtungen wird der Patient schon wenige Tage später am 1. August 1917 «auf seinen Wunsch»[10] entlassen, obwohl sich sein Zustand offenbar nicht gebessert hat. «Immer noch unruhig und beschäftigt mit dem Lose seines Bruders. Gibt an, er verreise zu einem Aufenthalt nach Lugano.»[11]

Akten und Fakten

Die Eintragungen in der Krankenakte vermitteln das Bild eines Patienten, der den Verlust seines jüngsten Bruders nicht verarbeitet hat, weshalb er die Sorge entwickelt, es könnte auch ein anderes Familienmitglied nicht mehr am Leben sein. Dass diese Sorge im Rahmen eines depressiven Zustandsbildes zur wahnhaften Gewissheit wird, ist nachvollziehbar, zumal wenn man zusätzlich von einer psychotischen Grunderkrankung ausgeht, die Charlot Strasser in seinem Attest als «Hebephrenie» bezeichnet.

Berücksichtigt man jedoch die der Akte beigefügte Korrespondenz, so ergibt sich ein vollständig anderes Bild. Bereits vier Tage nach seiner Entlassung schreibt Ehrenstein aus Lugano einen Brief an Hans Huber, in dem sich die Bemerkung findet: «Von meinem Bruder hörte ich noch nichts.»[12] Diese Äusserung ist mehr als überraschend: Warum findet es Ehrenstein erwähnenswert, von einem Menschen keine Nachricht zu erhalten, den er mit Gewissheit für tot hält? Sollte sich nach der Entlassung spontan eine Besserung seines wahnhaften Zustandsbildes ergeben haben? Jedenfalls hält Huber trotz dieser Äusserung an seiner ärztlichen Einschätzung fest und schliesst sich der Diagnose von Strasser an. In einem Attest vom 7. August 1917, das an das österreichisch-ungarische Generalkonsulat adressiert ist, heisst es: «Ehrenstein Albert [...] steht in ungenannter [?] Anstalt seit dem 17. Mai d. J. in meiner Behandlung. Er leidet an einer Hebephrenie. In den letzten Wochen entwickelte sich in ihm die Wahnidee, dass sein Bruder Carl Ehrenstein gestorben sei. Er glaubt, die Briefe, die dieser ihm schreibt, würden

ALBERT UND CARL EHRENSTEIN

Albert Ehrenstein (geb. 1886 in Wien, gest. 1950 in New York) ist einer der bedeutendsten Autoren des deutschsprachigen Expressionismus. Mit dem Gedicht *Wanderers Lied*, das Karl Kraus 1910 in der Zeitschrift *Die Fackel* veröffentlicht, wird er über Nacht bekannt. 1911 erscheint die Erzählung *Tubutsch* mit Illustrationen von Oskar Kokoschka. Während des Ersten Weltkriegs verbringt Ehrenstein etwa eineinhalb Jahre in der Schweiz mit mehrmonatigen Aufenthalten im Sanatorium Kilchberg. Nach dem Krieg unterstützt er die Revolution in Deutschland und unterschreibt das *Manifest der antinationalen Sozialistenpartei*. In den 1920er-Jahren wendet er sich der chinesischen Lyrik zu und veröffentlicht zahlreiche Nachdichtungen in deutscher Sprache. Seine Bücher werden 1933 von den Nationalsozialisten verbrannt. Er kommt erneut im Sanatorium Kilchberg unter, wo er kostenlos verpflegt wird. Trotz seiner jüdischen Herkunft droht ihm während des Zweiten Weltkriegs eine Ausweisung aus der Schweiz nach Nazi-Deutschland. 1939 und 1940 verbringt er erneut mehrere Monate im Sanatorium und wird von der jüdischen Gemeinde Zürich sowie von Herrmann Hesse finanziell unterstützt. 1941 erhält er ein Notvisum für die USA und schlägt sich dort mit literarischen Gelegenheitsarbeiten durch. 1948 reist er für einige Monate nach Europa, um einen Verlag für die Gesamtausgabe seiner Werke zu finden. Nach ergebnislosen Verhandlungen kehrt Ehrenstein enttäuscht nach New York zurück, wo er am 8. April 1950 in einem Armenhospiz stirbt.
Auch Albert Ehrensteins Bruder Carl (geb. 1882 in Wien, gest. 1971 in London) betätigt sich als Schriftsteller. 1913 erscheint von ihm die Prosaskizze *Klagen eines Knaben*, 1921 die Erzählung *Bitte um Liebe*. Nach einer weitgehend erfolglosen literarischen Karriere begibt er sich Ende der 1920er-Jahre nach London, wo er als Übersetzer, Literaturagent und Bankangestellter arbeitet.

Tubutsch. Erzählung von Albert Ehrenstein, 1911

gefälscht, um ihn zu täuschen.»[13] Mit keinem Wort erwähnt Huber in diesem Attest, dass sein Patient bereits entlassen ist. Vielmehr lässt er den Eindruck entstehen, er habe den schwerkranken Patienten gerade erst gesehen: «Um diese Wahnidee konzentriert sich heute [sic!] sein ganzes Denken. Stundenlang sitzt er herum, schaut vor sich hin, kümmert sich nicht mehr um die Vorgänge in seiner Umgebung. Seine ständige Klage bildet der Verlust seines Bruders. So entwickelte sich bei ihm ein schwerer Depressionszustand, der Schlimmeres befürchten lässt, sofern dieser nicht gehoben werden kann.» Der letzte Satz enthüllt den eigentlichen Zweck des Schreibens an das Konsulat: «Aus diesen Gründen wäre ein Besuch von seiten seines Bruders dringend angezeigt. Hochachtend Die Direktion.» [14] Offenbar hat Huber wenig Zweifel am Erfolg seiner Strategie, denn bereits drei Tage später schreibt er an Ehrenstein: «Die Angelegenheit mit Ihrem Bruder ist nun, wie ich hoffe, glücklich geregelt.» Der Brief endet mit den Zeilen: «In einigen Tagen wird also hoffentlich Ihr Bruder in unserer freien Schweiz sein. Ihnen wünsche ich sonniges, warmes Ferienwetter, das wir hier leider vermissen, und guten Humor.»[15]

Leider gibt es für den Patienten zunächst wenig Anlass zu «gutem Humor», da ihm nun selbst Ungemach droht. Am 13. August 1917 erscheint in den Schweizer Zeitungen ein Aufruf des österreichisch-ungarischen Generalkonsulats zur Landsturmmusterung, der sich Ehrenstein als österreichischer Staatsbürger unterziehen muss. Doch auch hier versucht Huber mit beherztem Vorgehen Abhilfe zu schaffen. Am 17. August 1917 schreibt er Ehrenstein nach Lugano: «Was die Landsturmmusterung anbetrifft, so habe ich dem Generalkonsulat geschrieben, dass Sie sich seit dann und dann in unserer Anstalt befinden wegen Dementia praecox. Soweit sie weitere Auskünfte wünschten, so stände ich ihnen zur Verfügung.» Dass Huber seinem Patienten soeben die Diagnose «vorzeitige Demenz» oder «früher Schwachsinn» eröffnet hat, hindert ihn freilich nicht daran, im selben Schreiben noch eine Buchbestellung bei ihm aufzugeben: «Göthe in Halbleder-

Bekanntgabe der Landsturmmusterung für in der Schweiz lebende Staatsangehörige der österreichisch-ungarischen Monarchie, Zürich, 13. August 1917

Kundmachung.

Die Landsturmmusterung für das Jahr 1917 der österr-...schen und ungarischen Staatsangehörigen in den Kantonen ...gau, Glarus, Luzern, Schaffhausen, Schwyz, Solothurn, Un-...walden, Uri, Zug und Zürich und zwar der Jahrgänge 1899 ...is 1867 findet in Zürich statt.

Die in Zürich und nächster Umgebung wohnenden Musterungspflichtigen werden eingeladen, sich bis längstens 20. d. M. bei Mitbringung von 2 Photographien persönlich zu melden.

Auswärtige wollen der schriftlichen Anmeldung die Photographien beischließen.   3891

K. u. k. österr.-ungar. Generalkonsulat Zürich

bänden». Und er fügt hinzu: «Ich glaube kaum, dass ich jemals Gelegenheit haben werde, zu diesem Preise zu einer solchen Ausgabe zu kommen.»[16] Auch ein Austausch über persönliche Begegnungen findet im Briefwechsel seinen Platz: «Heute Abend bin ich mit meiner Frau bei Richter eingeladen»[17] – «Lernten Sie bei Richters auch Rubiner und den kleinen Paul Lasker Schüler kennen? Wenn Sie etwas für diesen nicht-unbegabten Sohn der grössten deutschen Dichterin tun könnten, wäre ich Ihnen sehr verbunden!»[18]

Durch Hubers Einsatz scheint die Gefahr einer militärischen Musterung für Ehrenstein vorerst gebannt. Und auch bezüglich des Bruders weiss Huber bald Erfreuliches zu berichten: «Ich möchte es nicht unterlassen, Ihnen mitzuteilen, dass ich gestern, den 19. August, ein Telegramm von Ihrem Bruder folgenden Inhaltes erhielt: ‹Dürfte in 14 Tagen Bewilligung erhalten›. [...] So scheinen also alle unsere Bemühungen von Erfolg gekrönt zu sein. Und ich freue mich mit Ihnen auf das durch diese Depesche in Aussicht gestellte gute Gelingen.»[19] Bereits einen Tag später antwortet Ehrenstein: «Lieber Herr

Gregor Rabinovitch (1917/1918): Mitteilung des Umzugs der Familie Rabinovitch an Albert Ehrenstein, Bleistift auf Papier. Rabinovitch illustrierte für Ehrenstein den Gedichtband *Den ermordeten Brüdern*, der 1919 im Max Rascher Verlag erschien.

Doktor. Vielen Dank für die Mitteilung des letzten Telegramms. Ich darf also – dank Ihnen! – hoffen, meinen Bruder anfangs September wiederzusehen.»[20] Allerdings geht es bei den gemeinsamen «Bemühungen» von Arzt und Patient nicht nur um ein Wiedersehen der beiden Brüder, sondern vor allem darum, Carl dem Zugriff der österreichischen Militärbehörden zu entziehen. Mit ironischer Distanz bemerkt Albert Ehrenstein einige Jahre später über seinen Bruder: «Vor dem Krieg zieht er sich gedankenvoll in seine Stirnhöhle zurück, weist sämtliche Angriffe des Ärztemilitärs: der militanten Wissenschaft, ab und macht seinen patriotischen Gefühlen gern durch eine jahrelang abgekehrte Betrachtung des in der Schweiz befindlichen habsburgischen Stammschlosses Luft.»[21]

Erfundene Diagnosen und gefälschte Atteste

Am 30. August 1917 kehrt Albert Ehrenstein ins Sanatorium Kilchberg zurück, um sich auf Carls Ankunft vorzubereiten. Mit seiner Rückkehr werden auch die Eintragungen in der Patientenakte fortgeführt – und zwar im Sinne einer doppelten Buchführung. Der erste Eintrag des Tages lautet: «Pat[ient] kommt aus den Ferien wieder in die Anstalt zurück. Psychisch sehr deprimiert. Spricht davon, dass er grässlich leide unter dem Gedanken, dass nun auch sein anderer Bruder tot sei. Er sei dessen ganz sicher. Die Briefe würden gefälscht.»[22] Doch tatsächlich scheint sich Ehrenstein bereits um die Finanzierung des

> „Ich glaube den Krieg nicht," singt die Natur,
> „Das Wasser ist da, die blau schwingenden Ströme,
> Die Welt sich bewegender Bäume
> Und die himmelanjubelnden Felsen
> Und der sie alle so liebt,
> Frühling mein Freund: der Grünsprecher."

Aus: Albert Ehrenstein (1918): *Die rote Zeit*. Die Texte des Gedichtbands entstanden während Ehrensteins erstem Aufenthalt im Sanatorium Kilchberg von Mai bis September 1917.

Aufenthalts für seinen angeblich totgeglaubten Bruder zu kümmern: «Die langwierige, schwere Art der Erkrankung macht es nötig, dass mich nun ein [...] Bruder besucht, jener, der die Klagen eines Knaben schrieb & er erhielt die Reisemöglichkeit und dürfte heute ankommen. [...] Über meine Kräfte geht es jedenfalls, selbst zu helfen, ich kann ja nicht einmal mir helfen. Und muss doch versuchen, meinen während der letzten Zeit intensiv geknechteten Bruder hier durchzubringen. Es widert mich an, dass ich abermals um Hilfe bitten muss.»[23] Am Vormittag des 19. September 1917 kommt es zur Begegnung zwischen den beiden Brüdern, über deren Verlauf sich die Akte ausschweigt. Sie endet am 30. September 1917 mit dem Vermerk: «Verlässt heute bedeutend besser und ruhiger die Anstalt, um mit seinem Bruder zusammen zu wohnen.»[24]

Die Geschichte dieser unwahrscheinlichen Begegnung, die während des Krieges nur dank erfundener Diagnosen und gefälschter Atteste möglich werden konnte, belegt auf exemplarische Weise, wie weit Hans Huber in seiner Rolle als Arzt zu gehen bereit war, wenn es galt, gegenüber Behörden und staatlichen Einrichtungen für humanitäre Interessen einzutreten. Sein Vorgehen zeugt nicht nur von einer bemerkenswerten Unerschrockenheit, sondern auch von ausgeprägtem Erfindungsvermögen und subversivem Humor.

Anmerkungen

1   Karte AE an Stefan Zweig vom 24.12.1916, in: A. Ehrenstein (1989): Werke, Bd. 1, S. 162.

2   H. Mittelmann (1989): Zeittafel, S. 494.

3   Vgl. T. Tzara (1979): Chronique Zurichoise 1915–1919.

4   Charlot Strasser, Ärztliches Zeugnis Albert Ehrenstein. Akte W II 8.1548 Staatsarchiv Zürich.

5   Dossier Ehrenstein 1917. Akte W II 8.1548 Staatsarchiv Zürich.

6   «Ich tippe jetzt täglich einige Stunden für die rote Zeit. Im Sanatorium schrieb ich ca. 200 Seiten, die ich später überarbeiten werde.» Brief von AE an Ida Ehrenstein vom 22.12.1917, in: Albert Ehrenstein (1989): Werke, Bd. 1, S. 177.

7   Dossier Ehrenstein 1917. Akte W II 8.1548 Staatsarchiv Zürich.

8   Dossier Ehrenstein 1917. Akte W II 8.1548 Staatsarchiv Zürich.

9   Brief HH an CE vom 27.7.1917. Akte W II 8.1548 Staatsarchiv Zürich.

10 Dossier Ehrenstein 1917. Akte W II 8.1548 Staatsarchiv Zürich.

11 Dossier Ehrenstein 1917. Akte W II 8.1548 Staatsarchiv Zürich.

12 Brief AE an HH vom 4.8.1917. Akte W II 8.1548 Staatsarchiv Zürich.

13 Brief HH an das österreichisch-ungarische Generalkonsulat vom 7.8.1917. Huber bedient sich in diesem Attest der gleichen Diagnose, die auch Charlot Strasser in seinem Zuweisungsschreiben verwendet hat. Beide Ärzte waren in Zürcher Künstlerkreisen nicht nur für ihre antimilitaristische Gesinnung, sondern auch für die Bereitschaft bekannt, mit fingierten Attesten eine Kriegsdienstuntauglichkeit zu bescheinigen.

14 Brief von HH an das österreichisch-ungarische Generalkonsulat vom 7.8.1917.

15 Brief von HH an AE vom 10.8.1917. Akte W II 8.1548 Staatsarchiv Zürich.

16 Brief von HH an AE vom 17.8.1917. Akte W II 8.1548 Staatsarchiv Zürich.

17 Brief von HH an AE vom 20.8.1917. Akte W II 8.1548 Staatsarchiv Zürich. Gemeint ist Hans Richter, ein Protagonist der Zürcher Dada-Bewegung, der sich 1917 ebenfalls im Sanatorium Kilchberg aufhält.

18 Brief von AE an HH vom 21.8.2017. Akte W II 8.1548 Staatsarchiv Zürich.

19 Brief von HH an AE vom 20.8.1917. Akte W II 8.1548 Staatsarchiv Zürich.

20 Brief von AE an HH vom 21.8.1917. Akte W II 8.1548 Staatsarchiv Zürich.

21 A. Ehrenstein (1921): Nachwort, S. 85.

22 Dossier Ehrenstein 1917. Akte W II 8.1548 Staatsarchiv Zürich.

23 Brief von AE an Frau Oppenheim vom 19. September 1917, in: Albert Ehrenstein, Werke, Bd. 1, S. 172f.

24 Dossier Ehrenstein 1917. Akte W II 8.1548 Staatsarchiv Zürich.

M. LENNACKERS

«Eine Rolle nach der anderen»

Lebensproben der Schauspielerin Elisabeth Bergner

Im September 1916 kommt die Schauspielerin Elisabeth Bergner nach Zürich. Es ist die zweite Station einer einzigartigen Karriere, die über München und Wien in das pulsierende Berlin der 1920er-Jahre führt. Nicht nur auf der Bühne, auch im Film feiert die Bergner Triumphe – und erlangt Weltruhm. 1936 erhält sie für ihre Darstellung der Gemma Jones im britischen Melodram *Verlass mich niemals wieder* eine Oscar-Nominierung.

Am Stadttheater in Zürich – dem heutigen Schauspielhaus – hofft Elisabeth Bergner auf den Durchbruch. Zuvor hat sie in Innsbruck neben etlichen kleinen Rollen und ungeliebten Operetten-Auftritten bereits einige bedeutende Partien spielen dürfen: Ibsens Nora, Lessings Emilia Galotti, dazu Hauptfiguren in Stücken von Franz Grillparzer, Arthur Schnitzler und Gerhart Hauptmann. Nicht genug für den Geschmack der achtzehn Jahre jungen, selbstbewussten Frau. Zu oft muss sie erfahreneren Kolleginnen oder besser: Rivalinnen den Vortritt lassen.

Ihr Zürcher Debüt gibt sie mit dem Ännchen in *Jugend*, einem populären Liebesdrama von Max Halbe. Das Publikum heult «Rotz und Wasser»[1], die Kritiken sind positiv. Dennoch ist Elisabeth Bergner nicht ganz glücklich. Sie fühlt sich von Theaterdirektor Alfred Reucker unterschätzt. Auch zur Stadt selbst hat sie ein zwiespältiges Verhältnis.

«Zürich gefällt mir manchmal zauberhaft und manchmal gar nicht»[2], schreibt sie nach der Premiere an Albert Ehrenstein, den sie 1915 in ihrer Heimatstadt Wien kennengelernt hat. Gemeinsam mit ihm und ihrer Jugendliebe Thomas Schramek, der gleichfalls Gedichte schreibt, verkehrt sie in den Wiener Kreisen der Literaten und Künstler, darunter Oskar Kokoschka, ein Freund Ehrensteins.

Elisabeth Bergner

Handsignierte Fotografie von
Elisabeth Bergner aus den
1920er-Jahren

«Weisst du, Thomas, ich nehm Morphium»

Von ihrem schauspielerischen Talent überzeugt, nimmt Albert Ehrenstein Elisabeth Bergner unter seine Fittiche. Doch es steckt mehr dahinter: Der Dichter hat sich in die Actrice vernarrt. Er ist nicht der Einzige, der von ihrem elfenhaften Wesen in Bann geschlagen ist. Reihenweise verfallen ihr Männer (und manchmal auch Frauen). Elisabeth Bergner gibt sich unnahbar, hält ihre Verehrer auf Distanz – und facht deren Leidenschaft damit erst recht an. Auch die Avancen von Albert Ehrenstein weist sie zurück. Er fügt sich in die Rolle eines Mentoren und Beschützers, empfiehlt Literatur, verhilft ihr zu Vorsprechterminen an der Wiener Theater-Akademie, vermittelt den Kontakt nach Innsbruck. Von dort aus möchte er sie gerne nach Berlin lotsen, wo er seit Sommer 1916 für den *Kurt Wolff-Verlag* als Lektor tätig ist. Daraus wird nichts, Elisabeth Bergner entscheidet sich für Zürich. Als sie

sich im Herbst 1916 brieflich mehrfach über ihre Situation in Zürich beklagt, fühlt er sich bestätigt. Doch nagen Sehnsucht und das Verlangen in ihm, seinem «lieben Kind» zur Seite zu springen, seiner «Prinzessin Ilsebill» nahe zu sein. Nähere Auskünfte der Bergner über Proben mit dem berühmten Alexander Moissi, der im Oktober 1916 zum Gastspiel in Zürich weilt, schüren Ehrensteins Eifersucht.

«Moissi ist sehr ungezogen. Er krallt mir nach bis in die Damengarderobe und wimmert in allen Tönen Älisabääth. Sogar der Direktor hat sich schon eingemischt und hat gesagt: ‹Moissi, das ist nur zum anschaun, nicht zum anrühren.›»[3]

Im Dezember 1916 begibt sich Ehrenstein schliesslich nach Zürich. Dort taucht er in die bewegte Literatur- und Kunstszene ein. Nach und nach bildet sich ein eigener Zirkel, zu dem neben Ehrenstein, Elisabeth Bergner und einigen weiteren Schauspielern Else Lasker-Schüler, Leonhard Frank und der Bildhauer Wilhelm Lehmbruck gehören. Das Sanatorium Kilchberg dient ihnen «als eine Art Künstlertreffpunkt, wo man sich vom aufreibenden Nachtleben, vom Morphium, Kavaliers-

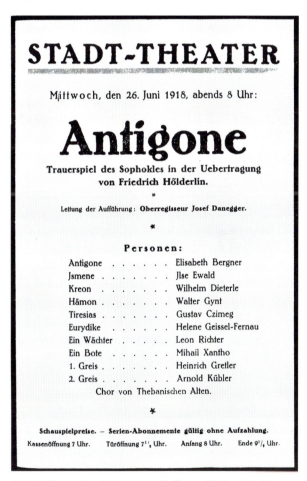

Auf Antigone, ihre letzte grosse Rolle am Zürcher Stadttheater, bereitet sich Elisabeth Bergner im Sanatorium Kilchberg vor – und fährt zu den Aufführungen von Kilchberg nach Zürich.

delikten und sonstigen Modekrankheiten oder Zeiterscheinungen zu erholen pflegte.»[4]

Auch mit den Dadaisten tauscht man sich aus. Elisabeth Bergner, die im Frühjahr 1917 mit Shakespeares *Wie es euch gefällt* endgültig zum umjubelten Bühnenstar avanciert, saugt alles begierig in sich auf.

«Ich war kaum aus dem Ei gekrochen, und die Welt war von lauter Genies bewohnt, und ich kannte sie alle, und sie duldeten mich alle, als gehörte ich zu ihnen. Und gleichzeitig eine Rolle nach der anderen.»[5]

Eines der Genies, Wilhelm Lehmbruck, verfällt ihr hoffnungslos. Unglücklich verheiratet, sah er in ihr «die Erlöserin aus seiner privaten Lebenshölle»[6]. Auf Anraten Ehrensteins sitzt sie ihm Modell, weist aber all sein Flehen und Bitten ab.

Das anstrengende, aufreibende und aufregende Leben fordert Tribut. Im September 1917 gesteht sie ihrem Freund Thomas Schramek: «Weisst du, Thomas, ich nehm Morphium. Ich weiss nicht, wie es gekommen ist. Aber du musst keine Angst haben.»[7]

Der mädchenhafte, freche Ton ihrer früheren Briefe geht verloren. Nachdenklichkeit, eine gewisse Melancholie machen sich bemerkbar. Zürich und sein Theater erscheinen ihr zu provinziell. Ehrenstein und seine Literatenfreunde ergehen sich in fruchtlosen Klagen über den Krieg, vor dem sie sich in den sicheren Hafen der Schweiz zurückgezogen haben – und kreisen doch mehr und mehr um sich selbst, ihre Nöte und Missgeschicke. Elisabeth Bergner hat davon genug. Ausserdem setzen ihr die verzweifelten Anstrengungen Wilhelm Lehmbrucks, ihre Gunst zu gewinnen, zu. Sie wendet sich an seine Ehefrau, um eine endgültige Klärung herbeizuführen, erreicht aber nichts.

Öffentliche und private Bühnen

Vom 9. April 1918 bis zum Ende ihres Zürcher Engagements im August 1918 zieht sich Elisabeth Bergner in das Sanatorium Kilchberg zurück. Am 22. April 1918 schreibt sie an Thomas Schramek: «Ich bin im Sanatorium. Ich streu den Vögeln Futter und schau zu, wie sie fliegen können. Und den Eichhörnchen, wie sie klettern können und dem Reh, wie es springen kann. [...] Der ganze grosse Park steht in voller Blüte. Das ist wunderschön. Und unten liegt der See und lockt. Und lockt so entsetzlich. Ich bin ein paar Tage ganz unbeschäftigt. Träume.»[8]

Es folgt ein kurzer Gruss am 3. Mai 1918, dem eine Nachricht Albert Ehrensteins beiliegt: «Wäre es nicht möglich, dass Sie Frl. Bergner besuchen, als dass sie nach Wien

---

ZÜRICH[*]

Ich muss mich selbst beneiden
Um mir entsunkne Zeit;
Zerwölkt von Sehnsucht schmacht ich
Nach Flaum und Fleisch.

Du spieltest mit dem alten Dornstrauch,
Er blühte grimmig seinen Winterfrühling.
Nun ruht die schwarze Katze dir am Herzen
Und ich bin
Eine vergessene Feder am Schreibtisch.

Kleine Speise ward ich deinen Zähnen,
Ein Ball, der stets in die Hand dir zurückfliegt.

Albert Ehrenstein

Das Gedicht ist eine Anspielung auf die gemeinsame Zeit mit Elisabeth Bergner in Zürich. Ihr Markenzeichen war ein schwarzer Kater, mit dem sie sich auch in den Programmheften des Stadttheaters abbilden liess.

[*] Aus: A. Ehrenstein (1931): *Mein Lied*

Porträt von Elisabeth Bergner in einer Pastellzeichnung von Emil Orlik aus dem Jahr 1930

führe. Sie ist sehr schwach.»[9] Auch in den Wochen danach ändert sich ihr Zustand kaum. «Lieber Thomas, ich kränkle immer herum», beklagt sie sich am 18. Mai 1918. «Und war doch früher so gesund. Das deprimiert mich manchmal tief. Aber bitte sprich nicht darüber. Es muss ja wieder besser werden. Mir kommt mein ganzes Leben unwirklich vor. Ich spiele die Elisabeth Bergner wie eine Glanzrolle. Ich bins so wenig, wie die Ella [Rufname, mit dem die Bergner ihre Briefe an Albert Ehrenstein unterzeichnet]. Aber ich spiels.»[10]

Auf der privaten Bühne sich selbst, spielt die Bergner, trotz allen Kränkelns, auch in dieser Zeit regelmässig im Stadttheater. Im Sanatorium bereitet sie sich auf ihre letzte grosse Rolle vor: Antigone. Unter der Regie von Josef Danegger feiert die Sophokles-Tragödie am 26. Juni 1918 Premiere, in der als dunkel geltenden Übersetzung von Friedrich Hölderlin. Sie berichtet an Thomas Schramek: «Hölderlin und ich wurden von der Kritik verrissen. Aber ich war doch gut, und Hölderlin ist gewaltig.»[11]

Im August 1918 nimmt Elisabeth Bergner Abschied von Zürich und vom Sanatorium Kilchberg, in dem sie noch mit Albert Ehrenstein die Ferien nach Ende der Theatersaison verbringt. Ihr Weg führt zunächst nach Berlin. Ehrenstein ist treu an ihrer Seite. Dramatisch endet der Konflikt mit Wilhelm Lehmbruck: Er verlässt seine Familie, reist Elisabeth Bergner nach Berlin nach. Sie beschwört ihn zurückzukehren. Vergeblich. Als sie im März 1919 Berlin bereits in Richtung Wien verlässt, stürzt Wilhelm Lehmbruck in tiefste Verzweiflung und begeht Suizid. Für Elisabeth Bergner ist das ein Schock, ein letztes, schweres Nachbeben ihres Zürcher Aufenthaltes.

Anmerkungen

1   Brief an Albert Ehrenstein vom 15. September 1916, zitiert nach: K. Völker (1990): Elisabeth Bergner, S. 85.
2   Brief an Ehrenstein vom 15. September 1916, zitiert nach: K. Völker (1990): Elisabeth Bergner, S. 85.
3   Brief an Albert Ehrenstein vom 20. Oktober 1916, zitiert nach: K. Völker (1990): Elisabeth Bergner, S. 89.
4   K. Völker (1990): Elisabeth Bergner, S. 51.
5   Zitiert nach: K. Völker (1990): Elisabeth Bergner, S. 51.
6   K. Völker (1990): Elisabeth Bergner, S. 48.

7   Brief an Thomas Schramek vom 8. September 1917, zitiert nach: K. Völker (1990): Elisabeth Bergner, S. 95.
8   Brief an Thomas Schramek vom 22. April 1918, zitiert nach: K. Völker (1990): Elisabeth Bergner, S. 97.
9   Brief an Thomas Schramek vom 3. Mai 1918, zitiert nach: K. Völker (1990): Elisabeth Bergner, S. 97.
10 Brief an Thomas Schramek vom 18. Mai 1917, zitiert nach: K. Völker (1990): Elisabeth Bergner, S. 97.
11 K. Völker (1990): Elisabeth Bergner, S. 60.

M. LENNACKERS

In den Augen der Mutter

Else Lasker-Schüler erdichtet ihren Sohn

Paul Lasker, geboren am 24. August 1899, ist der (emotionale) Fixpunkt im Kosmos seiner Mutter, «der Mensch, den Else Lasker-Schüler am meisten geliebt hat»[1]. Die Dichterin hätschelt und umsorgt ihr Kind, zieht mit ihm durch die Berliner Künstler-Cafés, wo es schon bald als «unendlich verzogen»[2] gilt. Als «Klein-Pull» oder «Pull»[3] taucht das «Büb-chen», literarisch verwandelt, in ihren ersten, märchenhaft-verstiegenen Prosawerken *Das Peter Hille-Buch* und *Die Nächte der Tino von Bagdad* auf – und weckt in der Mutter Hoffnungen durch seine eigene kreative Begabung. Im Porträt *Mein Junge*, das sich in der zuerst 1932 erschienenen Prosasammlung *Konzert* findet, schreibt Else Lasker-Schüler: «Schon von seinem zweiten Jahre an bewahrte ich manche seiner kleinen Zeichnungen, die nicht mit den üblichen talentierten Zeichnungen jugendlicher Zeichner zu verglei-chen waren. [...] Mit Vorliebe zeichnete er [...] Tiere, und seine Fortschritte waren aus-serordentlich. Wenn ich ihn sonntagnachmittags manchmal mit ins Café des Westens nahm, setzte er sich ganz allein hinter der Treppe an einen der Marmortische. Es durfte niemand sehen, wenn er zeichnete.»[4]

In den Jahren von Pauls Kindheit wächst der literarische Ruhm von Else Las-ker-Schüler (die sich nebenher auch als Zeichnerin betätigt). Von ihren eigenen Plänen und Projekten in Anspruch genommen, bleibt ihr nicht genügend Zeit, sich um ihren Sohn zu kümmern. Um ihm dennoch die bestmögliche Erziehung zu ermöglichen, ent-schliesst sie sich, ihn der Obhut reformpädagogisch geführter Internate anzuvertrauen: Ab 1909 besucht Paul das Landerziehungsheim Schloss Drebkau in der Niederlausitz, später die Odenwaldschule und schliesslich das Schulheim Hellerau bei Dresden. Die Ferien verbringen Mutter und Sohn gemeinsam. Dennoch: Die Trennung belastet Else Lasker-Schüler – auch noch Jahre später: «Leid und weh tut es mir, dass mein Junge so oft von zu Hause weg war. Ich klagte ihm: ‹Wäre ich doch lieber eine einfache bürgerliche Mutter mit Haus und Herd!› Dann sagte er jedesmal dieselben zwei Worte: ‹Nur nicht!› Er wusste, wie mich stets um ihn die Sorge ewig quälte.»[5]

Paul Lasker um 1918

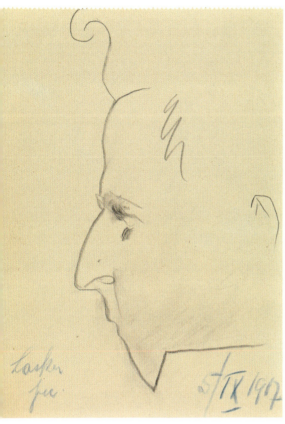

Paul Lasker: Porträt von
Albert Ehrenstein. Bleistift
auf Papier, 5. September 1917,
Sanatorium Kilchberg

Der Traum vom «begabten Kind» erhält auch in diesen Jahren weitere Nahrung: Während der Schulzeit wartet Else Lasker-Schüler sehnsüchtig auf die wöchentlichen Briefe von ihrem Sohn. Sie leidet, wenn er zu viele Strafen bekommt, registriert seine eher durchschnittlichen Leistungen. Doch oftmals kargt Paul mit näheren Informationen: Statt umständlicher Berichte schickt er lieber Karikaturen und schnell hingeworfene Skizzen. Charaktere und Alltagssituationen erfasst er mit sicherem Blick.

Franz Marc, den Else Lasker-Schüler im Dezember 1912 kennenlernt[6], nimmt grossen Anteil an Pauls Entwicklung – und erkennt sich in ihm wieder. Er ist nicht der Einzige, der Else Lasker-Schüler in ihren Wunschvorstellungen bestärkt: «Als mein Junge 14 Jahre alt geworden war, zeigte ich seine Zeichnungen dem damaligen Präsidenten der Akademie der Künste, Professor Manzel. Der fürchtete, ich beschwindele ihn aus mütterlicher Eitelkeit, denn es sei unmöglich, dass ein vierzehnjähriger Mensch mit solcher Fertigkeit zeichnen könne.»[7]

«Ich bin ganz traurig vor Angst um meinen Sohn»

Ab Herbst 1915 erhält Paul in München Zeichenunterricht. Ein Jahr später erkrankt er schwer. Else Lasker-Schüler ist bestürzt. Robust war ihr Sohn schon in früher Kindheit nicht. Doch diesmal ist es etwas Ernstes. Es gibt Anzeichen von Schwindsucht, also Tuberkulose. Später bestätigt sich diese Diagnose. Dazu leidet Paul an «Nervosität». Händeringend sucht seine Mutter nach Hilfe.

«Hochverehrter Herr Professor», wendet sie sich am 23. August 1916 an einen namentlich nicht bekannten Arzt. «Ich bin die Dichterin Else Lasker-Schüler in Berlin; mein Sohn ist erkrankt. Er war schon zweijährig ein Wunderkind, er zeichnete so, dass er das Interesse der Maler und Ärzte erregte. Ich habe ihn nun schon vom 15. Jahre an studieren lassen, (er ist nun 16 Jahre alt) vielleicht zu früh und er ist schwer nervös geworden – so dass er nur im Sanatorium gerettet werden kann. [...] Herr Professor, ich kann nur sagen, dass mein Junge, der Paul heisst, sehr wertvoll ist, ausserdem ist er wunderschön. [...] Ich bin ganz traurig vor Angst um meinen Sohn, es muss ihm geholfen werden. – Es mag ja sein, dass es nur eine Erschöpfung ist bei ihm.»[8]

Im Februar 1917 geht Paul nach Konstanz in ein Sanatorium, ehe er im Juni in ein Lungensanatorium wechselt. Ab Juli 1917 hält er sich in Zürich auf und wird am 24. August 1917, seinem achtzehnten Geburtstag, im Sanatorium Kilchberg aufgenommen. Mitte Oktober ist auch Else Lasker-Schüler in Zürich. Sie stösst zum Kreis um Albert Ehrenstein,

Paul Lasker (1918): Paar mit rotem Bouquet (Selbstbildnis). Deckfarben und Tusche auf Papier

Glanz und Elend der Bohème verkörpert kaum eine andere Erscheinung der deutschsprachigen Literatur so wie Else Lasker-Schüler (1869–1945), Tochter eines Wuppertaler Bankiers und Enkelin eines Oberrabbiners. Als sie sich von Berthold Lasker, ihrem ersten Ehemann, trennt, tauscht sie die sichere Existenz als Gattin eines angesehenen Arztes im vornehmen Berlin-Charlottenburg gegen ein unstetes, unruhiges Leben. Mit ihren Gedichten, Prosawerken und Dramen zählt sie zur expressionistischen Avantgarde, gefördert nicht zuletzt von Karl Kraus, in dessen *Fackel* mehrere ihrer Texte erscheinen. Und doch muss sie unablässig um Anerkennung kämpfen. Sie sucht und findet Weggefährten, ist mit anderen herausragenden Künstlern wie Gottfried Benn, Franz Marc und Georg Trakl befreundet – und bleibt doch Mal um Mal allein zurück. Viele Menschen stösst sie durch Gefühls- und Wutausbrüche vor den Kopf. Ihre zweite Ehe mit dem Verleger und Musiker Herwarth Walden scheitert nach wenigen Jahren. Treu sind ihr nur die materiellen Nöte und die Sorge um ihren Sohn Paul. «Ihr Leben war eigentlich eine Dauerkrise»[*], vermerkt ihre Biografin Sigrid Bauschinger.

[*] S. Bauschinger (2009): Else Lasker-Schüler, Biographie, S. 210.

mit dem sie seit längerer Zeit in Verbindung steht, und lernt Elisabeth Bergner kennen, der sie später ein hymnisches Porträt widmen wird. Um bitter nötiges Geld zu verdienen, gibt sie Lesungen in Zürich und Bern.

Über allem steht die Angst um ihren Sohn, der stark abgemagert ist und sich über Vereinsamung beklagt. Im Dezember 1925 bricht die Tuberkulose bei Paul Lasker mit aller Heftigkeit aus. Seine Mutter reist zu ihm nach München, wendet sich erneut mit einer Flut von Karten und Briefen an Freunde und Ärzte. Sie konsultiert auch Ferdinand Sauerbruch, der wie die Dichterin aus Wuppertal stammt und seit 1919 Professor an der Universität München ist. Er empfiehlt Lugano als Kurort. Else Lasker-Schüler begleitet Paul. In Zürich nimmt sie den Kontakt zu Hans Huber, dem Leiter des Sanatoriums Kilchberg, wieder auf. Als sich Pauls Zustand aufgrund seiner Erkrankung immer weiter verschlechtert und keine Hoffnung mehr besteht, holt sie ihn zu sich nach Berlin. Dort pflegt sie ihn bis zu seinem qualvollen Tod am 14. Dezember 1927.

«Ich heisse der Engel Paul»

Die künstlerische Entwicklung von Paul Lasker bleibt unvollendet. Seine Mutter pflegt sein Andenken: «Tausende und Abertausende von Zeichnungen, Übungen, ungeheuer fleissig, liegen in Koffern geordnet. Immer wieder übte er in späteren Jahren dieselbe

Cover eines Gedicht-
bandes mit Zeichnung
von Paul Lasker

Nase, denselben Mund oder den Ausdruck der Augen. Es war ihm nicht genug, die Zeichnungen einfach von seinem jungen Herzen abgepflückt liegen zu lassen.»[9]

Trotz grosser persönlicher Not[10] bringt sie 1937 eine Werk-Ausstellung ihres Sohnes auf den Weg, die im Künstlerhaus am Hirschengraben in Zürich stattfindet. Zwei
Jahre später, am 10. Oktober 1939, schreibt sie in Jerusalem einen Brief an den verstorbenen Paul. Darin klingt die übergrosse Zärtlichkeit, mit der Else Lasker-Schüler an ihrem
«Jungen» hängt, noch einmal an. Es ist wie das letzte, von Wehmut erfüllte Zeugnis zum
Leben eines Menschen, der sich, statt in Worten, in Zeichnungen mitgeteilt hat, und von
dem wir wenig mehr wissen als das, was er in den Augen seiner Mutter war: «Du hast [es]
mir im Traum gesagt, und ich hab in Deinem Wunsch die grosse Sehnsucht empfunden,
mein geliebtes kleines Päulchen, – ich soll Dir doch einen Brief schreiben. Wo Du auch
gerade bist, mein Päulchen, ich sehe Dich immer, Dich und meine Mama, beide inniglich
zusammen. [...] Einmal hast Du mir gesagt im Wachen: ‹Das ist so: Ich heisse der Engel
Paul.› Alles habe ich genau gehört und verstanden, mein Kind.»[11]

Anmerkungen

1   S. Bauschinger (1980): Else Lasker-Schüler, Ihr
Werk und ihre Zeit, S. 192.

2   S. Bauschinger (1980): Else Lasker-Schüler, Ihr
Werk und ihre Zeit, S. 193.

3   Vgl. E. Lasker-Schüler (1962): Gesammelte
Werke, Bd. 2, S. 9–92.

4   E. Lasker-Schüler (1962): Gesammelte Werke,
Bd. 2, S. 752f.

5   E. Lasker-Schüler (1962): Gesammelte Werke,
Bd. 2, S. 754.

6   Zwischen beiden entwickelt sich eine intensive
Freundschaft: Franz Marc schickt ihr bemalte
Postkarten, Else Lasker-Schüler antwortet in
poetischer Manier als «Prinz Jussuf von The-
ben». Franz Marcs Tod – er fällt am 4. März 1916
vor Verdun – bedeutet für die Dichterin einen
schweren Verlust. Ihre Erinnerungen verarbeitet sie zum Roman Der Malik. 1987 widmet die
Münchener Staatsgalerie moderner Kunst Franz
Marc und Else Lasker-Schüler eine Ausstellung,
in der erstmals die vollständige Postkartenserie
zu sehen ist.

7   E. Lasker-Schüler (1962): Gesammelte Werke,
Bd. 2, S. 753f.

8   E. Lasker-Schüler (2004): Werke und Briefe, Bd.
7, S. 121f.

9   E. Lasker-Schüler (1962): Gesammelte Werke,
Bd. X, S. 754f.

10   Am 19. April 1933 flieht Else Lasker-Schüler vor
den Nazis nach Zürich. Bis 1939 bleibt sie in der
Schweiz, unterbrochen von zwei längeren
Reisen nach Jerusalem. Ihre letzten Lebensjahre
verbringt Else Lasker-Schüler in Jerusalem. Dort
erscheint 1943 ihre abschliessende Gedicht-
sammlung Mein blaues Klavier. Sie stirbt am
22. Januar 1945.

11   E. Lasker-Schüler (1962): Gesammelte Werke,
Bd. 3, S. 11.

M. LENNACKERS

«... und doch warst du mir Erfüllung»

Mia Hesse-Bernoulli

Der 15. September 1919 ist für Mia Hesse-Bernoulli ein Tag des Abschieds. Gemeinsam mit ihren Söhnen Bruno und Heiner verlässt sie den Melchenbühlenweg 26, ein ländliches Anwesen in Ostermundingen bei Bern. Sieben Jahre haben sie auf dem alten «Aristokratengütchen»[1] gelebt. Ein wirkliches Zuhause, ein Ort des familiären Zusammenlebens ist es – wenn überhaupt – nur selten gewesen: Zu oft ist Hermann Hesse, der Vater und Ehemann, abwesend. Er unternimmt Reisen, hält sich zu Kuren und Therapien in Sanatorien auf, manchmal wochen-, manchmal monatelang. Ist er einmal für längere Zeit da, fühlt er sich von der Familie gestört, besonders von Martin, dem jüngsten Sohn. Im Dezember 1914 geht Martin, gerade dreieinhalb Jahre alt, als Pflegekind nach Kirchdorf, wo er von den Schwestern Ringier, zwei Lehrerinnen, betreut wird. Mit einer kurzen Unterbrechung bleibt er fast anderthalb Jahre in ihrer Obhut. Doch auch während dieser Zeit ist Hermann Hesse kaum mehr als ein seltener Gast in seiner Familie. Immer häufiger entflieht er in seine Sehnsuchtslandschaft, das Tessin. Dazu beginnt er ab dem Sommer 1916 in Luzern eine Psychoanalyse bei Josef Bernhard Lang, einem Schüler von C. G. Jung.

Mia hält ihrem Mann den Rücken frei, entlastet ihn, soweit es in ihren Kräften steht, von allen häuslichen und elterlichen Aufgaben. Drängt es ihn, auf Wanderschaft zu gehen, begleiten ihn ihre guten Wünsche. Sie schont ihn in seiner Sensibilität und Nervosität, nimmt Rücksicht auf seine Launen und stellt eigene Bedürfnisse zurück. Sie weiss, dass er als Dichter einen tiefen, vielleicht unüberbrückbaren Widerspruch zwischen seinem Künstlertum und einer «bürgerlichen Lebensform» wähnt, weiss, wie sehr er an der Ehe zweifelt. Erkennt sie aber auch, dass neben allen Befindlichkeiten und Bedenklichkeiten des Künstlers vor allem eins ihr Zusammenleben erschwert: das Verlöschen der Zuneigung, die ihr Mann für sie empfindet?

Mia Bernoulli lernt Hermann Hesse 1902 kennen. 1868 in Basel geboren, ist sie ein eigensinniger Sprössling aus einem weit über die Landesgrenzen hinaus berühmten Geschlecht, dem etliche Koryphäen der Mathematik und zahlreiche angesehene Wissenschaftler entstammen. Statt sich, wie damals üblich, früh zu verheiraten und sich mit einem Dasein als Gattin und Mutter zu begnügen, legt Mia Wert auf eine abgeschlossene Berufsausbildung. Sie wird Fotografin und eröffnet um das Jahr 1900 gemeinsam mit ihrer Schwester ein Kunstfotografie-Atelier in ihrer Heimatstadt. Sie sind in der Schweiz die ersten professionellen Fotografinnen und gehen entschlossen eigene Wege, um der Fotografie als Kunst Anerkennung zu verschaffen.

«Kleinlichkeiten, Nörgeleien, Spelzigkeiten»

Das Atelier wird zum Treffpunkt für junge Maler, Architekten und Musiker. Zu ihnen stösst auch Hermann Hesse, der bereits mit einigen Gedichten und Erzählungen in Erscheinung getreten ist. Neun Jahre jünger als sie, haftet ihm, dem streng erzogenen Provinzler aus dem Schwarzwald, etwas Linkisches, Unbeholfenes, Weltfernes an. Mia betört ihn mit ihrem jugendlichen Ungestüm. Rasch werden sie miteinander vertraut – und ein Paar.

«Seit kurzem [...] halte ich allabendlich einen entzückenden, kleinen, schwarzen, wilden Schatz im Arm», schreibt Hesse am 4. Juni 1903 an seinen Freund Cesco Como, «meine ganze Freizeit gehört dem kleinen Mädchen, das mir nur bis an den Bart reicht und so gewaltsam küssen kann, dass ich fast ersticke. Nach mehr musst du nicht fragen. Heirat usw. ist natürlich ausgeschlossen, dafür habe ich eben keinerlei Talent.»[2]

Mia denkt sehr wohl ans Heiraten, muss aber nicht nur die Bedenken des Dichters zerstreuen, sondern auch den Widerstand ihres Vaters, Fritz Bernoulli, überwinden. Als im Februar 1904 Hesses erster Roman *Peter Camenzind* erscheint, fühlt sich Fritz Bernoulli in seinen Vorbehalten gegen Hermann Hesse bestätigt. Dennoch gibt er schliesslich dem Drängen seiner Tochter nach. Die standesamtliche Trauung findet am 2. August 1904 in Basel statt. Mia blickt voller Zuversicht in das zukünftige gemeinsame Leben: «Ich kann mir nie denken, dass es zwischen uns zu solchen Kleinlichkeiten, Nörgeleien, Spelzigkeiten kommen könnte, wie man sie in

19 Jahre, vom 2. August 1904 bis zum 14. Juli 1923, sind Hermann Hesse und Mia Hesse-Bernoulli verheiratet. Während dieser Zeit verfasst Hermann Hesse einen Grossteil seines Œuvres: Romane, Erzählungen und Aufsätze. Mit dem *Demian*, den er 1919 zunächst unter dem Pseudonym Emil Sinclair veröffentlicht, steigt er endgültig zu einer der wichtigsten Stimmen der deutschsprachigen Literatur auf. Doch ist der Augenblick des Triumphs zugleich einer der grössten privaten Krisen: Durch Enttäuschungen und unerfüllte Erwartungen voneinander entfremdet, durchleben Mia Hesse-Bernoulli und Hermann Hesse einen schmerzlichen Trennungsprozess – mit schweren Beschädigungen auf beiden Seiten. Hermann Hesse flüchtet sich in die «drei Tröstungen meiner Jugendjahre: literarische Arbeit, Alkohol und im Hintergrund der tröstliche Gedanke an den Selbstmord»[*]. Mia Hesse-Bernoulli erkrankt psychisch, wird mehrfach in Kliniken eingewiesen. Zweimal hält sie sich im Sanatorium Kilchberg auf: vom 22. September bis zum 11. November 1919 und vom 25. Mai bis zum 15. Juni 1920. Lange Zeit gilt sie in der Literatur über Hermann Hesse als «geisteskrank» – wenn sie überhaupt erwähnt wird. Doch woran leidet sie wirklich?

[*] Brief von Hermann Hesse an Josef Bernhard Lang vom 1. März 1919. Zitiert nach: H. Hesse (2006), S. 96.

so vielen, auch GUTEN Ehen trifft. Dafür haben wir uns zu schwer erkämpfen müssen.»[3]

Auch Hermann Hesse, trotz allerlei Sorgen und Befürchtungen, ist guten Mutes. «Mein Mädchen ist sehr geschickt und hat eine glückliche Hand, da wird es schon gut gehen und gut werden.»[4]

Zunächst scheinen sich die Erwartungen zu erfüllen. Mia und Hermann beziehen einen Hof in Gaienhofen, einer Gemeinde am Nordufer des Bodensees, und verleben dort ein glückliches Jahr. Doch das Idyll ist nicht von Dauer. Die Geburt von Bruno im Dezember 1905, der Umzug in ein neues, nach eigenen Entwürfen gebautes Haus (ebenfalls in Gaienhofen) 1907 und schliesslich die Ankunft des zweiten Sohnes Heiner im März 1909 bringen für das Paar einen steten Zuwachs an Pflichten und Aufgaben, die vor allem Hermann Hesse überfordern. Der «Nomade»[5] in ihm regt sich. 1909 verbringt Hesse fünf Monate fern von seiner Familie. Dazu gehört auch ein Kuraufenthalt bei Professor Fraenkel in Badenweiler.

Klaglos lässt Mia ihren Mann gewähren, kümmert sich um das Haus, pflegt den Garten, zieht die Kinder auf – und versorgt Hermann aus der Ferne mit Wäsche, Lebensmitteln und Nachrichten. Wie sehr ihr Mann dem Familienalltag und ihren eigenen Sorgen und Nöten entrückt ist, wie wenig sie auf ihn zählen kann, erlebt sie 1911. Zunächst gibt es ein Hoffnungszeichen: Hermann Hesse, im April mit Freunden nach Italien verreist, schreibt an die schwangere Mia in Gaienhofen: «Liebste, Spoleto ist die schönste Entdeckung, die ich je in Italien gemacht habe, und ich habe mir ausgedacht: wenn wir beide, eventuell sogar mit Kindern, einmal hier in der schönen Stadt und fabelhaften Landschaft ein bis zwei Monate leben würden, so könnten wir es uns mit einer Reihe schöner Aufnahmen und einigen Feuilletons vermutlich gut verdienen.»[6]

Mia, die ihre eigenen beruflichen und künstlerischen Ambitionen hintangestellt hat, findet den Gedanken verlockend. Doch zerschlagen sich die vagen Pläne, noch ehe sie so recht gefasst sind: Ihre Mutter hat eine schwere Krebsoperation über sich ergehen lassen müssen und liegt im Sterben. Mia begibt sich nach Basel. Als Hermann Hesse bei seiner Rückkehr nach Gaienhofen seine Frau nicht antrifft und den Haushalt ungeordnet vorfindet, ist er verstimmt – und sattelt um: Statt mit seiner Frau nach Italien möchte er nun mit einem Freund nach Indien reisen (dem Land, in dem seine Mutter geboren wurde und seine Eltern als Missionare tätig waren). Nur einen Monat nach der Geburt von Martin am 26. Juli 1911 verlässt er Gaienhofen in Richtung Genua, um sich per Schiff auf den Weg nach Colombo zu begeben. Mia bleibt mit dem Säugling und den beiden älteren Söhnen allein zurück – allein auch mit der Trauer um ihre Mutter, die wenige Wochen vor der Niederkunft gestorben ist. Trotz aller Bedrängnis aber nimmt sie grossen Anteil an

Hermann Hesse und Mia
Bernoulli, Foto ca. 1904

der Indienreise ihres Mannes, der unter dem Klima leidet, das Essen nicht verträgt und dem Abenteuer auch sonst nicht viel abgewinnen kann. Als er erwägt, vorzeitig heimzukehren, ermuntert sie ihn auszuharren.

«Sie hat solche Wahnideen gegen den Mann»

Schliesslich, im Herbst 1912, zieht Familie Hesse in das Haus nach Obermundingen. Gemischte Gefühle begleiten das Paar: Vor ihnen hat dort der Maler Albert Welti gewohnt, ein Freund Hermann Hesses, der im Sommer 1912 verstorben ist. Der «Geruch des Todes» bedrückt Mia und Hermann. Verbergen sich hinter diesen Bedenken aber nicht auch andere Zweifel? Mehr und mehr driften Hermann und Mia in den folgenden Jahren auseinander. Hermann begibt sich in Analyse, wechselt von Albert Fraenkel zu Josef Bernhard Lang. Als die Sitzungen mit Lang (zunächst) nicht den gewünschten Erfolg zeitigen, unternimmt er im Mai 1918 einen weiteren Versuch mit dem Bohémien Johannes Nohl, einem Verfechter von radikaler Offenheit und sexueller Libertinage, der sich der Lebensreformbewegung auf dem Monte Verità angeschlossen hat, in Ascona residiert – und dort als Therapeut dilettiert.

Im September 1918, einen Monat nach dem fünfzigsten Geburtstag von Mia, lädt Hesse Johannes Nohl nach Obermundingen ein – zu einer Art Paartherapie. Lang berichtet er am 26. September 1918: «Wir hatten Anfang Sept. den Herrn Nohl aus Ascona etwa zehn Tage da, der mit mir und noch mehr mit meiner Frau Analyse trieb, und dies brachte unsre Verhältnisse aufs neue in allerlei Schwankungen und Gefahren. […] Ich selber war mit meiner Ehe einmal wieder gar nicht in Ordnung. Nun ist eine gewisse Ruhe eingetreten, von der ich noch nicht weiss, wohin sie führt.»[7]

Statt sich einander anzunähern, ergeht sich das Paar in gegenseitigen Schuldzuweisungen. Im Oktober 1918 bricht Mia mit Martin nach Ascona auf, um die begonnene Therapie alleine fortzusetzen, und setzt sich damit einer Belastung aus, der sie nicht gewachsen ist. Per Telegramm bittet Nohl Hermann Hesse, zu seiner Frau zu kommen, die sich nach ihrem Mann sehnt. Hesse weigert sich. Dann überschlagen sich die Ereignisse: Mia bricht die Therapie ab, verlässt Ascona am 24. Oktober 1918, erleidet in Göschenen einen Zusammenbruch und wird in das Sanatorium von Dr. Brunner in Küsnacht eingewiesen. Am 2. Dezember 1918 schreibt sie, halb wieder bei Kräften, an Hermann Hesse: «Du hast MICH u. ich habe DICH nicht verstanden – und doch warst du mir ERFÜLLUNG. Ich habe auch durch die Analyse wie durch eine Spalte in die Ewigkeit gesehen – aber ich decke sie fast schaudernd wieder zu. Was Du mir – u(nd) was ich Dir gewesen – ich wollte ja nur gute Hausfrau u(nd) Mutter sein – das lässt sich so kühl nicht abwägen. Ach sagen kann ich dir erst alles, wenn wir uns einmal wiedersehen.»[8]

Hermann Hesse aber will seine Frau nicht wiedersehen. Er ist zur Trennung entschlossen, sucht ein neues Domizil für sich allein und findet es in der Casa Camuzzi in

Montagnola, nahe bei Lugano. Als Mia im April 1919 nach Bern zurückkehrt, ist ihr Mann bereits ausgezogen. Sie holt die Kinder zu sich, überlegt, wo sie zukünftig wohnen möchte, und kauft schliesslich ein Haus in Ascona. Wenn schon nicht gemeinsam mit ihm unter einem Dach, sollen ihre Kinder (und möchte sie selbst) wenigstens in der Nähe des Vaters und Ehemanns leben.

Endlich, am 15. September 1919, der Aufbruch von Obermundingen nach Ascona. Heiner, schon zuvor erkrankt, fiebert plötzlich stark. Mia ist gezwungen, die Fahrt zu unterbrechen, macht in Gersau Station – und stürzt abermals in eine schwere psychische Krise. Sie fürchtet um Heiners Leben, fühlt sich bedroht und verfolgt, halluziniert und gerät in einen exaltierten Zustand. Am 22. September weist Bezirksarzt Dr. Erni sie in das Sanatorium Kilchberg ein. Auch Lang, von Hesse über Mias Rückfall in Gersau informiert, schaltet sich ein und meldet dem Dichter bereits am 23. September 1919: «Ihre Frau ist in der Anstalt Kilchberg bei Zürich. Sie ist derart erregt, dass es absolut notwendig war, dass sie versorgt wurde. Dass Sie und Ihre Frau nicht mehr zusammenkommen können, ist ja absolut klar. Sie hat solche Wahnideen gegen den Mann im Allgemeinen, nicht in erster Linie gegen Sie, dass es in *keiner* Ehe mehr gehen wird. [...] Jede Diskussion mit ihr ist unmöglich. [...] Diese ihre Wahnideen hatte sie immer wieder, werden wohl auch kaum noch korrigierbar sein.»[9]

Mit seiner Diagnose giesst er Wasser auf die Mühlen von Hermann Hesse, der Lang im vorhergehenden Brief von der «tiefen Aversion gegen meine Frau, die ich unter keinen Umständen wiederzusehen wünsche»[10] geschrieben hat. Aber wie soll es nun weitergehen? Wer kümmert sich um die Kinder? Hesse lehnt jede Verantwortung ab: «Tausende von Menschen hören auf mich, bitten mich um Rat, vertrauen auf meine Stimme – aber ich darf nicht ruhig arbeiten, darf nicht Dichter sein, sondern soll Gatte, Bürger, Vater etc. sein. Das kann und kann ich nicht mehr.»[11]

Hesse und Lang trachten danach, einen Vormund einzusetzen – für die Kinder *und* die Ehefrau. Während sich in Mia die angestauten Konflikte entladen, nehmen der Dichter und sein Analytiker Kontakt zu Fritz Bernoulli auf, Mias Bruder, seit dem Tod des Vaters im Jahr 1916 Familienoberhaupt. Doch die Familie Bernoulli ist auf Hermann Hesse nicht gut zu sprechen und lässt Lang abblitzen: «Unterdessen hat Ihr Schwager geantwortet», vermeldet Lang am 20. Oktober 1919, «ein merkwürdiger Brief: er ist mit seinen Geschwistern gegen die Bevormundung.»[12] Einen Anlass zur Sorge sieht Lang darin nicht: «Die Bevormundungsfrage eilt ja schliesslich nicht so, weil die Patientin doch wohl noch lange Zeit interniert bleiben muss. [...] Wenn ich Zeit habe, so besuche ich auch noch einmal Dr. Huber, der uns gute Dienste leisten kann.»[13]

Einfach so vor den Karren spannen lässt sich aber auch Dr. Huber nicht. Als sich der Zustand von Mia Hesse-Bernoulli wieder etwas gebessert hat, beschliesst Hans Huber gemeinsam mit der Familie, Mia an das Sanatorium Hohenegg zu überweisen, um durch einen Ortswechsel die weitere Genesung zu befördern. Lang rät Hesse, keinen weiteren Versuch zu unternehmen, seine Frau unter Vormundschaft zu stellen.

«... mögest Du keine Enttäuschung erleben»

Was aber ist mit den Kindern? Auf Empfehlung einer Freundin schickt Hesse Ende Dezember 1919 seine Söhne Bruno und Heiner nach Rütte in den Schwarzwald, wo unter der Leitung eines Pädagogen namens Friedrich Ambühl angeblich eine Reformschule entstehen soll. Die beiden Jugendlichen finden sich in einem Albtraum wieder: Statt etwas zu lernen, müssen sie auf dem Anwesen arbeiten. Heiner wird von einem älteren Jungen missbraucht. Mia, trotz mancher Interventionen Langs im Dezember 1919 aus der Hohenegg entlassen, ist entsetzt, als sie vom Schicksal ihrer beiden älteren Söhne erfährt, möchte die Kinder aus Rütte zu sich holen, braucht dazu aber die Einwilligung ihres Mannes. Hesse lässt sich auf eine Begegnung mit ihr ein. Sie treffen sich im Büro eines Zürcher Anwalts, um über die Rückholung der Kinder zu entscheiden. Seine Frau in den Schwarzwald zu begleiten, kommt für Hesse nicht in Betracht.

Ende März 1920 trifft Mia mit Heiner und Bruno in Ascona ein. Dort steht sie vor einem schwierigen Neuanfang – und erleidet einen letzten Rückfall. Zunächst kommt sie in die kantonale Irrenanstalt Mendrisio, flieht aber am 25. Mai 1920 nach Kilchberg zu Dr. Huber, zu dem sie offensichtlich während ihres ersten Aufenthaltes Vertrauen gefasst hat. Dort macht sie auf den Leiter des Sanatoriums einen geordneten Eindruck. Eine schwere, krankhafte Erregung wie noch beim ersten Aufenthalt ist nicht festzustellen, eine dauerhafte Unterbringung in einer psychiatrischen Klinik nicht notwendig – auch wenn es weiterhin Anzeichen einer psychischen Erkrankung gibt.

Mit der Entlassung aus dem Sanatorium Kilchberg am 15. Juni 1920 endet für Mia Hesse-Bernoulli die Leidenszeit ihrer Internierungen in psychiatrischen Kliniken. Noch ist sie nicht genesen – ist sie aber wenigstens auf dem Weg dahin?

In seinem berühmtesten Gedicht, *Stufen* aus dem Jahr 1941, mahnt Hesse: «Es muss das Herz bei jedem Lebensrufe / Bereit zum Abschied sein und Neubeginne, / Um sich in Tapferkeit und ohne Trauern / in andre, neue Bindungen zu geben.»[14] Im Licht der Geschichte von Mia Hesse-Bernoulli wird der blinde Fleck in Hesses Hymnus auf das Leben als einer Pilgerreise fühlbar: Wie steht es um jene, die nicht (aktiv) Abschied nehmen, sondern denen er auferlegt wird? Welche Perspektive bleibt, wenn wir verlassen wurden und es (noch) keine «andre, neue Bindung» gibt? Im selben Sommer 1920, als Mia aus Kilchberg entlassen wird, findet Hermann Hesse mit Ruth Wenger zusammen, die später seine zweite Ehefrau wird. Mia schreibt

Hermann Hesse mit seiner Frau Mia und Sohn Heiner in Bern, ca. 1913

am 4. Juli 1920: «Ich gehe wohl nicht fehl, wenn ich vermute, dass eine andre Frau in Dein Leben getreten ist. Noch vor einem Jahr hätte mich das völlig kühl gelassen. Jetzt ist es anders. Du weisst, dass ich dir alles Gute wünsche – mögest Du keine Enttäuschung erleben. [...] Du willst mich eben völlig aus Deinem Gesichtskreis verbannen. [...] Genug, ich weiss, dass ich mit all dem kein Fünkchen Deiner einstigen Liebe mehr erwecken kann. Aber Du sollst Dich doch erinnern, dass wir viele gute und schöne Stunden gemeinsam hatten, u(nd) wenn Du auch viele Frauen finden wirst, die schöner u(nd) glänzender sind als ich, so wirst Du doch keine finden, die Dich so liebt wie ich.»[15]

Lichtwerke
Die Fotografin Mia Hesse geb. Bernoulli

Erstmalig wird 2015 dem fotografischen Werk von Mia Hesse eine Sonderausstellung gewidmet – in der Frauenbibliothek in St.Gallen.

Vielleicht ist dies der Wendepunkt: Indem Mia akzeptiert, von Hermann Hesse aus seiner Gegenwart verbannt zu werden, hört sie auf, die Enttäuschungen, die sie erlebt hat, in uneinlösbare Hoffnung umzumünzen und vergangenes Glück in die Zukunft zu projizieren. Dadurch gewinnt sie für sich selber die Erinnerung als jenen Ort, den Jean Paul gemeint haben mag: «Die Erinnerung ist das einzige Paradies, aus dem wir nicht vertrieben werden können.» Zugleich gelingt es ihr, sich selbst eine neue Identität zu geben, einen Mythos von sich zu schaffen, der ihr Halt geben kann: der Mythos von der Frau, die den (untreuen) Geliebten mehr liebt als jede andere und ihn trotzdem freigeben kann. Wie heisst es noch am Ende der *Stufen*: «Wohlan denn, Herz, nimm Abschied und gesunde.»[16]

Anmerkungen

1   B. Reetz (2012), S. 79.
2   H. Hesse (1973), S. 104.
3   Zitiert nach: B. Reetz (2012), S. 19.
4   H. Hesse (1973), S. 122.
5   H. Hesse (2010), S. 39.
6   Zitiert nach: B. Reetz (2012), S. 71.
7   Brief Hermann Hesse an Josef Bernhard Lang vom 26.9.1918. Zitiert nach: H. Hesse (2006), S. 95.
8   Zitiert nach: B. Reetz (2012), S. 137.
9   Brief Josef Bernhard Lang an Hermann Hesse vom 23.9.1919. Zitiert nach: H. Hesse (2006), S. 102.
10 Brief Hermann Hesse an Josef Bernhard Lang vom 15. oder 22.9.1919. Zitiert nach: H. Hesse (2006), S. 100.
11 Brief Hermann Hesse an Josef Bernhard Lang, vermutlich 25.9.1919. Zitiert nach: H. Hesse (2006), S. 106.
12 Josef Bernhard Lang an Hermann Hesse vom 20.9.1919. Zitiert nach: H. Hesse (2006), S. 115.
13 Josef Bernhard Lang an Hermann Hesse vom 20.10.1919. Zitiert nach: H. Hesse (2006), S. 115.
14 H. Hesse (1986), S. 480.
15 Zitiert nach: B. Reetz (2012), S. 180.
16 H. Hesse (1986), S. 481.

M. LENNACKERS

Zurück in der zweiten Heimat

Friedrich Wilhelm Foerster in Kilchberg

Als seine Frau Marie im Februar 1963 nach über einem halben Jahrhundert Ehe im Sterben liegt, ist Friedrich Wilhelm Foerster 93 Jahre alt.[1] Ihr gemeinsamer Lebensweg ist geprägt von seinem Schicksal als Emigrant: Foerster – engagierter Pädagoge, Philosoph, gefragter (und verfemter) politischer Schriftsteller – blickt auf über vierzig Jahre Exil zurück. Nach verschiedenen europäischen Stationen ist seit dem 23. Dezember 1940 New York sein Zuhause. Eine Heimat wird ihm die Stadt, wird ihm Amerika in all dieser Zeit nicht. 1956 hält er in einer Briefnotiz fest: «Leider [muss ich] offen gestehen, dass ich mich in diesem Lande in keiner Weise einwurzeln konnte […]. Ich bin von ganzer Seele Europäer und nicht ein Mensch der Neuen Welt.»[2] Doch fühlt er sich gebunden: Maries Kinder aus erster Ehe leben gleichfalls in den USA, haben sich hier eine Existenz aufgebaut. Die Mutter kann und will sich von den Kindern nicht trennen – und Foerster nicht von seiner Frau.

Mit Maries Tod ändert sich die Situation. Doch Foerster ist nicht mehr in der Lage, die notwendigen Vorbereitungen für eine Heimkehr zu treffen. Er leidet unter den Folgen eines Schlaganfalls, ist von einer schweren Grippe nur mühsam genesen – und zudem schon seit einiger Zeit erblindet. Jetzt zehrt die Trauer um Marie zusätzlich an ihm, psychisch und physisch. Freunde übernehmen die Initiative: Dominik Rappich, Geschäftsführer der *Friedrich-Wilhelm-Foerster-Gesellschaft* mit Sitz in Bonn, und Elisa Spahn-Gujer, Geschäftsführerin des Vereins *Schweizer-Friedrich-Wilhelm-Foerster-Hilfe*, schliessen sich zusammen. Da Foerster, auch mit einer Haushaltshilfe, nicht mehr in einer eigenen Wohnung leben kann, wendet sich Elisa Spahn-Gujer an das Sanatorium Kilchberg, das sein Spektrum unter Walter Schneider um eine gerontopsychiatrische Station erweitert hat. Der Ärztliche Leiter, Urs Martin Strub – in seiner Jugend ein begeisterter Leser von Foersters Schriften –, signalisiert umgehend die Bereitschaft, Foerster in der Klinik aufzunehmen und ihm einen würdevollen Lebensabend zu ermöglichen. Der Tag der Ankunft wird auf den 30. Mai 1963 festgesetzt.

«Staatsfeind Nr. 1»

Für Foerster ist die Übersiedlung in die Schweiz eine Rückkehr in seine zweite, seine Wahlheimat. Deutschland, wo er 1869 geboren wird und in dem er seine Kindheit und Jugend verbringt, kommt für ihn nicht infrage: Sein Vater, Direktor der Berliner Sternwarte, ist ein entschiedener Gegner Bismarcks. Der kritische Geist überträgt sich auf den Sohn, der in Freiburg Philosophie und Nationalökonomie studiert und sich nach Erlangung des Doktorgrades intensiv mit einem der drängendsten Probleme der Zeit, der Arbeiterfrage, auseinandersetzt. 1896 erfährt sein Leben eine erste, entscheidende Zäsur: Als Kaiser Wilhelm II. bei der jährlichen Sedan-Feier Sozialdemokraten als «vaterlandslose Rotte» verunglimpft, erwidert Foerster in einem Aufsatz, bevor man von der arbeitenden Klasse eine vaterländische Gesinnung erwarte, müsse man ihr überhaupt erst ein wirkliches Vaterland schaffen. Wegen «Majestätsbeleidigung» wird er zu drei Monaten Festungshaft verurteilt, die er in Danzig absitzt. Da ihm in Deutschland die Fortsetzung seiner wissenschaftlichen Karriere auf lange Sicht verwehrt ist, geht er in die Schweiz. Für die folgenden sechzehn Jahre ist Zürich sein Lebensmittelpunkt (und der Ort, an dem er seine Frau Marie kennenlernt). Er vertieft sich in das Werk des grossen Schweizer Pädagogen Johann Heinrich Pestalozzi, wendet sich gegen ein rein auf Disziplin abgestelltes Schulwesen und einen leeren Bildungsbegriff. Daneben greift er die verbreitete materialistische Grundhaltung seiner Zeit an: Eine pädagogische Lehre ohne religiöses Fundament hält Foerster für ebenso wirkungslos wie eine Wissenschaft ohne ethische Rechtfertigung für gefährlich. Nachzulesen sind seine Ansichten und Erkenntnisse in Büchern wie *Jugendlehre*, *Lebenskunde* oder *Schule und Charakter*, mit denen er sich rasch einen grossen Leserkreis erschliesst – und bei nationalkonservativen Kreisen aneckt. Das gilt erst recht für seine politischen Schriften, die nach seinem Wechsel an die Universität München im Jahr 1914 entstehen.

Als Foerster, inzwischen eine Berühmtheit, nach 1918 die Schuld am (verlorenen) Ersten Weltkrieg unmissverständlich Deutschland und seiner politischen Führung zuweist, schreit die politische Rechte auf: Vaterlandsverrat! In den hitzigen,

Porträtfoto von Friedrich Wilhelm Foerster aus den 1950er-Jahren

---

DAS SANATORIUM IN DER «NEW YORK TIMES»

Wie gross das Ansehen ist, das sich Foerster zu Lebzeiten erworben hat, wird an der Vielzahl der Nachrufe greifbar, die in den kommenden Tagen und Wochen erscheinen. Am 24. Januar 1966 erinnert die *New York Times* an ihn – und erwähnt dabei auch das Sanatorium Kilchberg: «Prof. Friedrich Wilhelm Foerster, German-born educator, philosopher and author, died Jan. 9 in a sanitarium [sic!] at Kilchberg near Zurich. He was 96 years old. Dr. Foerster was a lifelong opponent of Prussian-German nationalism and militarism. His numerous books allacking these legacies of the Bismarck era incurred the hostility of successive German ruling groups from the Second to the Third Reich and caused him to flee his native land.»[*]

[*] The New York Times – international. New York, 24. Januar 1966, S. 8

gewaltbereiten ersten Jahren der Weimarer Republik gerät er zusehends in Gefahr. 1922 wird er vor einem möglichen Attentat gewarnt und flieht mit Marie und den Kindern – wiederum in die Schweiz. Vier Jahre bleibt die Familie hier, ehe sie 1926 nach Frankreich weiterzieht. Die Schweizer Landschaft mit ihren Bergen und Seen, dazu die Städte, in denen Foerster lebt und lehrt: Zürich, Luzern, Genf, werden ihm zum Inbegriff eines Orts der Freiheit. Doch gibt es auch ein dunkles Kapitel: 1940, nach dem Einmarsch der deutschen Wehrmacht in Frankreich, muss Foerster erneut um sein Leben fürchten. Den Nationalsozialisten gilt (nicht nur) er als «Staatsfeind Nr. 1», die Gestapo ist ihm auf den Fersen. Von den Savoyer Alpen schlägt er sich in die Schweiz durch, stellt dort einen Antrag auf Asyl. Inzwischen ist Foerster aber nicht mehr deutscher, sondern französischer Staatsbürger. Der Schweizer Bundesrat lehnt den Antrag (vermutlich auf Drängen des deutschen Gesandten) ab. Rettung bringt eine Einladung des portugiesischen Präsidenten Salazar: Unter dem Schutz eines Geleitbriefes gelangt Foerster mit seiner Familie nach Lissabon, ehe er wenige Wochen später über Rio de Janeiro in die Vereinigten Staaten ausreist. Foersters Hochachtung für die Schweiz und ihre Menschen wird durch diese dramatische Episode in keiner Weise getrübt. In düsteren Momenten seiner amerikanischen Jahre erscheint ihm die Schweiz, vor allem Zürich und seine Umgebung, als ein Sehnsuchtsort.

Ruhe und ein letzter Höhepunkt

Zunächst steht die Heimkehr unter keinen guten Vorzeichen. Als Friedrich Wilhelm Foerster am 30. Mai 1963 in Begleitung von Freunden im Sanatorium Kilchberg eintrifft, ist er in denkbar schlechter Verfassung, nimmt nur wenig von seiner Umgebung wahr. Doch sein Zustand bessert sich allmählich, auch dank der Fürsorge seiner siebzehn Jahre jüngeren Schwester Martha Kühl-Foerster, die Ende Juni 1963 von Ost-Berlin in die Schweiz ausreisen darf. Sie betreut ihn Tag und Nacht, zieht mit ihm in ein helleres, schöneres Zimmer mit Terrasse im Haus E des Sanatoriums um. Als ihre Ausreiseerlaubnis abläuft, erwirkt Urs Martin Strub bei den Behörden der DDR eine Verlängerung.

Am 2. Juni 1964 feiert Friedrich Wilhelm Foerster seinen 95. Geburtstag. Er empfängt Besucher, erhält Glückwünsche von vielen Weggefährten aus vergangenen Zeiten. Auch der Bundespräsident der BRD, Heinrich Lübke, gratuliert ihm mit einem grossen Glückwunschtelegramm. Für Foerster, viele Jahre ein gefragter Gesprächspartner hochrangiger Politiker und bedeutender Wissenschaftler (darunter auch Albert Einstein) in vielen Ländern, in seinem Vaterland aber Zeit seines Lebens geschmäht und angefeindet, ist dies eine späte Anerkennung.

Die Feierlichkeiten zu seinem Geburtstag sind ein letzter Höhepunkt in Foersters Leben. Nach wechselvoller Lebensgeschichte, die er in seinen Memoiren *Erlebte Weltgeschichte* bereits während des amerikanischen Exils aufgeschrieben hat, findet er im

Postkarte von Martha Kühl-Foerster an Walter Schneider mit der Bitte um mehr Vogelfutterplätze im Park des Sanatoriums

Sanatorium Kilchberg Ruhe. Nur manchmal kommt es zwischen ihm und Urs Martin Strub zu einem kurzen, anregenden Gespräch. Dann fällt wieder alles von ihm ab, und nichts bleibt als stille Gegenwart. Am liebsten verbringt er seine Zeit im Park des Sanatoriums. Den Ausblick über den See, nordwärts zur Stadt oder südwärts zum Alpenpanorama, kann er – erblindet – nicht mehr geniessen. Er lauscht dem Gesang der Vögel, der ihn bereits als Kind fasziniert hat. Im Garten der Berliner Sternwarte verbrachte er einst viele Stunden seiner Freizeit, ahmte dort täuschend die Lock- und Warnrufe der Vogelwelt nach. Jetzt mischt er sich pfeifend in das Gezwitscher der Meisen. Seine Schwester lässt für den Winter einen Vogelfutterapparat aus Blech anbringen, in dem die Körner und Kerne trocken bleiben.

Nicht nur für die Vögel, auch für Friedrich Wilhelm Foerster bringt die kalte Jahreszeit Bedrängnisse. Zweimal trotzt er Schnee und Nässe, belebt sich jeweils im Frühjahr und Sommer und zeigt sich bis in den späten Herbst 1965 rüstig. Zu Beginn des Jahres 1966 aber schwindet seine Lebenskraft. Beinahe über Nacht naht der Tod. Am 9. Januar 1966 stirbt Friedrich Wilhelm Foerster. Die Trauerfeier findet unter grosser öffentlicher Anteilnahme im Sanatorium statt, die Bestattung auf dem Kilchberger Friedhof, wo bis heute sein Grabmal zu finden ist.

Monate nach seinem Tod wendet sich seine Schwester noch einmal an Walter Schneider. Indem sie die Erinnerung an die vielen schönen Stunden, die ihr Bruder im

8802 Kilchberg ZH, im Januar 1966

An unsere Verwandten und Freunde.

Für die vielen warmen Kundgebungen der Teilnahme und Hochschätzung beim Abschied unseres lieben Bruders und verehrten Freundes

Professor Dr. Friedrich Wilhelm Foerster

sowie für die prächtigen Kranz- und Blumenspenden und die liebevolle Betreuung im Sanatorium Kilchberg durch die Herren Ärzte, die Schwestern und Pfleger danken von Herzen:

Die Geschwister,

Prof. Dr. Karl und Eva Foerster, Potsdam-Bornim
Frau Martha Kühl-Foerster

Der Freundeskreis der Friedrich-Wilhelm-Foerster-Gesellschaft, mit Sitz in Bonn

Die Schweizer Foerster-Freunde

Danksagung von Familie und Freunden nach dem Tod von Friedrich Wilhelm Foerster

Park verbrachte, wachruft, bittet sie den Leiter des Sanatoriums, noch ein paar mehr der Vogelfutterkästen aufhängen zu lassen. Walter Schneider verspricht es.

Anmerkungen

1 Diese Darstellung beruht – mit Ausnahme von Zeitungsartikeln – im Wesentlichen auf: E. Spahn-Gujer (o.J.): Friedrich Wilhelm Foerster.

2 Zitiert nach: Mitteilungen der Friedrich-Wilhelm-Foerster-Gesellschaft (1966), Nr. 13.

M. LENNACKERS

Seelenkunde und Poesie

Urs Martin Strub als Arzt und Dichter

1947 bis 1969 ist Urs Martin Strub Ärztlicher Leiter des Sanatoriums Kilchberg. Seine Lyrik und sein therapeutisches Handeln offenbaren ein gemeinsames Leitmotiv.

Bereits 1930, im Jahr seiner Matura, erscheint von Urs Martin Strub der schmale Gedichtband *Frühe Feier*. Die Publikation ist ein Geschenk seines Vaters, der in Olten eine Stahlhandelsfirma führt.

Neben der musischen Begabung steht das Faible für den Sport: Urs Martin Strub ist ein guter Turner und Leichtathlet. Doch welchen Beruf soll er wählen? Der junge Strub ist unschlüssig. Er erwägt, Sportlehrer zu werden, entscheidet sich schliesslich für das Studium der Medizin, schreibt sich aber auch für Philosophie ein. Nach seiner Promotion als Mediziner 1937 ist er für einige Jahre an der Psychiatrischen Klinik «Burghölzli» tätig, wechselt 1943 als Oberarzt an die Nervenheilanstalt in der Rheinau und tritt 1947 die Stelle als Chefarzt am Sanatorium Kilchberg an, die er 22 Jahre bis 1969 innehat. Anschliessend praktiziert er als freier Psychiater in Zürich und leitet gleichzeitig die Stahlhandelsfirma seiner Familie.

Der Lyrik fühlt sich Strub auch als Arzt verbunden. 1941 bringt die *Vereinigung Oltner Bücherfreunde* seine *33 Gedichte* heraus. In den folgenden dreiundzwanzig Jahren erscheinen mit *Der Morgenritt* (1945), *Lyrik* (1946), *Lyrische Texte* (1953), *Die Wandelsterne* (1955) und *Signaturen, Klangfiguren* (1964) weitere Werke. 1990 meldet er sich mit *Poetische Zeit* noch einmal zu Wort.

Insbesondere mit den *Lyrischen Texten* und mit *Wandelsterne* erregt Strub bei Literaturkritikern und Zeitgenossen Aufsehen. In Hermann Hesse, Emil Staiger, Rudolf Hagelstange, Karl Krolow und Eduard Korrodi findet er namhafte Fürsprecher. Mit dem Dichter Werner Bergengruen ist er seit seiner Zeit in Rheinau befreundet. Und auch von Komponisten und Musikern wird Urs Martin Strub geschätzt: Unter den zahlreichen Vertonungen seiner Gedichte sind vor allem die Kompositionen Hugo Pfisters hervorzuhe-

Dr. Urs Martin Strub

Hugo Pfister:
Vertonung des
Gedichtes «Segel-
yacht» von Urs
Martin Strub

ben. 1953 wird er mit der Ehrengabe der Stadt Zürich ausgezeichnet, 1941 und 1954 erhält er den Preis der Schillerstiftung und 1976 den Kulturpreis des Kantons Solothurn.

Sprach- und Formexperimenten, mit denen die literarische Moderne seit dem ausgehenden 19. Jahrhundert nach Möglichkeiten sucht, der Zerrissenheit menschlicher Existenz im «Zeitalter der Extreme»[1] Ausdruck zu verleihen, setzt Strub Gedichte entgegen, in denen sich ein an der Klassik geschultes Poesieverständnis bekundet. Hans Urs von Balthasar schreibt in einem Aufsatz, der Anfang 1955 in der *Schweizer Rundschau* erscheint: «In vier schmalen Bänden ruht das lyrische Werk des katholischen Arztes Urs Martin Strub, das wir ohne Zögern das bedeutendste lyrische Œuvre der Gegenwart in unserem Land und darüber hinaus nennen möchten. Schwerlich wird man heute noch eine Sprache finden, die so unmittelbar, ohne epigonischen Abstand und Reflexion, aus der Mitte und Fülle, aus dem Zenith der Deutschen Sprache hervorgeht, ohne Nachahmung Goethes oder Kellers ihnen nahe ist, von keiner Sucht der Spät- und Verfallszeit angekränkelt aus schlichtem Herzen die Schönheit von Natur und Kunst liebt.»[2]

Nicht nur formal und sprachlich, auch thematisch greift Strub auf Überkommenes und Tradiertes zurück. Mit Anleihen und Zitaten aus Alchemie und Astrologie, vor allem aber im Rückgriff auf antike Überlieferung und christliche Weltanschauung zielt er auf eine Erfahrung von Ganzheit und Einheitlichkeit, die dem Einzelnen helfen soll, sich gegen die Abgründe des Nihilismus und die Zumutungen einer rasenden Moderne zu wappnen. Dies ist der Punkt, an dem sich sein dichterisches Schaffen und sein Wirken als Arzt berühren.

1966 erscheint sein Aufsatz *Durch Poesie und Kunst zur Ganzheit* in *Therapeutische Berichte*, einem vom Bayer-Konzern in Leverkusen herausgegebenen Fachjournal. Darin schreibt er: «Und ich gestehe: die fortschreitende Spezialisierung, Vereinzelung und Zerstückelung der Erlebnisbereiche ist nicht meine Sache. Mit der herrschenden Diktatur der Abstraktion [...] kann ich mich nicht abfinden. Wozu ich [...] vorzustossen trachte, ist ein die nur wissenschaftlichen Atome, die gestaltlosen Energien und die anderen gespenstischen Dinge überholendes Ganzheitsdenken, Ganzheitsfühlen und Ganzheitserleben. [...] ‹Sokrates, treibe Musik!›, sagte eine Stimme zum Hebammensohn von Athen. Warum? Es sollte die Musik den ewig Vernünftelnden, rationalistisch Verketteten zur Totalität, zur ursprünglichen Ganzheit erlösen.»[3]

Mit dieser Selbstauskunft enthüllt Strub den therapeutischen Charakter seiner dichterischen Übungen, auch wenn sie «möglicherweise einem lustbetonten, keineswegs altruistischen Selbstentfaltungseifer»[4] entspringen. Mass und Mitte,

Aus dem Gedichtband *Lyrik* (1946) von Urs Martin Strub

LEBENDIGE WANDLUNG

Ich wohnte schon in mancher Seele,
Auf manchem Stern war ich daheim,
Gestaltet schon aus mancher Kehle
Erhob ich mich als Wort und Reim.

Als Flamme stieg ich schon vom Dochte
Und schwieg als Dunkelheit im Grund,
Mein Puls, der in den Quellen pochte,
Tat schon dem Meer mein Wesen kund.

So strömte ich in alle Stufen,
So diente ich in jedem Ding.
Doch jetzt, zum Menschsein aufgerufen,
Beschließ ich aller Schöpfung Ring!

DIE PLANETEN

Johann Wolfgang Goethe · Urs Martin Strub

GERT WESTPHAL

Gustav Holst · Suite für großes Orchester

BOSTON SYMPHONY ORCHESTRA · WILLIAM STEINBERG

LITERATUR

2001 erscheint bei *Deutsche Grammophon* die CD *Die Planeten* mit Musik von Gustav Holst und Texten von Johann Wolfgang Goethe und Urs Martin Strub.

das (innere) Gleichgewicht zu finden und das eigene Handeln und Denken auf Ganzheit auszurichten: Wenn nicht modern, so erscheint der Dichter und Arzt Urs Martin Strub darin doch äusserst zeitgemäss.

Im September 2001 präsentiert Gert Westphal auf dem Hamburger Musikfest das Programm «Lyrik und Symphonik». Er liest – kombiniert mit einer Orchestersuite von Gustav Holst – Gedichte von Johann Wolfgang Goethe und Urs Martin Strub. Zur Textauswahl bemerkt Westphal: «Hoch willkommen war mir als zeitgenössischer Beitrag die freilich nur fragmentarische Verfügung [...] der ‹Wandelsterne› des im August 2000 mit 90 Jahren in Zürich verstorbenen Lyrikers Urs Martin Strub, dem unvergleichlichen Musiker im Wort.»[5] Der Zufall will, dass die Veranstaltung nur wenige Tage nach 9/11 stattfindet: «Die Presse war begeistert über so viel Wohllaut in einer Zeit, die von den Angriffen auf das World Trade Center bestimmt war.»[6] Und so entschliesst sich *Deutsche Grammophon*, eine Aufnahme des Programms mit dem Boston Symphony Orchestra als CD herauszubringen.

Anmerkungen

1 Die Formel «Age of Extremes» geht auf den amerikanischen Historiker Eric Hobsbawm zurück.

2 H. U. v. Balthasar (1955): Die Lyrik Urs Martin Strubs, S. 761.

3 U. M. Strub (1966): Durch Poesie und Kunst zur Ganzheit, S. 267.

4 U. M. Strub (1966): Durch Poesie und Kunst zur Ganzheit, S. 264.

5 Begleittext zur CD «Die Planeten», Deutsche Grammophon, 2001.

6 Begleittext zur CD «Die Planeten», Deutsche Grammophon 2001.

KULTURGESCHICHTE

T. BALLWEG

Tief ist der Brunnen der Vergangenheit

Über die antiken Wurzeln einer therapeutischen Leitidee

Die Wurzeln moderner Sanatorien lassen sich bis in die Antike zurückverfolgen. Dieser historische Bezug ist im Sanatorium Kilchberg nicht nur bildhaft präsent.

«Tief ist der Brunnen der Vergangenheit. Sollte man ihn unergründlich nennen?» Mit dieser Frage lässt Thomas Mann den Roman *Josef und seine Brüder* beginnen, und die Frage stellt sich auch im Blick auf die Geschichte des Sanatoriums Kilchberg. Das vermutlich älteste Bauwerk auf dem Areal ist eine Brunnenanlage aus dem 17. Jahrhundert.[1] Am Fusse des zwölf Meter tiefen Schachtes zeigt sich noch heute kristallklares Wasser. Seit der Antike gehören Quellen und Brunnenanlagen zum unverzichtbaren Repertoire einer Heilstätte. «Bedenke man die Lage des Apollontempels von Delphi: [...] Die Quelle Kassotis fliesst durch die Tempelfundamente. In Epidauros erzählte man dem Pausanias von einem Brunnen unter dem Kultbild. [...] Reichtum an Wasser, überall durch Brunnenanlagen fliessend, bildete ein wichtiges Element der Atmosphäre und des Lebens im Heiligtum. Man denke wiederum an Delphi mit seiner gewaltigen Quelle Kastalia neben der Kassotis. Das Wasser war für die Griechen eine Art Verbindung mit den Erdtiefen.»[2]

Asklepios und seine Töchter

In unmittelbarer Nähe der Brunnenanlage des Sanatoriums Kilchberg befindet sich ein Gebäude[3], dessen Geschichte ebenfalls ins 17. Jahrhundert zurückreicht. Unterhalb seines Giebels wurde in späterer Zeit ein Relief angebracht. Auch ohne Inschriften und Attribute lässt sich die dargestellte Szene aufgrund antiker Vorlagen identifizieren: Es handelt sich um die Begegnung hilfesuchender Kranker mit Asklepios und seinen beiden Töchtern Hygieia und Panakeia.[4] Asklepios gilt in der griechischen Mythologie als Gott der

Schacht des Sodbrunnens,
17. Jahrhundert, Sanatorium
Kilchberg

Heilkunst. An seiner Seite erscheint oft Hygieia als Schutzpatronin der Gesundheit.[5] Ihre Schwester Panakeia (griechisch «alles heilend») wird als Göttin der Heilpflanzenkunde verehrt.[6] Das Relief signalisiert nicht nur, dass Kranke an diesem Ort willkommen sind und ärztliche Hilfe erwarten dürfen, sondern es lässt auch erkennen, welcher Tradition sich die angebotene Hilfe verpflichtet weiss. Zu Beginn des Hippokratischen Eides werden Asklepios und seine beiden Töchter namentlich angerufen: «Ich schwöre bei Apollon, dem Arzt, und Asklepios, Hygeia und Panakeia, sowie alle Götter und Göttinnen als Zeugen anrufend, dass ich nach bestem Vermögen und Urteil diesen Eid und diese Verpflichtung erfüllen werde.»[7]

Asklepios gilt als ein Gott der Wandlung, weshalb ihm die Schlange als Symbol zugeordnet ist. Er steht für die Verbindung von dunkler Erdentiefe mit der Sphäre des Lichts. Die Platzierung des Wandreliefs in der Nähe der Brunnenanlage und seine Ausrichtung nach Osten entsprechen diesem antiken Verständnis: «Dieselbe Orientierung besass der Asklepiostempel im Heiligtum von Epidauros. [...] Im Asklepieion in Athen konnte man in späteren Zeiten das Wecklied des Asklepios auf einer Marmortafel lesen.

‹Erwache Paieon Asklepios, Herr der Völker›, so beginnt und endet es: ‹Erwache und höre deinen Hymnus!› Die Beziehung dieses Gottes zum Sonnenaufgang, sein Erscheinen in einer Art Sonnenepiphanie, könnte kaum deutlicher ausgedrückt werden.»[8]

Die antiken Heilstätten waren Kraftorte und Refugien. Vitruv empfiehlt in *De architectura* für die Errichtung von Heilstätten die Wahl gesundester Orte («saluberrimae regiones») mit geeigneten Brunnquellen («aquarumque fontes in locis idoneis»), weil an solchen Orten die Kranken schneller genesen («celerius convalescunt»).[9] Plutarch weist darauf hin, dass sie in Griechenland meist ausserhalb der Städte und auf einer Anhöhe gelegen seien, weil die Luft dort klarer und sauberer sei.[10]

Kranke (rechts) auf dem Weg zu Asklepios und seinen beiden Töchtern, Hygieia und Panakeia. Wandrelief am Gebäude des Hauses C, Sanatorium Kilchberg

Aktivierung der Selbstheilungskräfte

Wurde ein Patient in die Heilstätte aufgenommen, war der erste Schritt eine innere und äussere «Katharsis» (Reinigung), bei welcher der Gebrauch des Wassers sowohl praktische als auch symbolische Bedeutung hatte. Der zweite Schritt bestand darin, die erkrankte Person durch rituelle Handlungen in einen aufnahmebereiten Zustand zu versetzen. Anschliessend wurde sie ins Abaton geführt, wo die «incubatio»[11] – eine Art Traumtherapie – vonstatten ging. Während des Aufenthalts fanden Gespräche mit einem Arzt über die anzuwendenden Heilmethoden statt, wozu Bäder, Entspannungskuren und medikamentöse Therapien, aber auch kulturelle Angebote[12] gehörten. Für den Zeitraum der Behandlung bezog der Patient ein Zimmer im Gästehaus.[13]

Kranke (links) auf dem Weg zum göttlichen Asklepios und seiner Familie. Hinter Asklepios ist Hygieia nur in Andeutung als Flachrelief sichtbar. Es folgen die beiden Söhne Machaon und Podaleirios, anschliessend drei weitere Töchter – unter ihnen Panakeia. Votivrelief aus der Stadt Thyrea in Argolis

Der Philologe und Altertumsforscher Karl Kerényi, der sich am Ende seines Lebens ins Sanatorium Kilchberg zurückzog, schreibt: «Wir müssen uns [...] vergegenwärtigen, dass ein nach dem Muster von Epidauros ausgebautes und als Stätte des Tempelschlafes gebrauchtes Asklepieion dem denkbar unmittelbarsten Heilverfahren diente. Dem Kranken wurde Gelegenheit geboten, die Heilwendung, deren tiefste Grundlagen er in sich selbst trug, selbst herbeizuführen. Es wurde dazu eine Umgebung geschaffen, die ähnlich wie die modernen Luft- und Wasserkurorte das Störende und Ungesunde der Umwelt möglichst fernhielt, und die [...] dazu beitrug, dass tiefste Schichten im Menschen ihre heilenden Möglichkeiten verwirklichten.»[14] Diese antike Idee von Heilung, die nicht allein am Können des Arztes, sondern an den Wirkkräften der Natur und den Ressourcen des Individuums ausgerichtet ist, wurde in den Sanatorien des 19. und 20. Jahrhunderts wiederbelebt und prägt bis heute das therapeutische Selbstverständnis des Sanatoriums Kilchberg.

Anmerkungen

1   Die Brunnenanlage wurde im Zuge von Bauarbeiten in den 1970er-Jahren wiederentdeckt und freigelegt. Eine im Schacht gefundene Handpumpe aus dem 19. Jh. belegt die Nutzung des Brunnens zu dieser Zeit.

2   K. Kerényi (1956): Der göttliche Arzt, S. 27.

3   Es handelt sich um das heutige Haus C auf dem Klinikareal.

4   Dass auf dem Relief des späten 19. Jahrhunderts – anders als in der Antike üblich – die Figurengruppe der «Götter» ohne Attribute und zudem in gleicher Körpergrösse wie die Figurengruppe

der Patienten dargestellt wird, ist kultur-geschichtlich bedeutsam. Offenbar soll trotz der mythologischen Anleihen eine Begegnung «unter Menschen» und «auf Augenhöhe» gezeigt werden.

5   Hygieia kommt vor allem eine präventive Aufgabe zu. Das Wort «Hygiene» ist von dem dazugehörigen Adjektiv «hygieinós» («der Gesundheit dienlich») abgeleitet.

6   Nach ihrem Namen wurde das «Allheilmittel» der Alchemisten «Panacea» benannt.

7   Hippokrates (1994): Ausgewählte Schriften, S. 32.

8   K. Kerényi (1956): Der göttliche Arzt, S. 67.

9   Virtruvius, De architectura I 2,7.

10 Vgl. Plutarch, Römische Fragen, Quaestio 94. Die Kult- und Heilstätte von Epidaurus liegt etwa zehn Kilometer von der antiken Stadt gleichen Namens entfernt (heute «Palea Epidavros») auf einer Anhöhe. Das berühmte Asklepieion von Kos zeigt eine ähnliche Lage – etwa vier Kilometer ausserhalb der Stadt.

11 K. Kerényi (1956): Der göttliche Arzt, S. 39.

12 Eine grössere Heilstätte wie Epidaurus verfügte über eine Bibliothek und ein Theater.

13 Zu den Heilmethoden vgl. J. W. Riethmüller (2005): Asklepios.

14 Karl Kerényi (1956): Der göttliche Arzt, S. 52.

Der Gartenpavillon des Sanatoriums Kilchberg

Traumgefilde am Zürichsee

Das Deckenfresko im Gartenpavillon des Sanatoriums

**Der Gartenpavillon des Sanatoriums Kilchberg birgt ein kultur-
geschichtliches Juwel: Sein Deckenfresko setzt nicht nur Ideen der
Lebensreformbewegung in Szene, sondern auch einen der be-
kanntesten Träume der Weltliteratur.**

Bereits Gustav Ammann sah in seinen Entwürfen zur Neugestaltung der Parkanlage des
Sanatoriums einen Gartenpavillon in der Nähe des Schwimmbeckens vor. Der heutige
Pavillon verdankt sein Aussehen jedoch weitgehend den Plänen von Hugo Frey. Äusser-
lich gleicht das Gebäude mit seinen Natursteinmauern und dem mit Rundbögen und Gie-
beldach bekrönten Kamin eher einer italienischen Kapelle. Der sakrale Eindruck wird im
Inneren durch eine leichte Deckenwölbung mit Freskobemalung zusätzlich betont. Die
Szenen des Freskos, das 1933 fertiggestellt wurde, wirken dagegen auf den ersten Blick
profan. Dargestellt sind «Die vier Jahreszeiten», wobei in den einzelnen Szenen nicht die
Natur selbst, sondern das Leben des Menschen in der Natur im Vordergrund steht. Auffallend ist vor allem die Darstellung des Sommers mit badenden jungen Menschen, die
sich über der Fensterfront zum Zürichsee erhebt. Die freizügige Darbietung der nack-
ten Körper steht nicht nur im Kontrast zur sakralen Ausstrahlung des Gebäudes, sondern
auch zu dessen Verortung auf dem Gelände einer psychiatrischen Heilanstalt.

Befreiung aus den Fesseln der Zivilisation

Befasst man sich etwas näher mit der sommerlichen Badeszene, so lösen sich die Kontraste zusehends auf. In der Gestaltung der Szene spiegeln sich Einflüsse der Lebensreformbewegung, die in der Schweiz zu Beginn des 20. Jahrhunderts auf dem Monte
Verità ansässig wurde. Die Bewegung propagierte eine Befreiung von den Fesseln der
Zivilisation durch einen natürlichen und ursprünglichen Lebensstil. In der damit verbun-
denen Freiköperkultur wurde Nacktheit zum sichtbaren Zeichen eines neuen Bewusst-

«Der Sommer», Ausschnitt des Deckenfreskos *Die vier Jahreszeiten* (1933), Pavillon, Sanatorium Kilchberg

«Der Winter», Ausschnitt des Deckenfreskos *Die vier Jahreszeiten* (1933), Pavillon, Sanatorium Kilchberg

«Der Frühling», Ausschnitt des Deckenfreskos *Die vier Jahreszeiten* (1933), Pavillon, Sanatorium Kilchberg

«Der Herbst», Ausschnitt des Deckenfreskos *Die vier Jahreszeiten* (1933), Pavillon, Sanatorium Kilchberg

seins für den menschlichen Körper, der sich im unmittelbaren Kontakt mit den Elementen Licht, Luft, Wasser und Erde frei und harmonisch zu entfalten sucht. Hierzu wurden unterschiedliche Betätigungen wie Nacktübungen, Spiele, Ausdruckstänze, Sonnenbäder oder naturnahe körperliche Arbeiten empfohlen und praktiziert. «Mit der ‹Rückkehr zur Natur›, so das Schlagwort der Lebensreformbewegung, sollte gegen ‹die Zersplitterung des modernen Lebens› und die immer offensichtlicheren negativen Auswirkungen der Industrialisierung ein Gegengewicht gesetzt werden.»[1] Dieser Leitgedanke liess sich nahtlos mit dem Programm eines Sanatoriums zu Beginn des 20. Jahrhunderts verbinden, das ebenso wie die Lebensreform auf die heilenden Kräfte der Natur setzte und in der Behandlung körperlicher und seelischer Leiden auf vielfältige Weise von deren Grundelementen Gebrauch machte. Allerdings waren die Praktiken der Freikörperkultur einer zumeist bürgerlichen Klientel des Sanatoriums kaum zumutbar. Bot es sich vielleicht deshalb an, sie mit ästhetischer Distanz im Medium der Kunst zu präsentieren?[2] Oder hat die sommerliche Badeszene des Freskos noch einen weiteren Bezugsrahmen, der ihre Gestaltung zu erhellen vermag?

Blickt man auf die drei anderen Szenen des Freskos, so ist vom Einfluss der Lebensreform wenig zu merken. Der Kontakt des Menschen mit der Natur ist nicht von Ursprünglichkeit geprägt, sondern erscheint kulturell vermittelt, wobei auch die Errungenschaften der modernen Zivilisation nicht ausgespart bleiben. Am deutlichsten wird dies bei der winterlichen Szene auf der gegenüberliegenden Seite des Freskos. Die Berghänge der alpinen Landschaft werden von hotelartigen Gebäuden gesäumt, und im Vordergrund dominiert der Wintersport mit Schlitteln, Ski- und Schlittschuhlauf. Diese von Menschen gemachte, künstliche Welt inmitten einer rauen und unwirtlichen Landschaft hat Thomas Mann im *Zauberberg* (1924) eindrücklich beschrieben, indem er ein Sanatorium in Davos zum Ort seiner Romanhandlung wählte.

Sinnbild für ein authentisches, selbstbestimmtes Leben

Betrachtet man aus dieser Perspektive erneut die sommerliche Badeszene, so erhält sie einen zweiten, aufschlussreicheren Bezugsrahmen. In einer Schlüsselszene des Romans träumt dessen Held, Hans Castorp, von paradiesischen Gefilden. Nachdem er sich bei einem Skiausflug im Hochgebirge verirrt hat und vorübergehend bewusstlos wurde, sieht er im Traum eine Landschaft, die sich öffnet «in wachsender Verklärung»[3]. Ein Meeresgestade tut sich auf, eine «wunderschöne Bucht», «von immer matter blauenden Bergzügen» umkränzt. «Eine Seligkeit von Licht». Bevölkert wird die Szenerie von Jugend beiderlei Geschlechts: «Sonnen- und Meereskinder». An einer «Bucht», die «weit ins Land» ragt, sieht er einen «Tanz von Mädchen», während andere am Boden sitzen, «zuschauend in ruhigem Gespräch». Jünglinge üben sich im Bogenschiessen, angeln oder sind mit ihrem Boot beschäftigt. Hans Castorp denkt noch immer träumend: «Das ist ja überaus

Hugo Höppener, genannt
Fidus: *Lichtgebet* (Druck 1922)

erfreulich und gewinnend! Wie hübsch, gesund und klug und glücklich sie sind.» Und er ist tief beeindruckt von der «Freundlichkeit» und «Rücksicht», mit der «die Sonnenleute» einander begegnen, ernst und heiter zugleich. Diese paradiesische Traumszene wird im Roman zum Sinnbild für ein authentisches, selbstbestimmtes Leben, in dem der Widerstreit von Geist und Natur aufgehoben ist. Hans Castorp fragt sich nach dem Traum: «Tod oder Leben – Krankheit, Gesundheit – Geist und Natur. Sind das wohl Widersprüche? Ich frage: Sind das Fragen? Nein, es sind keine Fragen […].» Und er fährt fort: «Der Mensch ist Herr der Gegensätze, sie sind durch ihn, und also ist er vornehmer als sie. […] Ich will daran denken. Ich will gut sein. Ich will dem Tode keine Herrschaft einräumen über meine Gedanken! Denn darin besteht die Güte und Menschenliebe, und in nichts anderem.»

Hier ist der Ort der Heilung

Mit dem *Zauberberg,* der 1924 erschien, wurde das Schweizer Sanatorium zu einem literarischen Topos, der seinerseits die Wahrnehmung und Selbstdarstellung dieser Institution prägte. Das Deckenfresko im Pavillon des Sanatoriums Kilchberg, das neun Jahre später entstand, bietet hierfür ein aussergewöhnliches Beispiel. Es greift mit dem «Schneetraum» eine Schlüsselszene des *Zauberbergs* auf, nimmt sich aber die Freiheit, von der literarischen Vorlage abzuweichen, indem es die Meeresgestade des Traums in ein Seeufer verwandelt. Wem die Anspielung nicht genügt, dem gibt die Frühlingsszene des Freskos mit dem Bild der alten Kilchberger Kirche einen weiteren Hinweis: Das erträumte Paradies liegt nicht an fernen Gestaden, sondern an den nahen Ufern des Zürichsees, in Kilchberg. Die Botschaft an den Betrachter lautet: Hier, wo Du stehst, ist jener Ort, an dem die Versöhnung von Geist und Natur stattfindet. Mit dem Bildprogramm des Deckenfreskos inszeniert sich das Sanatorium selbst als einen beinahe magischen Ort der Heilung.

Anmerkungen

1   A. Schwab (2010): «Salat von früh bis spat», S. 20.
2   Vgl. R.F. Kirchgraber (2003): Lebensreform und Künstlergruppierungen um 1900, S. 91. Kirchgraber erwähnt ein Deckenfresko von Ernst Ludwig Kirchner, das dieser im Jahr 1916 für das Sanatorium von Dr. Kohnstamm in Königstein gemalt hat. Es wurde 1933 von den Nationalsozialisten zerstört.
3   Dieses und die weiteren Zitate aus dem Roman sind entnommen aus: Th. Mann (1960): Der Zauberberg, S. 678–685.

M. LENNACKERS, T. BALLWEG

Kulturelle Handlungslogik

Die Brüder Huber als Unternehmer und Kulturförderer

Fast 35 Jahre führen die Brüder Emil und Hans Huber das Sanatorium Kilchberg: 1913 erwirbt Emil Huber die Privatklinik und übernimmt die Leitung der Verwaltung, die er bis zu seinem Tod im August 1938 innehat. Zum Ärztlichen Leiter ernennt er seinen Bruder Hans, der dieses Amt – mit kurzer Unterbrechung – bis Anfang 1947 ausübt. Beide Brüder engagieren sich zudem als Mitinhaber im Leitungs- gremium eines bekannten Schweizer Verlags: Conzett & Huber. Was zeichnet Emil und Hans Huber als Unternehmer aus und worin besteht das Geheimnis ihres Erfolgs?

Hans Huber (Ölgemälde von Werner Weber, 1956)

Als junger Rechtsanwalt lernt Emil Huber Verena Conzett kennen, die sich als Gewerk- schafterin und Frauenrechtlerin einen Namen gemacht hat. Seit 1890 ist sie Präsidentin des neu gegründeten *Schweizerischen Arbeiterinnenverbandes*. Dazu übernimmt sie 1898 die Druckerei ihres Mannes, Conrad Conzett. Gleichfalls ein exponierter Sozialist und Gewerkschaftler, verliert Conzett nach einem Zerwürfnis mit dem *Schweizerischen Gewerkschaftsbund* wichtige Aufträge, verschuldet sich und geht 1897 in den Freitod. Verena Conzett hat ehrgeizige Pläne, möchte Zeitschriften publizieren. Doch finanzi- ell geht es dem kleinen Betrieb schlecht, jahrelang droht der Konkurs. Dass es nicht so weit kommt, verdankt sie Emil Huber. In ihren Erinnerungen *Erstrebtes und Erleb- tes* schreibt sie 1929: «Ein junger, im Hause wohnender Rechtsanwalt, Dr. Emil Huber, half mir mehrmals aus tiefster Bedrängnis und es gelang mir, ihn für die Zeitschrift zu interessieren und ihn schliesslich als Associé zu gewinnen.»[1] Gemeinsam beschliessen Verena Conzett und Emil Huber, die *Firma Conzett & Cie.* zu einem Zeitschriftenverlag auszubauen. Erstmals 1908 erscheint das illustrierte Familienmagazin *In freien Stun- den*, eine Wochenzeitschrift, die sich an ein gleichnamiges Berliner Vorbild anlehnt, an Arbeiterfamilien gerichtet ist und dazu beitragen soll, «die Schundliteratur [...] zu vertreiben»[2]. An das Abonnement des Blattes ist eine Unfallversicherung gekoppelt –

Emil Huber (Ölgemälde von Hermann Barrenscheen, 1935)

Geschäftsessen des
Verlags Conzett & Huber
mit Verena Conzett
(vorne, 3.v.r.) und Hans
Huber (vorne, 2.v.r.)

ein kluger unternehmerischer Schachzug, der seinen Teil zum Erfolg der Illustrierten beiträgt.

Aus dem operativen Geschäft hält sich Emil Huber zunächst zurück und betreibt stattdessen Familienpolitik: Als Verena Conzett den wachsenden Arbeitsaufwand – die Druckerei wird neben dem Verlag weitergeführt – nicht mehr alleine bewältigen kann, empfiehlt er seinen Schwager, Ernst Meyer, für die Verlagsleitung. Die Druckerei übernimmt ab 1911, nach mehrjähriger Ausbildung, Hans Conzett, einer der beiden Söhne von Verena Conzett. Nicht viel später heiratet Hans Conzett Marie Huber, eine Schwester von Emil, der an der Liaison nicht ganz unschuldig ist. Familiär verzahnt, prosperiert das Unternehmen und erweitert seine Kapazitäten sukzessive, etwa um eine Buchbinderei.

Kalkül versus Kultur

Doch 1918 kommt es zu einer dramatischen Zäsur: Innerhalb nur einer Woche erliegen Hans Conzett und sein Bruder Simon, der ebenfalls für den Verlag arbeitet, der Spanischen Grippe. Emil Huber bringt sich nun stärker ins Verlagsgeschäft ein und übernimmt mehr und mehr die Verantwortung. Er plädiert für technische Innovationen und engagiert sich insbesondere für die Einführung des Tiefdruckverfahrens, dessen gestalterisches Potenzial er früh erkennt. Gemeinsam mit dem designierten Chefredaktor Guido Eichenberger entwickelt er das Konzept für eine neue Wochenzeitschrift, die *Zürcher Illustrierte* (ZI), die dank der verbesserten Druckqualität verstärkt auf Fotoreportagen setzen kann und sich «als Komplementärmedium zur Tagespresse» versteht, «zu deren

Hans Huber in seiner «Schreibwerkstatt»

Ich zweifle nicht

Wenn einst der dunkle Vorhang niederrauscht
Und Dir verhüllt der Sonne goldnes Fluten,
Ihr abendliches Scheiden und Verbluten,
Wenn schaudernd vor der Nacht die Seele lauscht

Nach einem Aufschrei letzter Lebenstriebe —
Wenn dann kein Laut die Stille unterbricht,
Und fern verglimmt der letzte Funken Licht,
Und leis verklingt ein letzter Ton der Liebe —

Dann kehr' ich demutsvoll von langen Fahrten
Zur guten Erde, Mutter von uns allen.
Sie nimmt mich gütig auf nach langem Warten,

Sie läßt mein Lebenslied ganz leis verhallen,
Läßt mich verblühn in ihrem stillen Garten,
Wo müd' im Herbst die gelben Blätter fallen.

H. H.

Gedicht von Hans Huber aus:
Ein Briefwechsel in Sonetten
(1950)

Nachrichten sie die Bilder liefert»[3]. Die erste Ausgabe der ZI kommt am 20. Juli 1925 auf den Markt. Rasch gewinnt das Blatt auch im bildungsbürgerlichen Milieu an Ansehen «wegen der sozial und politisch engagierten Bildreportagen, die im Jahrzehnt vor dem Zweiten Weltkrieg zu ihrem Marken- und Gütezeichen»[4] werden.

Der Erfolg der ZI erregt den Unmut von Paul Ringier, dem Gründer des gleichnamigen Verlags, der sich mit der *Schweizer Illustrierte[n] Zeitung* und drei weiteren Blättern als Branchenleader auf dem Schweizer Zeitschriftenmarkt etabliert hat. Er verfolgt ein gänzlich anderes, ausschliesslich ökonomisches Kalkül, gegen das der Verlag *Conzett & Cie.* seine «kulturelle Handlungslogik»[5] setzt. Mit allen Mitteln versucht Ringier, der ZI das Wasser abzugraben – und stösst auf den beharrlichen Widerstand Emil Hubers, der sich vom stillen Teilhaber längst zum Leiter des Verlags aufgeschwungen hat. Die Veränderung ist auch äusserlich fassbar: Seit Dezember 1927 firmiert das Unternehmen unter dem Namen *Conzett & Huber*. Neben der ZI gibt der Verlag weitere Zeitschriften heraus und betätigt sich auch auf dem Buchsektor. Im *Morgarten-Verlag*, einer Tochter des Unternehmens, erscheint 1936 der erste Roman Friedrich Glausers, *Wachtmeister Studer*. Auch das Sanatorium Kilchberg profitiert von Hubers Rolle als Verleger: *Conzett & Huber* druckt zwei aufwendig gestaltete Prospekte des Sanatoriums, die durch Layout und Bildqualität beeindrucken.[6]

Überraschend, aber durchaus seiner Handlungslogik entsprechend, verpflichtet Emil Huber 1929 «den vielseitig begabten, aber journalistisch unerfahrenen Künstler und Schriftsteller Arnold Kübler»[7] als neuen Chefredaktor der *Zürcher Illustrierten*. Kübler setzt gestalterische Akzente bei der Auswahl und Präsentation des Bildmaterials und öffnet die ZI für Fotografen wie Hans Staub, Paul Senn und Gotthard Schuh. Mit ihren Bildreportagen setzt die ZI fortan Massstäbe. Huber lässt Arnold Kübler redaktionell weitgehend freie Hand, hält ihn aber mehrfach zur Sparsamkeit an – angesichts eines steigenden Konkurrenzkampfes mit dem Ringier-Konzern bei gleichzeitig sinkenden Einnahmen aus der Werbung durchaus nachvollziehbar. Nach 1933, als die ZI mit einer Auflage von 83'500 Exemplaren ihren Höchststand erreicht, gerät die Zeitschrift und mit ihr der Verlag *Conzett & Huber* zunehmend unter Druck. Kübler bleibt jedoch seiner Linie treu und verstärkt sogar seine Bemühungen, die ZI zu einem aufklärend-bildenden Kulturmagazin zu formen. In gestalterischer und bildästhetischer Hinsicht exzeptionell sind die sechs Sondernummern der *Zürcher Illustrierten*, die 1939 zur Schweizer Landesausstellung erscheinen. Darin enthalten sind mehrere grossformatige Werbeanzeigen des Sanatoriums Kilchberg, dessen Leitung nach dem Tod Emil Hubers an seinen Bruder Hans übergeht, der zeitgleich auch zum Mitinhaber des Verlags avanciert.

Hans Huber (Bleistiftzeichnung von 1932)

«Schreiben wir das Du aufs Titelblatt»

Doch nur mit einem qualitativen Vorsprung ist die ZI nicht zu halten, erst recht nicht, als nach Kriegsbeginn Ringier seinen Zeitschriften einen politischeren Anstrich verleiht und sie in den Dienst der «geistigen Landesverteidigung» stellt. Arnold Kübler erkennt, was die Stunde geschlagen hat, und fasst gemeinsam mit Alfred Herzer, der nach dem Tod Emil Hubers die Verlagsleitung übernimmt, einen zukunftsweisenden Entschluss. 1940 nimmt Herzer Verhandlungen mit Ringier auf und signalisiert die Bereitschaft von *Conzett & Huber,* die ZI zu veräussern. Was Herzer in den Verhandlungen verschweigt: Anstelle der ZI möchte *Conzett & Huber* eine neuartige Kulturzeitschrift auf den Markt bringen, für die Arnold Kübler bereits das Konzept

CAFÉ ODEON

«Unzählige Menschen in Zürich, Fremde wie Einheimische, haben sich dem Kokain oder dem Morphium verschrieben. Treffpunkt dieser Süchtigen ist das Café Odeon. Da sitzen sie und warten, dass sich eine Gelegenheit bietet, das von ihnen so sehr geschätzte Gift zu bekommen. Dr. Hans Huber, ein bekannter Arzt und Leiter eines Sanatoriums in Kilchberg, wird jedesmal, wenn er das Café Odeon betritt, sofort von Süchtigen überfallen, die ihn beschwören, ihnen ein Rezept auszustellen. Was er freilich ablehnt.»[*]

[*] C. Riess & E. Scheidegger (2010): Café Odeon, S. 133.

Sanatorium Kilchberg bei Zürich

Individuelle Behandlung aller Formen von Nerven= und Gemütskrankheiten nach modernen Grundsätzen. Entziehungskuren für Alkohol, Morphium, Kokain usw. Epilepsiebehandlung, Malariabehandlung bei Paralyse. Dauerschlafkuren. Führung psychopathischer, haltloser Persönlichkeiten. Angepasste Arbeitstherapie. Behandlung von organischen Nervenerkrankungen, rheumatischer Leiden, Stoffwechselstörungen, nervöser Asthmaleiden, Erschlaffungszustände usw. Diät= und Entfettungskuren. Behandlung dieser Art Erkrankungen im eigenen Physikalischen Institut (Hydro= und Elektrotherapie, medikamentöse Bäder und Packungen, Licht= und Dampfbäder, Höhensonne, Diathermie, Massage usw.) 3 Ärzte, 6 getrennte Häuser. Prächtige Lage am Zürichsee in unmittelbarer Nähe von Zürich. Großer Park und landwirtschaftliche Kolonie. Sport= und Ausfluggelegenheit. Prospekte verlangen. Telephon: Zürich 91 41 71 u. 91 41 72

Ärztliche Leitung: Dr. H. Huber, Dr. J. Furrer · Besitzer: Dr. E. Huber=Frey

Werbeanzeige des Sanatoriums Kilchberg in einer Sonderausgabe der *Zürcher Illustrierten* zur Landesausstellung 1939

ZÜRCHER ILLUSTRIERTE ZI

Nr. 10   18. Mai 1939   XV. Jahrgang
Druck u. Verlag Conzett & Huber Zürich, Genf   **35** cts

Die erste Landesausstellungs-Sondernummer

Die Arbeit ist getan. Die Werkleute räumen das Feld und machen Platz für die Gäste. Im Hintergrund leuchtet der «Mann mit dem Pferd», eine Plastik des Zürcher Bildhauers Otto Bänninger. Sie steht vor dem Turnierrestaurant des linken Seeufers am Wasser.

Premier numéro spécial de l'Exposition nationale suisse. Le travail est terminé, place aux visiteurs! Devant le statue de l'homme au cheval, du Zurichois Otto Bänninger, les ouvriers qui occupent les chantiers, se sont arrêtés pour admirer des pavillons de la rive gauche, dont ils furent les artisans.

ZI **ZÜRCHER ILLUSTRIERTE**

Nr. 23   8. Juni 1939   XV. Jahrgang
Druck u. Verlag Conzett & Huber Zürich, Genf   **35** cts

Die zweite Landesausstellungs-Sondernummer

Das Modetheater der LA ist eine Schöpfung schweizerischer Firmen der Textilindustrie, Couture und Schuhfabrikation, geschaffen, um die ausserordentliche Leistungsfähigkeit unseres Landes auf dem Gebiet des Bekleidungswesens und künstlerischen Möbels zu zeigen. Zu den darstellerischen Kräften dieser Bühne gehören auch jene zwölf jungen Mädchen, die man für dieses Aufgabe vorbereitet hat. Bild: Schweizer Darstellerinnen aus der Revue «Der verlorene Faden» im Modetheater der LA. Kostüme entworfen von René Hubert, ausgeführt vom Gelz Journal.

Second numéro spécial de l'Exposition nationale suisse. Deux charmantes interprètes du Théâtre de la mode lausannoise de René Hubert. Subventionné par nos grandes maisons de textiles, coutures, etc., ce théâtre présente tous les soirs le revue «Der verlorene Fadenn (le fil perdu), dont l'élégance et l'esprit font grand honneur à nos industries de luxe.

ZI **ZÜRCHER ILLUSTRIERTE**

Nr. 27   7. Juli 1939   XV. Jahrgang
Druck u. Verlag Conzett & Huber Zürich, Genf   **35** cts

Die dritte Landesausstellungs-Sondernummer

Die Ausstellung ist das grosse Beisammensein der Schweizer Ost und West, Berg und Tal, Welsch und Deutsch, hoch und niedrig, gross und klein — hier kommt alles in schönstmöglicher Haltbestimmung zusammen. Diese schöne Tessinerin, wir haben sie nicht im Mendisiotto gesucht, wo sie sonst lebt, sondern fanden sie eben, wir's dieser Sommer will — im Wohl der LA.

Troisième numéro spécial de l'Exposition nationale suisse. L'Exposition constitue le rencontre naturelle de toutes les régions et le Tessin par exemple, nous envoie elle aussi de belles filles, à l'air de demoiser, mieux encore elle exacte des contacts d'homme à homme. Jointoiés dans, un même tout, le Romand et l'Allemagne, l'industriel et le paysan, l'intellectuel et l'artisan fraternisent dans le bonne humeur. Que-là qui, du Tessin par exemple, n'ont qu'une connaissance lointaine, se déplacent bien vite la chose, ou laissent du Neuchâtel et un contemplent le belle fille que voici.

ZI **ZÜRCHER ILLUSTRIERTE**

Nr. 31   4. August 1939   XV. Jahrgang
Verlag Conzett & Huber Zürich, Genf   **35** cts

Die vierte Landesausstellungs-Sondernummer

Bunt flattern die Fahnen und Flaggen der LA, in Farben glühe die Gärten, Lebig ist de Stadt, leuchtend der See und das Land rogerun, und vielfältig freudig und zuebetrayt sind die Einwicrungen, welche die jugendliche Besucher aus dem ganzen Land mit heimnehmen von unserer Landesschau, die in diesen Tagen unsere Herzen und Geister entflammt und bewegt.

Quatrième numéro spécial de l'Exposition nationale suisse. Pour notre jeunesse qui a dort de toutes les contrées de la Suisse à FNS, que de trésors enchanteresses, d'impressions profondes et de souvenirs inoubliables à emporter chez soi!

ZÜRCHER ILLUSTRIERTE

Die fünfte Landesausstellungs-Sondernummer

Cinquième numéro spécial de l'Exposition nationale suisse

ZÜRCHER ILLUSTRIERTE

Die sechste, letzte Landesausstellungs-Sondernummer

Sixième et dernier numéro spécial de l'Exposition nationale suisse.

Abteilung Wasserkraft und Starkstrom

Auf der Höhenstraße

1939 erscheinen anlässlich einer Landesausstellung sechs Sondernummern der *Zürcher Illustrierten*, deren Titelseiten exemplarisch für den hohen gestalterischen Anspruch des Blattes stehen.

20626

Bissier–
Nicholson–
Arp —

du

entwickelt hat – und für das ihm nur noch ein ansprechender Titel fehlt. Während Alfred Herzer mit Paul Ringier darum ringt, einen möglichst hohen Verkaufspreis für die ZI zu erzielen und zugleich für das neue Magazin ein Konkurrenzverbot auszuhandeln, zerbricht Kübler sich den Kopf, ob «Elan» oder «Profil» der bessere Titel sei. Er berät sich mit dem Grafiker Emil Schulthess, der sich seinerseits mit Hans Huber austauscht.[8] «Ich hörte immer wieder das Wörtchen ‹du›», vermerkt Schulthess in seinen Erinnerungen, «und kam für mich selber zu der Überzeugung, dass die neue Monatszeitschrift nur ‹du› heissen könne.»[9] Ohne sich mit Kübler abzustimmen, entwickelt Schulthess für *du* mehrere Titelentwürfe und schmuggelt sie bei der entscheidenden Geschäftsleitungssitzung unter die anderen. «Totenstille. Gute zwei Minuten sagte keiner ein Wort, bis dann als erster Herr Herzer leise vor sich hinmurmelte: ‹Jä, wämer das jetzt eso vor eim gseht, dänn isch doch's *du* 's einzig, wo aim diräkt aschpricht.›»[10] 1941 kauft Ringier alle Rechte an der ZI für 1,1 Millionen Franken und stellt das Blatt umgehend ein. Die erste Ausgabe der Zeitschrift *du* erscheint im März 1941 – während rund um die Schweiz ein Krieg tobt, von dessen wirtschaftlichen Folgen auch die Eidgenossenschaft nicht verschont bleibt.

Das unternehmerische Risiko ist gross, doch massgebend ist die Idee, dass gerade in Krisenzeiten Kultur eine besondere Bedeutung für das menschliche Zusammenleben hat. «Wir leben in einer Zeit grösster Umwälzungen und Verschiebungen», schreibt Arnold Kübler im Editorial der ersten Ausgabe, «wir erleben Krieg um uns, Verarmung um uns und bei uns. Wir erleben Grenzdienst, Hilfsdienst, Frauendienst, Ortswehr, Luftschutzdienst und erfahren dabei, wie neue Kräfte aufbrechen in uns, gerufen von den neuen Forderungen der Zeit. Alle Tage rufen uns zu: Du bist nicht allein! Du bist nicht für dich allein da. Du hast Verantwortungen und Aufgaben jenseits deiner persönlichen Neigungen und Abneigungen. Von allem redet unser Titel. […] Zwischen dem Ich und dem Du ist in unserer Zeit ein neues Leben aufgebrochen. Darum schreiben wir das Du aufs Titelblatt unserer neuen Arbeit.»[11]

Die kulturelle Orientierung der Brüder Huber zeigt sich nicht nur im Verlag, sondern auch in der Klinik, die unter ihrer Führung gemäss der Leitidee «Schweizer Sanatorium» ausgebaut und umgestaltet wird. Während der beiden Weltkriege wird das Sanatorium Kilchberg zu einem Refugium für Exilanten – darunter zahlreiche Literaten und Künstler, die mitunter auch unentgeltlich verköstigt werden. Überschneidungen der beiden Sphären sind dabei unvermeidlich. Da Schriftstellern im Exil fast alle Publikationsmöglichkeiten genommen sind, erweist sich *Conzett & Huber* als naheliegende Adresse, wenn man sich ohnehin schon in Hubers Sanatorium aufhält. Am 27. Februar 1941 schreibt der Dichter Albert Ehrenstein an seinen Bruder: «Ich käme nicht durch, wenn nicht der Dr. Hans Huber durch die Kilchberger Verpflegung für mich sorgte, er ist nun Präsident des Verwaltungsrates von Conzett & Huber, aber die Zürcher Illustrierte ist eingegangen, und im Verlag wagt er nichts von Tubutsch [Titel einer Erzählung von A.E.] zu bringen.»[12] Schon vor Beginn des Krieges setzt sich Ehrenstein bei Hans Huber für einen

Cover der Zeitschrift *du* von 1963 nach einer Vorlage von Hans Arp, der 1917 Gast im Sanatorium Kilchberg war

bekannten deutschen Verleger ein, der von den Nationalsozialisten Berufsverbot erhält, weil er jüdische Schriftsteller tarnte: «Die Adresse von Ernst Rowohlt ist: [...] Rio Grande [...], Brasilien. Er erzählte, was wir alle wissen, er hat sich fünf Jahre lang vergebens in Deutschland recht und schlecht durchgeschlagen. Ich machte ihn mit dem Kilchberger Arzt, Dr. Hans Huber, bekannt, der nun einen gewissen Einfluss auf den Verlag Conzett und Huber hat, nach dem vorjährigen Tod des Bruders Emil. Das wäre ev. für ihn eine Chance, falls er in Rio oder New York nichts findet.»[13]

Intellektualität und Volkstümlichkeit

Man könnte die kulturelle Handlungslogik der Brüder Huber als blossen Ausdruck eines unternehmerischen Kalküls betrachten, wenn sie nicht auch von ganz persönlichen Interessen geprägt wäre. Beide Brüder sind leidenschaftliche Kunstliebhaber, und Hans Huber zudem ein echter Kenner. Mit Unterstützung des bekannten Kunsthändlers Otto Ackermann erwirbt er im Laufe seines Lebens eine beachtliche Sammlung wertvoller Gemälde überwiegend französischer Meister aus dem 18. und 19. Jahrhundert. Zudem zeigt Hans Huber eine ausgeprägte Neigung zur Literatur, an deren Früchten er seine Freunde beim freien Rezitieren von Gedichten gerne teilhaben lässt. Niederschlag findet diese Neigung auch in einem schmalen Bändchen, das 1950 als Privatdruck in nummerierter Auflage bei *Conzett & Huber* erscheint: *Briefwechsel in Sonetten* aus der Feder von Hans Huber und Ernst Meyer, einem befreundeten Pfarrer aus Genf. «Völlig unbeabsichtigt und vorher nie besprochen, folgte dem ersten, aus einer Laune heraus geschriebenen Sonett eine Antwort in gleicher Formung, die wiederum eine Rückantwort veranlasste»[14], erläutern die beiden Autoren die Entstehung ihres Werkes. Sie verstehen die insgesamt 25 Sonette als wechselseitige «Klärung und verständliche Fassung des eigenen Standpunktes»[15]: Auf der einen Seite steht Hans Huber mit seiner «moderne[n], mehr naturwissenschaftlich[en] und ästhetisch[en] Weltanschauung»[16], auf der anderen Seite Ernst Meyer als Vertreter eines «ethisch-christlich bestimmten Denken[s]»[17].

Eine andere Passion der zwei Brüder ist die Liebe zum volkstümlichen Brauchtum. Beide sind grosse Freunde des Schwingens, das neben dem Hornussen und dem Steinstossen zu den Schweizer Nationalsportarten zählt und sich seit Mitte des 19. Jahrhunderts wachsender Pflege erfreut: 1895 gründet sich in Bern der *Eidgenössische Schwingerverband* und veranstaltet seither im Dreijahresturnus das Eidgenössische Schwing- und Älplerfest, bei dem Wettkämpfe im Schwingen, Steinstossen und Hornussen ausgetragen werden. Für die Schwinger ist das «Eidgenössische» *das* Ereignis schlechthin: Wer hier siegt, darf sich «Schwingerkönig» nennen. 1926 wird das «Eidgenössische» in Luzern ausgetragen und Emil Huber weilt unter den Gästen. Doch das Turnier verläuft nicht nach seinen Vorstellungen. Als am Ende Henri Wernli der Sieg zugesprochen wird und nicht dem (persönlichen) Favoriten Fritz Hagmann, erregt dies

Seine ungewöhnlichste Geschäftsidee bringt Emil Huber von einer Paris-Reise mit: Einige Exilrussen erzählen ihm, dass das Englische Königshaus seinen Nachwuchs mit Jordanwasser tauft. Wäre das nicht etwas für ein grösseres Publikum? Emil Huber lotet die Möglichkeit aus, das heilbringende Wasser von Mönchen in Fläschchen abfüllen zu lassen, um diese gegen eine Spende an fromme Katholiken weiterzugeben. Klar ist: Ohne Unterstützung der Kirche kann ein solches Unternehmen nicht gedeihen. Über einen Bischof bringt Huber sein Anliegen bei den hohen Würdenträgern des Vatikans vor und ordert, während die kirchlichen

Plombe mit päpstlichem Sigel «Tu es Petrus»

Mühlen (langsam) mahlen, den ersten Waggon abgefüllten Jordanwassers. Doch dann kommen die Dinge ins Stocken: Ist es, weil die ganze Angelegenheit doch etwas zu prosaisch-geschäftsmässig erscheint? Oder ist es, weil Emil Huber nicht bereit ist, als Gegenleistung für den Segen des Papstes – es handelt sich um Pius XI. – eine Bibliothek zu stiften? Wie auch immer, das Projekt scheitert – und der Waggon steht noch etliche Jahre irgendwo auf einem Abstellgleis der Schweizer Bundesbahnen.

seinen Unwillen und veranlasst ihn ein Jahr später zu einer Reaktion: Er lädt 42 Schwinger und 1200 Zuschauer zu einem Wettkampf in den Park des Sanatoriums Kilchberg ein. Die Veranstaltung findet, von manchem Traditionalisten kritisch beäugt, bei widrigem Wetter am 11. September 1927 statt – und endet mit einem (allerdings umstrittenen) Triumph Fritz Hagmanns. Es ist die Geburtsstunde des Kilchberger Schwinget, der heute neben dem «Eidgenössischen» und dem Unspunnenfest als wichtigster Schwinger-Wettkampf gilt – und einige Besonderheiten aufweist: Beim Kilchberger Schwinget messen sich stets nur die sechzig besten Schwinger auf lediglich zwei Sägemehlplätzen; zudem besteht das Publikum zur Gänze aus geladenen Gästen, die keinen Eintritt zu zahlen brauchen. Emil Huber richtet noch zwei weitere Schwingfeste aus: 1932 und 1936. Als Veranstaltungsort wählt er das Stockengut, den damaligen Landwirtschaftsbetrieb des Sanatoriums. Es hat sich bis heute als Austragungsort bewährt. Um die Zukunft des Kilchberger Schwinget zu sichern, gründet Emil Huber 1933 eine Stiftung, den Huber-Fond, den er mit 15'000 Franken ausstattet, «um dem Schwingklub Zürich zu ermöglichen, periodisch einen Freundschafts-Schwinget durchzuführen und dem Schwinget, unserem vaterländischen Volksspiel, in treuer Anhänglichkeit zu dienen»[18].

Bern, 15. Sept. 1927   XXI. Jahrgang. Nr. 17

EIDGENÖSSISCHE
SCHWINGER-HORNUSSER-&JODLER-
ZEITUNG

Zeitschrift zur Hebung und Verbreitung der nationalen Spiele
Offizielles Organ des eidgenössischen Schwingerverbandes und seiner Teilverbände

Erscheint monatlich 2 Mal. Abonnementspreis Fr. 6.— jährlich. Zeilenpreis per 1 spaltige Petitzeile oder deren Raum 30 Cts.
Postcheck III 2598. Abonnemente und Inserate nimmt entgegen: H. Denz, Administrator, Tscharnerstraße 14a, Bern.
Verlag: Eidgenössischer Schwingerverband. Redaktion der Schwinger- und Jodlerchronik: S. Mäder, Bern.
Redaktion der Hornusserchronik: H. Röthlisberger, Bern.

Redaktionsschluß für nächste Nummer: 24. Sept.

Schwinger-Chronik

Eidgenössischer Schwingerverband.

Eine Dreierkommission, bestehend aus Karl Thommen, Zürich, Otto Roth, Luzern, und Gust. Linder, Peseux, hat vom eidgenössischen Verbandsvorstand den Auftrag erhalten, einen Vorentwurf zu neuen Statuten auszuarbeiten. Es ergeht hiermit die Einladung an die gesamte Schwingerschaft zur Eingabe von Wünschen in bezug auf diese neu zu erstellenden Statuten samt Festreglement.

Die Eingaben sind bis spätestens 1. März 1928 durch die Teilverbände dem Präsidenten dieser Kommission, Karl Thommen, Zürich, einzureichen.

Der Vorstand.

Association fédérale des lutteurs.

Une commission de trois membres (K. Thommen, Zurich, Otto Roth, Lucerne, Gust. Linder, Peseux) a été nommée afin d'élaborer un avant-projet des nouveaux statuts. Tous les membres de l'association sont invités à communiquer à cette commission les propositions éventuelles concernant les statuts et le règlement de fête. Ces propositions sont à adresser jusqu'au 1er mars 1928 au Président de la commission, K. Thommen, Zurich.

Le Comité.

Hände weg!

Gestatten Sie noch einem weiteren Schwinger-freund, sich zu dem geplanten „Kilchberg-Schwinget" zu äußern. Als ich von diesem Anlaß sprechen hörte, glaubte ich entschieden nicht, daß derselbe überhaupt zur Durchführung gelangen werde. Es wäre höchst zu bedauern, wenn es doch zur Tatsache würde, und zwar aus verschiedenen Gründen.

Einmal wollen wir unsern eidgenössischen Schwingerverband, der nun nach Jahrzehnten zu dem geworden ist, was er tatsächlich heute präsentiert, nicht durch solche Extravaganzen gefährden. Und daß das für den Verband nicht von Vorteil sein wird, dessen bin ich überzeugt.

Der Schreiber dieser Zeilen weiß genau und erwartet auch nicht, daß er bei einem solchen Anlasse eine Einladung erhalten würde. Aber eines ist sicher, daß solche Einladungen mehr oder weniger nur persönlichen Charakter haben können, und zwar bei Aktiven und Zuschauern. Das gibt eben einen Anlaß für bessere Schwinger, aber auch nur für „bessere" Zuschauer. Aber eben viele unserer bewährten Veteranen und Förderer unseres Verbandes, die man bei solchen Einladungen übergehen würde, was natürlich nicht zu vermeiden ist, würden hierdurch so in eine Art von Klasse B—C versetzt, und das ist nicht demokratisch-schweizerisch und auch nicht nach Schwingerart. Und noch eines; wie man hört, gedenkt Zürich sich für das überübernächste eidgenössische Fest zu bewerben. Wird man dann bei der Gabensammlung auch

Unter dem Titel «Hände weg!» erscheint am 15. September 1927 in der Zeitschrift des *Eidgenössischen Schwinger-verbandes* ein Artikel, der sich gegen die Austragung des geplanten Kilchberger Schwinget ausspricht. Darin heisst es: «Das gibt eben einen Anlass für bessere Schwinger, aber auch nur für ‹bessere› Zuschauer.»

Der Gewinner des ersten Kilchberger Schwinget: Fritz Hagmann
Die Entscheidung: Fritz Hagmann gewinnt im Finale gegen Roth. Lithografie nach
einer Zeichnung von Carl Rüttimann
Emil Huber bei der Siegerehrung des ersten Kilchberger Schwinget 1927
«Die beiden dres. Emil und Hans Huber drückten 1911 das vielleicht wirkungs-
vollste, zugkräftigste Schwingerplakat aller Zeiten durch.» (Festschrift Kilch-
berger Jubiläumsschwinget 1952)
Der erste Kilchberger Schwinget im Park des Sanatoriums Kilchberg 1927

Nicht nur der Dauerregen, sondern auch das ungewöhnliche Publikum ist ein Grund, weshalb sich die Schwingerfreunde im Sanatorium Kilchberg nicht ganz heimisch fühlen. Lithografie nach einer Zeichnung von Carl Rüttimann

Der
fründliche Gastgeber
Dr. Emil Huber

Gott grüess di, Schwinger, uf miin Bode!
Hüt gilts! Hüt muesch di wacker rode.
Dänn träischt zum Schätzeli, wo git warm,
Hüt z'Abig s'Chälbli underem Arm.

Au Sou und Schaf sind nüd z'verachte,
Wenn mers au nöd grad gad go schlachte,
Doch gheischt halt um, – dänn dasch verzelle,
Die magere Chaibe hebsch nöd welle.

2

Festschrift zum ersten
Kilchberger Schwinget
1927, Lithografie
nach einer Zeichnung
von Carl Rüttimann

Im Alter lädt Hans Huber einmal monatlich das Jodler-Sextett des Zürcher Turnvereins *Alte Sektion* zu sich nach Hause ein. Durch seine Gründer ist es eng mit dem Schwingklub Zürich und dem Kilchberger Schwinget verbunden. Bei der Beerdigung Hans Hubers, der am 26. April 1963 stirbt, erweisen ihm seine Jodel-Freunde die letzte Ehre. Als sie mit ihrem Abschiedsgruss an der Reihe sind, erhebt sich der Präsident des Sextetts und verkündet: «Im Sinne von unserem lieben Hans wollen wir jetzt ein fröhliches Lied singen.»

Im selben Jahr wird er zum Ehrenmitglied des *Eidgenössischen Schwingerverbands* ernannt.

Hans Huber, der 1938 als Präsident der Stiftung seinem Bruder folgt, hat es neben dem Schwingen auch das Jodeln angetan. In geselliger Runde gibt er gelegentlich Kostproben seiner Kunst und feiert ausgiebig Feste mit seinen Jodler-Freunden – zum Leidwesen seiner Frau Katja, einer russischen Ärztin, mit der er seit 1916 in zweiter Ehe verheiratet ist. Die ungewöhnliche Vereinigung von Intellektualität und Volkstümlichkeit zeichnet ihn bereits in jungen Jahren aus und eröffnet ihm auch den Zugang zu jenen Kreisen von Literaten und Intellektuellen, die während des Ersten Weltkriegs in Zürich nach neuen künstlerischen Ausdrucksformen suchen. Mit den Expressionisten Albert Ehrenstein und Ferdinand Hardekopf und den Dadaisten um Hugo Ball und Hans Arp verkehrt er bald auf vertrautem Fuss – gleichermassen als (Menschen-)Freund und Arzt.[19] Die Symbiose von «Dada, Du und Schwinget» charakterisiert eine Persönlichkeit, deren kulturelles Engagement letztlich einer sehr individuellen Handlungslogik folgt.

Anmerkungen

1   V. Conzett (1929): Erstrebtes und Erlebtes, S. 376.

2   V. Conzett (1929): Erstrebtes und Erlebtes, S. 428.

3   P. Meier (2010): Ein Massenblatt gegen die Beliebigkeit, S. 78.

4   P. Meier (2010): Ein Massenblatt gegen die Beliebigkeit, S. 76.

5   P. Meier (2010): Ein Massenblatt gegen die Beliebigkeit, S. 82.

6   Siehe Kapitel «Leitmotiv Schweizer Sanatorium» in diesem Band.

7   P. Meier (2010): Ein Massenblatt gegen die Beliebigkeit, S. 79.

8   Der Erfolg hat viele Väter: Sowohl Emil Schulthess als auch Hans Huber reklamieren die Kreation des Titels «du» für sich (Interview mit Dr. Beat Meyer am 17.07.2015).

9   E. Schulthess (1991): Erinnerungen an Arnold Kübler, S. 16.

10 E. Schulthess (1991): Erinnerungen an Arnold Kübler, S. 16.

11 A. Kübler (1941): Editorial, Du, Heft 1, S. 1.

12 Brief an Carl Ehrenstein. Zitiert nach: A. Ehrenstein (1989), Briefe, Werke, Bd. 1, S. 346.

13 Brief an Carl Ehrenstein vom 06.03.1939. Zitiert nach: A. Ehrenstein (1989), Briefe, Werke, Bd. 1, S. 319.

14 H. Huber & E. Meyer (1950): Briefwechsel in Sonetten, S. 4.

15 H. Huber & E. Meyer (1950): Briefwechsel in Sonetten, S. 4.

16 H. Huber & E. Meyer (1950): Briefwechsel in Sonetten, S. 4.

17 H. Huber & E. Meyer (1950): Briefwechsel in Sonetten, S. 4.

18 Absatz II der Stiftungsurkunde des Kilchberger Schwinget, zit. nach A. Bisig (2008): Die Entstehung des Kilchberger Schwinget, S. 13.

19 Vgl. H. Richter (1961): Dada-Profile, S. 66–68.

M. LENNACKERS

«Zwischen Manns und Meyers»

Kilchberg, Alte Landstrasse 70

Kilchbergs Alte Landstrasse ist ein Topos in der Geschichte der deutschsprachigen Literatur – nicht zuletzt wegen der Dichter und Literaten, die das Sanatorium in den vergangenen 100 Jahren beherbergt hat.

Nach eigenem Bekunden ist es seine «definitiv letzte Adresse»: Am 15. April 1954 bezieht Thomas Mann mit seiner Familie das Haus an der Alten Landstrasse 39 in Kilchberg, das er zwei Monate zuvor für 225'000 Schweizer Franken gekauft hat.

Unter den Gästen, die Katia und Thomas Mann in den kommenden Wochen in ihrem neuen Domizil empfangen, ist auch der stellvertretende Ärztliche Leiter des Sanatoriums Kilchberg, Aron Ronald Bodenheimer. Am 14. Mai notiert Thomas Mann in seinem Tagebuch: «Zum Thee Oberarzt Dr. Bodenheim[er] (Psychiater) und Frau, Nachbarn. Seine Liebe zu den Kretins und Verrückten; die bekannte Affinität. Entdecker eines Krebsmittels zu sein, würde ihn nicht mehr beglücken.»[1]

Es ist nicht die erste Berührung Thomas Manns mit dem Sanatorium Kilchberg. Im Dezember 1952, ein halbes Jahr nach der Rückkehr aus dem amerikanischen Exil in die Schweiz – zunächst wohnt Familie Mann zur Miete in Erlenbach, am anderen Ufer des Zürichsees –, ist «Erika in Anspruch genommen von der psychiatrischen Versorgung der irren Kerstin Strindberg[2], die in eine Kilchberger Anstalt gelockt werden musste, da ihr sonst die Verbringung in ein schwedisches Irrenhaus drohte»[3].

Ein Jahr Lebenszeit ist Thomas Mann in Kilchberg vergönnt. In seinem Arbeitszimmer mit Blick über den Zürichsee verfasst er seinen letzten grossen Essay, den *Versuch über Schiller*, nimmt zudem an *Bekenntnisse des Hochstaplers Felix Krull*, in jungen Jahren begonnen, abschliessende Korrekturen vor. Äusserer Höhepunkt ist der 80. Geburtstag des Nobelpreisträgers am 6. Juni 1955. Die Feierlichkeiten finden im Haus des anderen berühmten Dichters statt, dessen Namen mit Kilchberg eng verbunden ist: Conrad

Ferdinand Meyer. Am 17. Januar 1877 erwirbt er an der Alten Landstrasse ein Bauerngut, das heute die Hausnummer 170 trägt.

Meyer ist bereits 46 Jahre alt, als er 1872 mit der Veröffentlichung des Gedichtzyklus *Huttens letzte Tage* seinen ersten literarischen Erfolg erzielt. Die Novellen *Jürg Jenatsch* (1876) und *Der Schuss von der Kanzel* (1877) bringen ihm weitere Anerkennung, Meyer avanciert neben Gottfried Keller zum wichtigsten Schweizer Dichter des ausgehenden 19. Jahrhunderts. Doch sucht er, seit dem Tod seines Vaters in früher Jugend von Schwermut bedroht, Abgeschiedenheit – und hofft, sie in Kilchberg zu finden.

«Als ob Himmel und Seegrund sich durchdrängen»

Trotz erster wirtschaftlicher Blüte und obwohl dort zunächst eine Porzellanfabrik und später eine Schokoladenfabrik angesiedelt sind, hat die Gemeinde Kilchberg noch viel

Alte Landstrasse 39: 40 Jahre im Besitz der Familie Mann

von ihrem ursprünglich bäuerlichen Charakter bewahrt. Weinberge, die anmutige Seelandschaft und der berauschende Fernblick auf die Alpen ziehen mehr und mehr Ausflügler an – und machen die Alte Landstrasse, wie der Chronist Gottlieb Binder zu berichten weiss, «zu einer Wallfahrtsstrasse der Spaziergänger aus der Stadt»[4]. In *Das Alte Kilchberg* aus dem Jahr 1911 schreibt er weiter: «Die Städter wissen die prächtige Strasse, die zu den schönsten der Schweiz gehört, wohl zu schätzen. Diejenigen unter ihnen, die Verständnis haben für die Schönheiten der Landschaft, wandern auf der alten Strasse bis Kilchberg oder Nidelbad, gehen dann ins Sihltal hinüber und auf die Felsenegg oder die Baldern und geniessen die überraschenden Kontraste, die nicht bald ein zweites Stück Erde auf so engem Raum bieten dürfte [...]. Auch berühmte Männer haben die Schönheiten unserer alten Landstrasse gekannt und gewürdigt. Böcklin, Koller und Keller sind wiederholt da heraus gewandert und haben Einkehr gehalten im oberen Mönchhof [...]. Auch der gefeierte Gottfried Kinkel – wenn er C. F. Meyer besuchte – und der grosse Tondichter der Troubadours und der Nibelungen: Richard Wagner, liebten diese Strasse.»[5]

Seine Spurensuche nach kulturellen Zeugnissen führt Binder auch zum alten Kilchberger «Schulhäuschen»[6]. In ihm unterrichtete um das Jahr 1830 Johann Rudolf Weber, «eine ziemlich grosse Figur mit rötlichem

Kilchberger Werkstätten:
Conrad Ferdinand Meyer und
Thomas Mann am Schreib-
tisch

Gesicht und langen Rockschössen», der «eine ungewöhnliche Vorliebe für einen rötli-
chen, flockigen Schnupftabak»[7] besass – und der für sich in Anspruch nahm, Verfasser
eines bekannten und noch heute beliebten Volkslieds zu sein: *Im schönsten Wiesengrunde*[8]. Binder glaubt ihm und webt damit – ungewollt oder gewollt – am Mythos der
Alten Landstrasse. Tatsächlich stammt das (im Original 13-strophige) Gedicht, dessen
ursprünglicher Titel *Im stillen Tal* lautet, aus der Feder Wilhelm Ganzhorns, eines würt-
tembergischen Juristen und Gelegenheitsdichters.

Doch im «melancholisch-wehmütigen Unterton»[9], den Binder in dem Gedicht ausmacht, zeigt sich eine für Kilchberg durchaus charakteristische Klangfarbe. Besonders
ausgeprägt ist sie in den poetischen Landschafts- und Stimmungsbildern Guido Loosers.

1892 in Kappel (St. Gallen) geboren, siedelt Looser mit seiner Familie nach Kilch-
berg und lebt dort, von Depressionen heimgesucht, bis zu seinem Freitod im Jahr 1937. Im
Hauptberuf Lehrer an einer Zürcher Kantonsschule, leitet Looser von 1924 bis 1936 den
Kilchberger Leseverein. Er verfasst (autobiografische) Romane, veröffentlicht Gedichte,
Essays und Prosaskizzen. 1927 erscheint in einer Beilage zum *Aargauer Tagblatt* sein viel-
leicht gelungenstes Prosastück, der *Brief aus dem Zürichsee*:

«Ich gleite tiefer in den See, denn die Hügelhänge werden höher. Als stiege das
Wasser zum Bootsrand herauf, so fühle ich mich ganz drinnen in ihm, umwogt, umspie-
gelt, umkühlt, umblendet. Über den Körper geht ein herrlicher Schauer, durch den Sinn
ein Jubeln: dies ist ein Herbsttag, wie ich keinen sah. Vergrünend die Wiesenhänge, ver-
blühend die Ufergärten und die Seefläche schimmernd blau über sanftgrüner Tiefe, als
ob Himmel und Seegrund sich durchdrängen in seligem Wiegen, in stiller Versöhnung.
Stille ist weithin. [...] Auf die Augenlider fällt es wie Schlaf und Traum. Des Tages hohe
Zeit schweigt in der Runde und das Herz ist in Seligkeit müde.»[10]

Einen Seelenverwandten erkennt Looser in Conrad Ferdinand Meyer, bedroht wie er selbst von Abgründen und Dunkelheit – mögen auch literarischer Erfolg und gesellschaftliche Anerkennung für einige Zeit die Schwermut überdecken: Als Meyer sein Bauerngut an der Alten Landstrasse erwirbt, ist er seit zwei Jahren mit Louise Ziegler verheiratet, der vermögenden Tochter des Zürcher Stadtpräsidenten Paul Carl Eduard Ziegler. Das gewachsene Ansehen und das neue Heim scheinen den Schriftsteller zu beflügeln: Beinahe im Jahresrhythmus vollendet er weitere historische Novellen, veröffentlicht zudem Gedichtbände, die seinen Ruf als einer der glänzendsten Lyriker seiner Zeit festigen. Am Gemeindeleben nimmt er kaum teil und kauft sogar angrenzende Grundstücke samt Häusern auf, um sich Stille und Ruhe zu erhalten. Die Kilchberger achten den Dichter und grüssen ihn bei seinen nachmittäglichen Spaziergängen.

«Requiem» und «Abdankung»

Dennoch legt sich ein Schatten auf sein Leben: Louise Ziegler ist eifersüchtig auf die Schwester ihres Gatten, Betsy Meyer, mit der Meyer viele Jahre zusammengelebt hat. An seinem Durchbruch als Dichter hat Betsy allergrössten Anteil als Sekretärin, Ratgeberin und literarische Vertraute. Die Eifersüchteleien zwischen Louise und ihr wachsen sich zu einem Streit aus, es kommt zu einem Zerwürfnis. Später distanziert sich auch der Dichter selbst von seiner Schwester. Ab 1888 verfällt Meyer, körperlich schwer erkrankt, zunehmend wieder einer melancholischen Stimmung, leidet unter Depressionen und verbringt seine letzten Lebensjahre – er stirbt 1898 – in einem unproduktiven Dämmerzustand.

1882, sechs Jahre vor Beginn der Krise und auf dem Höhepunkt von Meyers Schaffenskraft, erscheint neben zwei Novellen die Sammlung *Gedichte*. Darin findet sich auch *Requiem*, gewidmet seiner Wahlheimat Kilchberg:

Alte Landstrasse 170: 21 Jahre das Heim von C. F. Meyer; später wohnte darin der Schriftsteller und Grafologe Ludwig Klages.

> Bei der Abendsonne Wandern,
> Wann ein Dorf den Strahl verlor,
> Klagt sein Dunkeln es den andern
> Mit vertrauten Tönen vor.
>
> Noch ein Glöcklein hat geschwiegen
> Auf der Höhe bis zuletzt.
> Nun beginnt es sich zu wiegen,
> Horch, mein Kilchberg läutet jetzt.[11]

Ein vollständig anderer Ton hält ein Vierteljahrhundert nach dem Verstummen Conrad Ferdinand Meyers im beschaulichen Kilchberg Einzug, oder genauer: im Sanatorium

Kilchberg, Alte Landstrasse Nr. 70. Mit Hans Arp, Walter Serner, Albert Ehrenstein und den anderen Vertretern von Dadaismus und Expressionismus, die sich als Patienten oder als Gäste in der Klinik aufhalten, meldet sich die literarische Moderne zu Wort – und versucht sich in der Klinik in gleicher Weise von den eigenen Extravaganzen und Eskapaden zu erholen wie von den epochalen Zumutungen. In seinem Zyklus *Die rote Zeit*, den er im Sanatorium fertigstellt, dichtet Ehrenstein unter dem Titel *Abdankung*:

Was geschieht,	Nicht die Wege bereitet.
Stürmt immer einher,	Anfielen mich Einsamen
Es fliesst in den leichten	Die Dorne der Erde.
Flammen des Wassers	Kein Streicheln war,
Der kühlstrahlende Mond,	– Verdorrte mein Haar!
Und es dröhnt die Sonne	Nichts mehr ersehne ich.
In des Feuers Erscheinung.	Nur gönnt mir den freundlichen Atem
Eh mich die Erde gebar,	Kurze Zeit.
Habe ich Böses getan.	Ich bin zufrieden, wenn ich bin.[12]
So hat mir des Gottes Macht	

So weit entfernt Meyers hingetupftes Idyll von Ehrensteins wuchtvollem Gedicht zu sein scheint, so finden sich doch (bereits in den Titeln «Requiem» und «Abdankung») Anklänge, die auf eine tiefere Verbindung des schwermütigen Dichters aus dem späten 19. mit dem geschundenen Literaten aus dem 20. Jahrhundert verweisen; eine Verbindung, die sich auch in der Wertschätzung spiegelt, die beide für Kilchberg und ihr Refugium an der Alten Landstrasse empfinden.

Nachlass und Erben

Thomas Manns «letzte Adresse» bleibt auch nach seinem Tod am 12. August 1955 das Domizil der Familie Mann. Zunächst sind es seine Frau Katia und vor allem seine Tochter Erika, die dort den Nachlass des «Zauberers» verwalten. Nach Erikas Tod 1969 übernimmt mehr und mehr ihr Bruder Golo die Rolle des Nachlassverwalters. Bereits 1964 zieht er in das Haus seiner Eltern ein – just zu einer Zeit, da ein Freund der Familie seine letzten Lebensmonate im Sanatorium Kilchberg verbringt: Ferdinand Lion (1882–1965).

Als gebürtiger Elsässer ist Lion ein Grenzgänger der deutschen und französischen Literatur. 1933 emigriert er in die Schweiz und ist in den Jahren 1937 und 1938 als Redakteur für die Exil-Zeitschrift *Mass und Wert* tätig, die Thomas Mann und Konrad Falke herausgeben. Unmittelbar nach Kriegsende verfasst Lion die erste Biografie zu Thomas Mann, die 1947 im *Oprecht Verlag* erscheint. Lion stirbt, verarmt[13] und vom Alter gezeichnet, am 21. Januar 1965 in Kilchberg. Golo Mann charakterisiert in einem Nachruf Ferdi-

Die Exilzeitschrift «Mass und Wert» mit einem
Beitrag von Ferdinand Lion

Golo Mann vor seinem Haus an der Alten Landstrasse 39.
Auf dem Klingelschild noch immer der Name seines längst
verstorbenen Vaters Thomas

nand Lion – und dessen Beziehung zu Thomas Mann: «Er war ein treuer Freund, aber kein
ganz treuer Verehrer; sein Werturteil war impressionistisch wie seine Analyse. Einmal
war ihm Alfred Döblin der grösste deutsche Schriftsteller der Zeit; dann wieder mein
Vater. Diesem bewahrte er die wärmste Anhänglichkeit, konnte ihm aber auch erklären,
er hätte das und das neue Buch von ihm ‹sans plaisir› gelesen. Einmal schrieb er ihm, das
Œuvre kenne er jetzt, da werde nicht mehr viel Neues kommen; was er jetzt noch zu
erleben wünsche, sei meines Vaters Tod. Wie der Meister denn nun sterben werde, das
wolle er wissen.»[14]

Golo Mann bleibt bis an sein Lebensende im Haus an der Alten Landstrasse 39.
Viele Jahre lebt er dort gemeinsam mit seiner Mutter, die 1980 im Alter von 97 Jahren
stirbt. Der weit überwiegende Teil des Nachlasses geht in dieser Zeit an das Zürcher Tho-
mas-Mann-Archiv. Eins aber bleibt an seinem Platz: ein kleines Bronzeschild über dem
Klingelknopf mit dem Namen «Thomas Mann».[15]

Anmerkungen

1   Th. Mann (1995): Tagebücher 1953–1955, S. 223.

2   Kerstin Strindberg ist die Tochter des schwedischen Dichters August Strindberg. In ihren letzten Lebensjahren leidet sie an einer schweren psychischen Erkrankung und verbringt mehrere Monate im Sanatorium Kilchberg. Die spannungsvolle Beziehung zwischen ihr und Erika Mann, über die der Briefwechsel zwischen beiden Aufschluss gibt, ist für Thomas Mann mehrfach Anlass zur Sorge.

3   Th. Mann (1995): Tagebücher 1951–1952, S. 306.

4   G. Binder (1911): Das Alte Kilchberg, S. 33.

5   G. Binder (1911): Das Alte Kilchberg, S. 33f.

6   G. Binder (1911): Das Alte Kilchberg, S. 40f.

7   G. Binder (1911): Das Alte Kilchberg, S. 41.

8   «Im schönsten Wiesengrunde / Ist meiner Heimat Haus; / Da zog ich manche Stunde / Ins Tal hinaus. / Dich, mein stilles Tal, / Grüss dich tausendmal! / Da zog ich manche Stunde / Ins Tal hinaus. // Muss aus dem Tal jetzt scheiden, / wo alles Luft und Klang; / Das ist mein herbstes Leiden, / mein letzter Gang. / Dich mein stilles Tal / Grüss dich tausendmal! / Das ist mein herbstes Leiden, / mein letzter Gang. // Sterb ich, in Tales Grunde / Will ich begraben sein; / Singt mir zur letzten Stunde / Beim Abenschein. / Dir, o stilles Tal, / Gruss zum letztenmal! / Singt mir zur letzten Stunde / Beim Abenschein.» – Die Melodie, auf die *Im schönsten Wiesengrunde* gesungen wird, ist eine ursprünglich englische Weise aus dem 16. Jahrhundert.

9   G. Binder (1911): Das Alte Kilchberg, S. 44.

10   G. Looser: Brief aus dem Zürichsee. Zitiert nach: M. Kraft (1972), S. 14.

11   C.F. Meyer (1953): Ausgewählte Werke, S. 71.

12   A. Ehrenstein (1918): Die rote Zeit, S. 68.

13   Grosse Unterstützung erfährt Ferdinand Lion durch seine Verlegerin Emmi Oprecht, die ihn immer wieder finanziell unterstützt und ihm auch die Unterbringung im Sanatorium Kilchberg ermöglicht.

14   G. Mann (1969): Gedenkblatt für Ferdinand Lion.

15   Erst spät, wenige Jahre vor seinem Tod, lässt Golo Mann ein Plättchen mit seinem eigenen Namen über demjenigen seines Vaters anbringen.

M. LENNACKERS, T. BALLWEG

«Bring mich bitte hierher»

Das Sanatorium Kilchberg in John Irvings Until I Find You

Es ist die wohl ungewöhnlichste Fallbesprechung in der Geschichte des Sanatoriums Kilchberg: Am Abend des 26. August 2003 versammeln sich auf der Terrasse der Klinik, hoch über dem Zürichsee, fünf Ärzte: Waldemar Greil, der Ärztliche Leiter, sein Stellvertreter Andreas Horvath sowie Christine Poppe, Stephanie Krebs und Oliver Hartmann. In ihrer Mitte: John Irving, der amerikanische Bestsellerautor.

John Irving arbeitet am Finale eines neuen Romans, der 2005 unter dem Titel *Until I Find You* erscheinen wird. Die deutsche Übersetzung – *Bis ich dich finde* – kommt ein Jahr später auf den Markt. Autobiografisch motiviert, erzählt Irving darin die Geschichte des Schauspielers Jack Burns, der aufwächst, ohne seinen Vater, William Burns, kennenzulernen. Erst spät, nach dem Tod der Mutter, begibt sich Jack auf die Suche. Schliesslich findet er seinen Vater als Langzeitpatienten in einer psychiatrischen Klinik.

«Ich wusste ziemlich genau, was für einen Ort ich für diesen Schluss brauche», erklärt Irving 2006 in einem Interview. «Es sollte eine gute psychiatrische Klinik oder ein Sanatorium sein, und dafür ist die Schweiz ja bekannt. [...] Jemand aus meinem Zürcher Verlag war mit einem Psychiater in Kilchberg befreundet. Ich habe mich dann mit den Ärzten in Verbindung gesetzt. Den Patienten, den Vater der Hauptfigur, hatte ich im Kopf. Den habe ich ihnen dann beschrieben.»[1]

Angeregt diskutieren die Ärzte des Sanatoriums mit Irving an jenem Abend verschiedene Krankheitsbilder, die infrage kommen. William Burns ist ein schottischer Organist mit einer Obsession für Tätowierungen: Fast sein gesamter Körper ist mit Namen berühmter Komponisten und Noten bedeutender Kompositionen bedeckt. Doch woran genau ist er erkrankt? Ist er manisch-depressiv? Oder leidet der federleichte Mann an einer Unterfunktion der Schilddrüse, vielleicht sogar an einer Form von Muskelschwund, dem Curschmann-Steinert-Batten-Syndrom? Nein, das alles ist es nicht. Am Ende lautet die Diagnose für den fiktiven Patienten: Zwangsstörung. Ein falsches Wort oder der Blick

John Irving (2.v.r.) am 26. August 2003 mit den Ärzten des Sanatoriums: Stefanie Krebs (links vorne), Andreas Horvath (dahinter), Christine Poppe, Waldemar Greil und Oliver Hartmann

in einen Spiegel genügen, und William Burns entblösst sich vollständig – ganz gleich, ob in seinem Zimmer oder in der Öffentlichkeit.

Anderthalb Stunden dauert die Besprechung, die Stimmung auf der Terrasse ist gelöst. Irving hört aufmerksam zu, als die Ärzte vom Alltag im Sanatorium Kilchberg erzählen. Längst ist er überzeugt, den richtigen Ort für seinen Roman gefunden zu haben. «I take it», verkündet er zum Abschluss des Gesprächs – und verspricht den Ärzten: «Ihr werdet auch alle vorkommen.»[2]

Irving hält Wort. In den beiden Schlusskapiteln des mehr als tausend Seiten starken Wälzers finden sich die Ärzte des Sanatoriums wieder – in verwandelter, verzerrter, ironisch gebrochener Gestalt. Aus dem Bayern Andreas Horvath wird der Österreicher Klaus Horvath, «ein gut aussehende(r), kernig wirkende(r) Bursche»[3], der den Protagonisten Jack Burns an Arnold Schwarzenegger erinnert und unablässig von Wiener Schnitzeln in der Zürcher Kronenhalle träumt. Oliver Hartmann tritt als Manfred Berger in Erscheinung, ein «Faktenmensch», der sich auf Spekulationen nicht einlässt und seine ärztliche Kunst darauf beschränkt, «Sachverhalte auszuschliessen»[4]. Hinter der «Leiterin der Pharmakologie im Sanatorium»[5], Anna-Elisabeth Krauer-Poppe, die stets einen «langen, gestärkten, schneeweissen Laborkittel» trägt, «um ihre modischen Kleider zu schützen»[6], verbirgt sich Christine Poppe. Ihre Kollegin Stephanie Krebs hingegen taucht als majestätisch auftretende Oberärztin Ruth von Rohr auf – stets ein «Andererseits»[7] auf den Lippen, mit der sie eben gewonnene Erkenntnisse wieder kassiert, «als wäre sie Leiterin der Abteilung für Zweifel»[8]. Schliesslich ist da noch Professor Lionel Ritter, der Ärztliche Leiter der Klinik, das literarische Pendant zu Waldemar Greil: ein «stets ordentlich, aber lässig gekleideter», «fit aussehender», «drahtiger Mann mit kräftigem Händedruck»[9]. Weiter heisst es über ihn: Er «gab sich solche Mühe diplomatisch zu sein, dass man ihm seinen leichten Hang zur Langatmigkeit gern verzieh»[10]. Irving macht von seiner dichterischen Freiheit reichlich Gebrauch. Er überzeichnet Charakterzüge, erfindet Eigenschaften und Eigenheiten hinzu: Vom Porträt zur Karikatur, von der Karikatur zum freien Spiel der Phantasie.

«Wir haben das lässig hingenommen»[11], konstatiert Greil in einem Interview 2006 – und weiss sich in bester Gesellschaft: Erging es den ehrenwerten Bürgern der Stadt Lübeck nicht ähnlich, als Thomas Mann ihnen in seinen *Buddenbrooks* ein (aus ihrer Sicht: zweifelhaftes) Denkmal setzte?

So frei Irving in der Figurenzeichnung verfährt – obwohl oder weil er wirkliche Menschen als Modell vor Augen hatte –, so akkurat versucht er, das Sanatorium Kilchberg in Szene zu setzen – als einen Ort, in dem zwar der Vater nicht von seiner Krankheit geheilt werden kann, der aber eine Wiederbegegnung im Zeichen der Versöhnung möglich macht.

«Wir wussten nicht, dass Irving seinen Besuch bei uns so detailliert in seinen Roman packen würde»[12], berichtet Greil nach der Veröffentlichung des Romans. Tatsächlich rekonstruiert der Autor bei der Schilderung von Jack Burns erstem Besuch in Kilchberg seine eigene Annäherung an das Sanatorium – von der Ankunft in Zürich über die Taxifahrt dem Zürichsee entlang bis hin zur Besichtigung des Klinikgeländes. Wie sehr ihn das Haus und seine reizvolle landschaftliche Lage beeindruckt haben, gibt der Autor in einem Interview im April 2006 zu Protokoll: «Als ich zum ersten Mal in Kilchberg war, habe ich zu meiner Frau nur gesagt: falls ich irgendwann einmal ausklinken sollte und eingewiesen werden muss, bring mich bitte hierher.»[13]

Anmerkungen

1   A. Kreye (2006): Endstation Kilchberg – Interview mit John Irving, S. 16.
2   S. Werner (2006): Verrückte Story am Zürichsee, S. 20.
3   J. Irving (2006): Bis ich dich finde, S. 1044.
4   J. Irving (2006): Bis ich dich finde, S. 1045.
5   J. Irving (2006): Bis ich dich finde, S. 1050.
6   J. Irving (2006): Bis ich dich finde, S. 1050.
7   J. Irving (2006): Bis ich dich finde, S. 1050.
8   J. Irving (2006): Bis ich dich finde, S. 1047f.
9   J. Irving (2006): Bis ich dich finde, S. 1044ff.
10 J. Irving (2006): Bis ich dich finde, S. 1044.
11 S. Werner (2006): Verrückte Story am Zürichsee, S. 20.
12 Zit. n. R. Hürzeler (2006): Blitzbesuch mit anhaltender Wirkung, S. 85.
13 A. Kreye (2006): Endstation Kilchberg – Interview mit John Irving, S. 16.

RÜCKSCHAU UND AUSBLICK

T. BALLWEG

Vertrauen als Basis der Unternehmenskultur

70 Jahre Familie Schneider

Ein Interview mit Walter Bosshard, Dietrich Schneider-Helmert und Andri Hess

Das Sanatorium Kilchberg ist seit 1947 im Besitz der Familie Schneider. Was hat Walter Schneider damals zum Kauf des Sanatoriums Kilchberg bewogen?

Dietrich Schneider-Helmert: Als Sohn eines Bäckermeisters wollte mein Vater eigentlich ebenfalls Bäcker werden, aber er bekam eine Mehlstauballergie und wechselte darum in den kaufmännischen Beruf. 1935 wurde er Verwaltungsdirektor der Klinik Schlössli. Der «Anstaltsvater», so kann man ihn wohl nennen, war damals Albert Hinderer. Irgendwann gab es Differenzen zwischen ihm und meinem Vater. Worum es ging, weiss ich nicht. Als dann nach dem Krieg das Sanatorium Kilchberg zum Verkauf angeboten wurde, hat mein Vater die Gelegenheit ergriffen, selbst eine psychiatrische Klinik gestalten zu können. Aber er hat nur die Klinik gekauft, nicht das dazugehörende Stockengut ...

Walter Bosshard: ... was vielleicht ein Glücksfall war. Eine Landwirtschaft gehörte ja damals zu den meisten sozialen Einrichtungen. Die Abtrennung der grossen Nutzfläche vom Klinikareal hat vermutlich mit dazu beigetragen, dass in der Folgezeit nie der Versuch gemacht wurde, die Klinik zu verstaatlichen.

Herr Schneider, Sie haben Ihre gesamte Kindheit «in der Psychiatrie» verbracht. Wie haben sie dieses Umfeld erlebt?

DS: Bevor wir hierher zogen – da war ich etwa neuneinhalb –, haben wir auf dem offenen Areal der Klinik Schlössli gelebt. Für mich und meine Geschwister war Psychiatrie und auch der Kontakt mit Patienten nie etwas Besonderes.

Und für Ihre Schulkameraden, wenn sie zu Besuch bei Ihnen waren?

DS: Es gab natürlich einige, die es toll fanden, hierher zu kommen, vor allem wegen des grossen Swimmingpools im Park, eine Einrichtung, die damals in der Schweiz noch recht unbekannt war. Und dann das grosszügige Gelände ...

V.l. Walter Bosshard,
Dietrich Schneider-Helmert,
Andri Hess

LIC. IUR. WALTER BOSSHARD

Über lange Jahre war Walter Bosshard in Wirtschaftsverbänden und anschliessend als Pressesprecher einer Schweizer Grossbank tätig. Neben dem Beruf stand die Politik im Zentrum seiner Aktivitäten. Von 1984 bis 2010 war er Gemeindepräsident von Horgen und gehörte während zweier Legislaturperioden dem *Nationalrat* an. Walter Bosshard war Stiftungsratspräsident des *Seespitals Horgen/Kilchberg* und ist seit 20 Jahren Verwaltungsratspräsident des *Sanatoriums Kilchberg*.

PD DR. MED. DIETRICH SCHNEIDER-HELMERT

Nach seiner Ausbildung zum Facharzt für Psychiatrie und Psychotherapie arbeitete Dietrich Schneider ab 1971 in der *Psychiatrischen Klinik Königsfelden*. Dort baute er gemeinsam mit Professor Fritz Gnirss eine Abteilung mit Schwerpunkt Schlafforschung auf, zu der auch das erste Schlaflabor in der Deutschschweiz gehörte. Im Anschluss an einen einjährigen Forschungsaufenthalt in den USA habilitierte sich Dietrich Schneider 1984 und übernahm im folgenden Jahr eine Gastprofessur an der *Universität Amsterdam*. Später verlagerte er seinen Interessenschwerpunkt auf die Diagnostik und Therapie von Insomnien. Von 1986 bis 1993 war er im *Medizinischen Centrum Mariastein* tätig, danach mit eigener Praxis und Schlaflabor in der *Schmerzklinik Basel* bis zum Ende seiner Berufsausübung. Seine wissenschaftliche Arbeit umfasst 140 Fachpublikationen und zahlreiche Vorträge.

DR. IUR. ANDRI HESS, LL.M.

Nach Abschluss seines Studiums an der *Universität Zürich* erwarb Andri Hess 1998 das Rechtsanwaltspatent und arbeitete ab 1999 als Mitarbeiter in der *Wirtschaftsanwaltskanzlei Homburger* in Zürich. Er spezialisierte sich im Bereich des Patent- und Immaterialgüterrechts. Im Jahr 2000 doktorierte er an der *Universität Zürich* und schloss 2003 an der *Universität von Virgina* den Lehrgang «Master of Law» ab. Seit 2009 ist Andri Hess Partner bei der Anwaltskanzlei Homburger.

WB: ... auch baulich war es ja etwas Besonderes. Es gab ringsum noch kein Wohnquartier. Das prominente A-Haus, das sah man doch von Weitem, das stach hervor.

Herr Hess, Sie sind seit 1989 Mitglied der Familie Schneider. Wie erleben Sie das Sanatorium?
Andri Hess: Ich erlebe es als etwas Verbindendes. In der Vergangenheit hat sich die Familie hier getroffen. Heute ist das Sanatorium eine Art emotionaler Mittelpunkt, etwas, das alle Familienmitglieder zusammenhält und gleichermassen angeht.

Früher war vermutlich eine Person das verbindende Element: Walter Schneider ...
DS: Also, dazu muss ich etwas Wichtiges ergänzen: Es gab nicht nur meinen Vater, auch meine Mutter hatte einen grossen Einfluss.
WB: Ich habe Ihre Mutter in späterer Zeit erlebt. Und ich muss sagen, sie war so etwas wie die «Seele vom Sanatorium». Diesen Ausdruck würde ich verwenden.
DS: Ja, das stimmt. Mein Vater konnte unter Umständen auch sehr hart sein. Sie war dann die Vermittelnde. Sie hat die ganze Hauswirtschaft geführt und war auch im Hintergrund für die Personalbetreuung zuständig. Mit dem Küchenchef hat sie regelmässig das Menü für die Patienten besprochen, das wir selbst dann auch bekommen haben – einerseits, damit sie nicht auch noch kochen musste, andererseits, weil sie so die Qualität des Essens am besten überprüfen konnte. Da erinnere ich mich noch gut an Situationen, wo sie beim Essen plötzlich zum Hörer griff und mit der Küche telefonierte. Zu Weihnachten haben alle Patienten ein Geschenk erhalten. Während der Adventszeit ist meine Mutter immer wieder in die Stadt gefahren. Sie wusste genau, dieser Patient braucht eine neue Hose, jener ein neues Hemd. Es waren vor allem

Helly und Walter Schneider-Burger bei einer Weihnachtsfeier im Sanatorium in den 1960er-Jahren

praktische Sachen für die weniger Begüterten. Dann ging sie zum «Jelmoli» oder auch zum «Ober» und hat eingekauft. Die Einkäufe verstaute sie in einem grossen Zimmer, wo sie dann unaufhörlich Geschenke einpackte. An der Weihnachtsfeier wurden sie jedem Einzelnen mit Namensaufruf übergeben. Meine Mutter kannte die meisten Patienten persönlich, denn sie waren damals oft über lange Zeit in der Klinik.

Gibt es so etwas wie ein Vermächtnis Ihrer Eltern für das Sanatorium?
DS: Sie hatten beide eine karitative Einstellung. Das Wohl der Patienten war ihnen sehr wichtig. Ich erinnere mich noch gut an Diskussionen beim Mittagstisch, die wir als Kinder über uns ergehen lassen mussten und wo es darum ging: «Sollen wir jetzt die Pensionspreise erhöhen oder nicht?» Beide waren dabei sehr zögerlich, auch wenn ein Aufschlag wirtschaftlich geboten war.
WB: Es war auch eine Zeit, in der Krankenversicherungen noch nicht obligatorisch waren.
DS: Ja, deshalb hätte bei Zahlungsunfähigkeit die Familie des Patienten oder die Gemeinde einstehen müssen.

Ist eine «karitative Einstellung» heute noch zeitgemäss?

AH: Der Familie ist sie nach wie vor wichtig. Aber diese Einstellung braucht eine Ergänzung, ein Korrektiv, das im wirtschaftlichen Denken besteht. Hierin sehe ich etwas meine Aufgabe, ohne dabei nach Gewinnmaximierung zu streben. Der grösste Teil des Ertrags muss immer reinvestiert werden – etwa für therapeutische Innovationen oder zur Verbesserung der Infrastruktur. Letztlich geht es beim wirtschaftlichen Denken um die Sicherung der Wettbewerbsfähigkeit und damit um die Zukunft des Sanatoriums.

Herr Schneider, angesichts Ihrer familiären Herkunft scheint es kein Zufall, dass Sie selbst Psychiater geworden sind. Ging es bei dieser Entscheidung auch um «die Zukunft des Sanatoriums»?

DS: Mein Vater hatte die Vorstellung, dass alle vier Kinder in das Sanatorium eintreten, jeder in einem bestimmten Bereich. Bei meiner Entscheidung für das Medizinstudium hat das eine gewisse Rolle gespielt. Mein Bruder Jürg sollte die Verwaltungsleitung übernehmen. Meine Schwester Regina ist Ergotherapeutin geworden, und Helene, meine zweite Schwester, hat eine Ausbildung zur Hauswirtschafterin gemacht.

Damit wären eigentlich fast alle wichtigen Bereiche des Hauses besetzt gewesen.

WB: Es ist die klassische Idee eines Familienunternehmens. Die Gründer als zentrale Figuren teilen die Rollen in der nächsten Generation auf.

DS: Regina hat einige Jahre im Sanatorium als Ergotherapeutin gearbeitet. Sie hat dann einen amerikanischen Assistenzarzt geheiratet, mit dem sie nach New York zog. Für meinen Vater war das damals eine Enttäuschung. Jürg hat tatsächlich die Verwaltungsdirektion von meinem Vater übernommen. Leider ist er früh verstorben.

Hatten Sie selbst mal die Absicht, Ärztlicher Leiter des Sanatoriums zu werden?

DS: Mein Vater hat mich in der Tat dazu gedrängt. Nach meinem Studium absolvierte ich zunächst für zwei Jahre eine internistische Ausbildung in Deutschland, dann in Basel die Psychiatrieausbildung. Dort sah ich auch, was es bedeutet, Chefarzt zu sein und einen solchen Betrieb zu leiten. Irgendwie spürte ich: Das liegt mir nicht. In dieser Zeit befreundete ich mich mit einem Oberarzt, Fritz Gnirss, der sich mit psychosomatischer Forschung befasste. Das interessierte mich.

Ziemlich ungewöhnlich zum damaligen Zeitpunkt …

DS: Ja, sehr progressiv. Wir taten uns dann zusammen. Dazu kam als Dritter im Bunde Dieter Bürgin, der später Professor für Kinderpsychiatrie wurde. Aus verschiedenen Gründen stiessen wir auf die Schlafforschung. Das war damals ein Novum in Europa. Und es hat mich dann so fasziniert, dass der Gedanke, Leiter einer psychiatrischen Klinik zu werden, immer mehr verblasste. 1970 gab es ein Telefonat mit meinem Vater, in dem er ganz klar sagte: «Komm jetzt endlich, ich bin 65, ich will mich zurückziehen.» Aber das war eigentlich schon der Schlusspunkt, dieses Telefongespräch. Er konnte meine Entscheidung nicht nachvollziehen.

Es war ja auch ein schwieriger Zeitpunkt für Ihren Vater. 1969 trat Urs Martin Strub nach 22 Jahren als Ärztlicher Leiter zurück …

WB: … worauf eine Phase des ständigen Wechsels folgte, bis Anfang der 1990er-Jahre Waldemar Greil Ärztlicher Leiter wurde. In dieser turbulenten Phase hatte auch Ihr Bruder Jürg für einige Zeit die Verwaltungsdirektion inne.

DS: Jürg hat die Sache nicht gerade mit Begeisterung angepackt. Er hatte sich die Rolle ja auch nicht ausgesucht.

Die Familie hat sich dann später aus dem operativen Geschäft zurückgezogen.

DS: Mein Vater hat 1985 die Konstruktion einer Familien-AG für den Betrieb und einer Kollektivgesellschaft für die Immobilien gewählt mit meinen Eltern und allen vier Kindern als Teilhabern, damit das Sanatorium als Familienunternehmen weiterläuft.

WB: Ich glaube, die Botschaft damals war: «Wir ziehen uns aus der operativen Leitung zurück, aber wir stehen zum Sanatorium.» Das ist auch ein starkes Vermächtnis Ihrer Eltern.

DS: Ja, absolut.

Die Familie will sicher auch heute wissen, ob sich das Sanatorium in guten Händen befindet und was in der Klinik geschieht. Wer ist für Sie heute die zentrale Kontaktperson?

DS: Das ist schon in erster Linie der Verwaltungsratspräsident. [Zu Walter Bosshard:] Auch zu Ihrem Vorgänger hatte ich persönlich ein gutes Verhältnis, obwohl wir uns ausserhalb der Sitzungen nicht viel ausgetauscht haben. Und dann gibt es natürlich Dr. Peter Altorfer, der schon sehr lange im Verwaltungsrat ist und bereits mit den Eltern befreundet war.

Ist es für Sie wichtig, ein vertrauensvolles Verhältnis zum Verwaltungsrat und insbesondere zu seinem Präsidenten zu haben?

DS: Ja, sicher.

Herr Bosshard, wie wichtig ist Ihnen der Aspekt des Vertrauens seitens der Eigentümerfamilie?

WB: Das Bekenntnis der Familie Schneider zum Sanatorium ist keine Selbstverständlichkeit. Es gibt wenig Einflussnahme. Umso wichtiger ist das Vertrauen. Die Familie trägt als Eigentümerin ein wirtschaftliches Risiko. Sie interessiert sich aber auch dafür, was wir anbieten und wie wir uns weiterentwickeln. Da wird sehr viel mehr besprochen als nur die Wirtschaftlichkeit. Das habe ich immer als sehr förderlich empfunden.

Welche Rolle spielt dabei das persönliche Vertrauen?

WB: Das ist sehr, sehr wichtig. Hinter der Sanatorium Kilchberg AG steht ja keine anonyme Gesellschaft. Es gibt zwar Aktionäre, aber mit einer persönlichen Bindung. Wenn man weiss, dass die Familie hinter der Klinik steht, dann kann man auch vor die Mitarbeiter treten und für langfristige Perspektiven eintreten.

Das heisst, es gibt Ihnen Verlässlichkeit?

WB: Ja, ganz klar.

AH: Auch aus meiner Sicht ist Vertrauen ein wichtiger Faktor. Dazu braucht es neben der persönlichen auch eine professionelle Basis, die vor allem in Führungskompetenz und Fachkenntnissen besteht. Wenn man den Eindruck gewinnt, dass jemand seiner Funktion nicht gewachsen ist, dann fällt es schwer, Vertrauen zu entwickeln. Eine solche Phase hat es in der Vergangenheit ja auch schon gegeben.

Andererseits fällt auf, dass in den besonders erfolgreichen Zeiten des Sanatoriums neben den professionellen Kompetenzen auch bestimmte Grundhaltungen eine wichtige Rolle spielen. Ich nenne nur zwei: Hingabe und Gestaltungswille.

DS: Ja, Hingabe. Ich glaube, das war so bei mehr oder weniger allen erfolgreichen Unternehmen. [Zu Walter Bosshard:] Was meinen Sie?

WB: Ich glaube, Hingabe ist ein Erfolgsfaktor. Wenn es im Sanatorium eine gute Idee gibt, wird sie geprüft und dann wird oft sehr zügig entschieden und umgesetzt. Dazu braucht es viel Engagement …

… und Gestaltungswillen?

WB: Dem muss man Raum geben. Und wenn man nicht bereit ist, dabei an eine Grenze zu stossen und vielleicht auch über die Grenze hinauszugehen, dann verkümmert er. Wenn wir alle Angst haben, an Grenzen zu gelangen, dann können wir nicht wissen, wie gross unser Gestaltungsspielraum tatsächlich ist.

Wird das Sanatorium Kilchberg auch in 25 Jahren ein Unternehmen der Familie Schneider sein?

AH: Wir wollen, dass es in den Händen der Familie bleibt. Die Herausforderung wird darin bestehen, diese Haltung an die nächste Generation weiterzugeben.

WB: Darunter sind ja auch einige in den USA aufgewachsen, die gar keinen direkten Kontakt mehr zum Sanatorium haben.

AH: Deshalb ist die entscheidende Frage: Wird es auch in dieser Generation ein persönliches Commitment geben? Natürlich stellt sich das leichter ein, wenn die Klinik weiterhin erfolgreich ist und eine hohe Reputation geniesst. Wichtig ist aber auch, dass die jungen Familienmitglieder etwas über das Sanatorium wissen und sich mit seiner Geschichte identifizieren können. Beides zu erreichen, ist unsere Aufgabe. Und dafür setze ich mich ein.

Ich danke Ihnen für das Gespräch.

TOBIAS BALLWEG

Umbruch im Sanatorium

Ein Gespräch mit Waldemar Greil

Prof. Dr. med. Waldemar Greil

Herr Greil, Sie waren von 1992 bis 2007 Ärztlicher Direktor des Sanatoriums Kilchberg und gehörten somit neben Hans Huber und Urs Martin Strub zu den drei Klinikleitern mit der längsten Dienstzeit.
Offensichtlich war ich der erste Chefarzt, der bis zur regulären Pensionierung im Sanatorium geblieben ist – insgesamt 15 Jahre lang. Als wissenschaftlicher Beirat bin ich weiter mit der Klinik verbunden.

Wie sind Sie überhaupt nach Kilchberg gekommen?
Im Spätherbst 1991 erhielt ich in München einen Anruf des damaligen Verwaltungsdirektors, Dr. Hal-

wart Kahnert, dass im Sanatorium Kilchberg die Chefarztstelle frei werde.

Hatten Sie bereits vorher die Absicht, in der Schweiz zu arbeiten?
Nein, aber Zürich war für mich eine gute Alternative zur ebenfalls recht attraktiven Stadt München.

Sie waren an der Universität München in unkündbarer Lebensstellung tätig. Was hat sie bewogen, die Stelle in Kilchberg anzunehmen?
Ärztlicher Leiter einer Klinik zu werden war mein Berufsziel. Andererseits leitete ich zu dieser Zeit an der Universität München ein grosses Forschungsprojekt. Es wurde mir angeboten, dieses weiterführen zu können.

Bereits 1991 hatte das Sanatorium den sogenannten Grundversorgungsauftrag für das linke Zürichseeufer erhalten. Wie standen Sie zu dieser Herausforderung?
Die Kombination aus allgemein- und privatversicherten Patienten war für mich ein weiterer wichtiger Grund, die Stelle anzunehmen. Der kantonale Versorgungsauftrag bringt es mit sich, dass man ein breites Spektrum an Behandlungen anbieten kann.

Der Privatsektor fordert einen hohen Standard in der Ausstattung der Klinik und in der Qualität des Angebots, was auch den allgemeinversicherten Patienten zugute kommt.

In welcher Situation befand sich das Sanatorium, als Sie im April 1992 Ihre Arbeit begannen?

Das Sanatorium befand sich in einer Krise und stand zum Verkauf an. Da die Klinik aber innerhalb weniger Monate wieder florierte, hat man diesen Plan verworfen. Trotz vorübergehender Probleme hatte das Sanatorium eine mehr als 100-jährige respektable Geschichte und zudem das Image einer «Nobelklinik», worauf man gut aufbauen konnte.

Sie haben den Ruf des Sanatoriums im In- und Ausland in den 1990er-Jahren und danach entscheidend geprägt. Was waren Leitmotive Ihrer Tätigkeit?

Zunächst habe ich die Grundhaltung gepflegt, die ich von der Psychiatrischen Klinik der Universität München kannte. Die Therapie orientiert sich am aktuellen Stand der Forschung. Heute nennt man dies «evidenzbasierte Medizin». Das bedeutete eine biologisch orientierte Psychiatrie mit dem Schwerpunkt Psychopharmakotherapie. Im Bereich Psychotherapie war der Schwerpunkt die Kognitive Verhaltenstherapie. Damit standen wir in Zürich recht «einsam» da, wo unter anderem Milieutherapie, Daseinsanalyse und Psychoanalyse als Grundhaltungen weit verbreitet waren. Ein zusätzlicher Schwerpunkt war ein hoher medizinischer Standard, weshalb wir einen eigenen Bereich für Innere Medizin aufgebaut haben.

Was waren für Sie die grössten Herausforderungen?

Zunächst war es wichtig, die situationsbedingt kritische Stimmung im Haus zu verbessern. Dazu gründeten wir intern eine «ethische Kommission», heute würde man es «Anti-Mobbing-Kommission» nennen. Weiterhin mussten die Aktivitäten von «Psych-Ex»-Anwälten, die der Psychiatrie sehr kritisch gegenüberstanden, auf den rechtlich erlaubten Rahmen eingeschränkt werden. Für unser restriktives Verhalten gegenüber Psych-Ex hat der Kanton sogar einen entsprechenden Bundesgerichtsentscheid erkämpft. Auch der sektiererische Verein für Psychologische Menschenkenntnis VPM hatte versucht, in der Klinik Fuss zu fassen. Dies konnten wir verhindern. Ich kam mir oft vor wie ein – bis auf die Zähne bewaffneter – Friedensengel.

Lassen Sie uns über die positiven Seiten reden: Was war während Ihrer Zeit als Ärztlicher Direktor besonders erfreulich?

Besonders erfreulich war die langjährige Unterstützung durch Mitarbeitende, die von Anfang an dabei waren. Auch die Zusammenarbeit mit der von Prof. Klaus Grawe geleiteten Abteilung für Klinische Psychologie an der Universität Bern, vor allem mit Prof. Franz Caspar, war sehr positiv. Diese Kooperation gewährleistete einen hohen Standard der Psychotherapie.

Als grosse Herausforderung wird von Klinikchefs oft die Zusammenarbeit mit der Politik genannt. Wie stand es damit?

Wir hatten grosse Unterstützung durch die Gesundheitsdirektion. So haben wir spezielle Aufträge wie den Schwerpunkt «Anorexia nervosa» erhalten und konnten zwei Ambulatorien und eine Akut-Tagesklinik aufbauen. Trotz kantonaler Sparrunden haben wir uns ständig vergrössert.

Und die internen Verwaltungsorgane?

Die verschiedenen Teildirektionen der Klinik – Verwaltung, Pflege und Medizin – vertreten unterschiedliche Interessen. In Geschäftsleitungssitzungen wurde oft heftig gestritten – mit gutem Ergebnis für die Klinik.

Dankbar bin ich der Besitzerfamilie Schneider, die sich über alle Jahre auch für unsere inhaltliche Arbeit sehr interessierte. Ich hatte grossen Freiheitsspielraum. So konnten wir neue Projekte wie das Bildhauerprojekt, Kunstausstellungen, Vortragsreihen für die Öffentlichkeit und wissenschaftliche Tagungen realisieren. Von Kilchberg aus haben wir neue Fachgesellschaften mitgegründet – die SGZ (Schweizerische Gesellschaft für Zwangsstörungen), die SGBS (für Bipolare Störungen) und die SGAMSP (für Arzneimittelsicherheit in der Psychiatrie). Auch die Neugestaltung der regionalen Weiterbildung für Assistenzärzte des Kantons Zürich und der Nachbarkantone ist von Kilchberg aus entscheidend gefördert worden.

Wie haben Sie die Aufgaben Krankenversorgung und Forschung vereinbaren können?

Meine Münchner Forschungsgruppe, die weitgehend selbstständig gearbeitet hat, habe ich betreut, in dem ich wöchentlich zwischen Kilchberg und München gependelt bin.

Sie haben als Arzt und Wissenschaftler gleich zweimal Eingang in die Literatur gefunden: als «Dr. Waldemar Bögl» im Roman Irre (1983) des Suhrkamp-Autors Rainald Götz und als «Professor Lionel Ritter» im Roman Bis ich dich finde (2005) des Bestsellerautors John Irving. Können Sie sich in diesen literarischen Figuren wiederfinden?

Ich habe nur Modell gestanden. Wenn aber beide Schriftsteller übereinstimmend einen Hang zur «Langatmigkeit» und einen lässigen, extrem gepflegten Kleidungsstil beschreiben, ist es anscheinend zutreffend. Götz schreibt: «Er trug Jeans,

frisch gewaschen, frisch gebügelt, nur an den Knien war die Falte leicht verbeult.» Bei Irving heisst es: «Seine khakifarbene Bundfaltenhose war scharf gebügelt. Seine hellbraunen Slipper sahen aus wie frisch geputzt.» Es geht aber weniger um mich als um die Frage, wie die Psychiatrie und die Kliniken in den Romanen dargestellt sind.

Wie ist es gekommen, dass Dr. Waldemar Bögl neben dem Alter Ego des Erzählers eine so prominente Rolle im Roman spielt?

Rainald Götz kam 1980 als Student im Praktischen Jahr (PJ) – das entspricht dem Schweizerischen Unterassistenten – in die Münchner Universitätsklinik. Ich habe ihn auf meine Station genommen und war so auch sein persönlicher Mentor. Rainald Götz: «Während er redete, machte ich sofort Notizen. Durfte ich das?» Was er Dr. Waldemar Bögl in den Mund legt, habe ich sicher so ähnlich gesagt. Im Roman vorkommende Arztberichte entsprechen meinem Schreibstil. Viele Vorfälle haben sich wie beschrieben zugetragen. Der Roman, vor allem im zweiten Kapitel «Drinnen», gibt einen zutreffenden Einblick in die Psychiatrie zu dieser Zeit, vor allem bezüglich einer geschlossenen Männerstation.

Rainald Götz, der inzwischen als Georg-Büchner-Preisträger zu den ganz Grossen der Literatur gehört, hat sich mit einer Rasierklinge die Stirn aufgeritzt, als er 1983 an den Klagenfurter Literaturtagen vorlas.

Auch im Roman beschreibt er Selbstverletzungen seines Alter Ego:
«Rasierklingenwunden am ganzen Körper, von der Kleidung verdeckt, vom Arztkittel, ja vom Arztkittel, immer noch.» Als Rainald Götz mit einer Sicherheitsnadel im Ohr in der Klinik erschien, gab es Konflikte mit dem Chefarzt.

Nun zum zweiten Roman: Wie kam John Irving dazu, einen Teil seines Romans im Sanatorium spielen zu lassen?

Der *Diogenes-Verlag* hatte mich im August 2003 telefonisch angefragt, ob John Irving mich aufsuchen könne, da in seinem neuen Roman ein Protagonist in einer psychiatrischen Klinik behandelt werden soll. Ich habe spontan zugesagt. Da der vereinbarte Termin nach einer Oberarztsitzung war, sind fünf Oberärzte zur Klinikbesichtigung und zum Gespräch gleich mitgekommen. Danach hat er zu uns gesagt, er werde uns in seinen Roman aufnehmen. So sind wir alle sechs verfremdet im Roman vertreten – überzeichnet, ja geradezu karikiert.

Sind Sie zufrieden mit der Darstellung im Irving-Roman?

Den Roman kann man als eine Hommage an die Gemeinde Kilchberg und an das Sanatorium lesen. «Wegen der Segelboote auf dem See» und «der stattlichen Häuser ähnelte das Dorf einem Urlaubsort». «Das Sanatorium lag hoch über dem See auf einem Hügel, von dem sich nach Norden hin ein spektakulärer Blick auf Zürich bot. Nach Süden hin lagen die Alpen. [...] Das Gelände war makellos gepflegt.» Und schliesslich: «Die Ärzte sind ausgezeichnet.» Ansonsten ist die weitere Beschreibung – wie bei Irving üblich – phantastisch. Der Patient wird im Roman sehr liebevoll betreut. Es entspricht aber sicher nicht der therapeutischen Distanz im Umgang mit Patienten und Angehörigen. Irving hat uns das entsprechende Kapitel des Romans zur Korrektur geschickt. Wir haben einige sachliche Fehler verbessert.

Ein 150-Jahr-Jubiläum bietet nicht nur Gelegenheit zum Rückblick, sondern auch Anlass, den Blick nach vorne zu richten. Gibt es etwas, was Sie dem Sanatorium Kilchberg mit auf den Weg geben möchten? Was ist Ihr «Vermächtnis»?

Ich freue mich, dass vieles von dem, was wir in den 15 Jahren eingeführt haben oder was uns wichtig war, auch neun Jahre nach meinem Ausscheiden immer noch weitergeführt wird. Ziel muss es aber sein, sich neuen Situationen flexibel anzupassen. Das gilt auch für den zunehmenden ökonomischen Druck. Die therapeutischen Aspekte und eine klare fachliche Ausrichtung der Klinik sollten prioritär bleiben. Besonders wichtig ist die Pflege der Mitarbeitenden. «Ohne uns läuft nichts» war einmal der Slogan bei einem Streik des kantonalen Gesundheitspersonals. Es ist schön für mich zu sehen, dass im Sanatorium die Leistungen der Mitarbeitenden weiterhin sehr gewürdigt werden. Spezielle Ratschläge von mir sind unnötig und wären auch nicht hilfreich.

Anmerkungen

1   Genaueres zum Sanatorium Kilchberg in Irvings Roman enthält das Kapitel «Bring mich bitte hierher» in diesem Band.

Alles Nervensache?

René Bridler und Katja Cattapan im Gespräch mit Tobias Ballweg

Tobias Ballweg: Über die Zukunft zu sprechen ist heikel, weil es meist anders kommt, als man denkt. Trotzdem: Ich möchte mit Euch über die Zukunft der Psychiatrie und die Zukunft des Sanatoriums sprechen. Sagen wir: für die nächsten 50 Jahre bis zum 200-Jahr-Jubiläum. Vielleicht wird man dann Eure Weitsicht bestaunen – oder Eure Kurzsichtigkeit belächeln. Jedenfalls braucht es etwas Mut zu diesem Gespräch.

Katja Cattapan: Zunächst mal danke für diese Gelegenheit. Man versinkt ja sehr oft im Alltagsgeschäft. Da tut es gut, wenn man ein bisschen Weite hat und auch mal überlegen kann, wohin das Schiff steuern wird.

René Bridler: Ich schliesse mich gerne an. Schon die Vorbereitung auf das Gespräch war interessant.

TB: Die Entwicklung der Psychopharmaka seit den 50er-Jahren des vergangenen Jahrhunderts brachte tiefgreifende Veränderungen in der Psychiatrie. Ebenso die moderne Psychotherapieforschung. Von welchen Ideen und Entwicklungen werden die nächsten 50 Jahre der Psychiatrie bestimmt?

Dr. med. René Bridler ist seit 2009 Ärztlicher Direktor des Sanatoriums Kilchberg.

Prof. Dr. med. Katja Cattapan ist Chefärztin der Privatstationen und seit 2009 Stellvertretende Ärztliche Direktorin.

RB: Man darf nicht vergessen, dass neben den Psychopharmaka und der Therapieforschung die Sozialpsychiatrie einen grossen Einfluss hatte. Die veränderte Wahrnehmung psychischer Erkrankungen, ein anderer Umgang damit, dazu eine massive Veränderung des Settings, die sogenannte Deinstitutionalisierung. Das alles verlief ja weitgehend parallel zur Entwicklung der Psychopharmaka.

KC: Ich denke, was uns in den nächsten 50 Jahren weiterbringen wird, ist ein Zusammenspiel der verschiedenen Bereiche. Wir haben ja in der Vergangenheit eine starke Fragmentierung erlebt. Es gibt Spezialisten für Sozialpsychiatrie, Psychotherapieforschung, Psychopathologie, Neurobiologie usw. Die Herausforderung wird darin bestehen, die Kenntnisse und Methoden der verschiedenen Fachbereiche zusammenzuführen und das Phänomen

Katja Cattapan und
René Bridler im Gespräch

der Psyche mehrdimensional zu betrachten. Dabei wird man noch sehr viel mehr über die Heterogenität psychischer Erkrankungen lernen – beispielsweise bei Depressionen. Wir betrachten sie bis heute als einen einheitlichen Phänomenbereich und behandeln sie auch entsprechend. Dabei können sie die Endstrecke ganz verschiedener Prozesse sein.

TB: Hätte eine mehrdimensionale Betrachtungsweise auch Auswirkungen auf die Therapie?

KC: Ja, auf jeden Fall. Wir sollten uns auch nicht nur die Defizite anschauen, sondern uns verstärkt die Frage stellen: Was schützt eigentlich Menschen vor einer Depression? Die sogenannten Resilienzfaktoren werden in Zukunft eine sehr viel grössere Rolle in der Forschung spielen.

RB: Im Grunde genommen befindet sich die Psychiatrie entwicklungstechnisch in einem Stillstand. Alles, was wir heute machen, haben wir eigentlich schon vor 30 Jahren angewendet. Man kann das weiter ausdifferenzieren, aber es ist für mich schwer zu glauben, dass da etwas völlig Neues entstehen wird. Die entscheidenden Veränderungsimpulse werden meines Erachtens auch gar

nicht aus der Psychiatrie selbst kommen, sondern von aussen in sie hineingetragen – beispielsweise durch gesellschaftliche und technische Entwicklungen im Bereich der Kommunikation. Sie werden den Menschen, sein Erleben und Fühlen, aber auch seine individuellen Störungen stark verändern. Ich will damit sagen: Die Entwicklung in der Psychiatrie wird sich weitgehend entlang der gesellschaftlichen Entwicklungen vollziehen und weniger aufgrund einer eigenen Dynamik.

TB: In den letzten Jahrzehnten haben die Neurowissenschaften immer mehr Beachtung gefunden. Wird die Zukunft der Psychiatrie und Psychotherapie vor allem von der Hirnforschung geprägt?

KC: Ich glaube, da gibt es noch viel Potenzial – insbesondere, wenn sich die Hirnforschung nicht nur auf ihre eigenen Methoden beschränkt, sondern auch anderes Wissen einbezieht – vor allem aus dem klinischen Bereich.

RB: Ich denke auch, dass die Neurowissenschaften eine grosse Bedeutung haben werden, wenn auch nicht in der Weise, wie es die meisten Forscher bislang meinen. Der Grundgedanke der Neuroscience ist ja: Wenn wir die Psyche verstehen wollen, dann müssen wir zunächst auf die biologische Ebene, dann auf die chemische, schliesslich auf die physikalische atomare und subatomare Ebene.

TB: Es ist eine reduktionistische Idee.
RB: Ja, total, und ich glaube, dass diese Idee fundamental falsch ist, weil ihr ein Kategorienfehler zugrunde liegt. Andererseits: Wenn sich die Vorstellung durchsetzt: «Ich bin mein Gehirn», dann ist das eine gesellschaftliche Realität, eine historische «Wahrheit», die vielleicht für einige Jahrhunderte Bestand haben wird. In jedem Falle wird eine solche Realität auch Auswirkungen darauf haben, wie Menschen sich selbst erleben und wie sie mit sich umgehen. Das wird natürlich auch die Psychiatrie beeinflussen.

TB: Wird man in 50 Jahren überhaupt noch von der Seele sprechen oder wird man nach dem Motto «Ich bin mein Gehirn» sagen: Alles Nervensache!?
KC: Bei mir hat dieses Umdenken schon stattgefunden. Ich arbeite jetzt seit 21 Jahren in der Psychiatrie und benutze den Begriff «Seele» nicht mehr. Oder nur noch historisch. Ich habe auch sehr grosse Mühe mit der Unterscheidung «psychisch» versus «somatisch». Für mich sind das zwei Aspekte ein und derselben Sache.
RB: Mir fällt es schwer, dazu etwas zu sagen. Ich benutze den Begriff «Seele» oder «seelisch» sehr häufig und noch nie hat ein Patient widersprochen. Ich glaube aber, dass der philosophisch geprägte Diskurs an Bedeutung verlieren wird. Als «wahr» gilt, was sich gesellschaftlich durchsetzt, auch wenn sich das Weltbild bei genauerer Betrachtung als brüchig und unstimmig erweisen sollte. Aber solche Überlegungen sind so weit weg vom Alltag, dass sie letztlich keine Rolle spielen werden.

TB: Der Neuroethiker Brian D. Earp spricht sich für die Erforschung und kontrollierte Anwendung von psychogenen Substanzen zur Optimierung langjähriger Paarbeziehungen aus (etwa in: GEO 10/2015). Er nennt ausdrücklich MDMA (Ecstasy), Viagra und Oxytocin als aussichtsreiche Kandidaten. Werden künftige Generationen von Ärzten und Therapeuten ganz selbstverständlich auf chemische Substanzen zurückgreifen, um die sozialen Beziehungen ihrer Patienten positiv zu beeinflussen?
KC: Das machen wir natürlich teilweise schon jetzt. Wenn wir Antidepressiva verschreiben, dann verändert das auch die soziale Interaktion, noch mehr bei Antipsychotika. Man sollte aber unterscheiden zwischen Akut- und Langzeitwirkung. Substanzen mit Akutwirkung können Türöffner sein. In beiden Fällen ist eine Kombination mit Psychotherapie sinnvoll, um eine langfristige und stabile Veränderung neuronaler Muster zu erreichen.
RB: Ich glaube, dass psychogene Substanzen in Zukunft vermehrt konsumiert werden, aber weniger im Rahmen der ärztlichen Heilkunst als zur Selbststeuerung im Alltag: Jetzt fühle ich mich so, also nehme ich ein bisschen von diesem oder von jenem. Das ist dann vielleicht wie heute ein Glas Wein, ein Kaffee oder eine Zigarette. Man hofft einfach, dass das Zeug weniger toxisch ist als die Suchtmittel. Jedenfalls werden es Menschen wohl mehr oder weniger selbstständig einnehmen. Ich glaube nicht, dass es da Ärzte oder Psychologen braucht. Wenn's in die Hose geht, dann vielleicht …

TB: Eine Frage noch zur gesellschaftlichen Entwicklung: Könnte es nicht sogar so weit kommen, dass sich Menschen irgendwann verpflichtet fühlen, bestimmte Substanzen einzunehmen?
KC: Die Idee der Selbstoptimierung kann sehr schnell von einer Möglichkeit zur Verpflichtung

werden. Das Wissen über die Plastizität des Gehirns verführt ja auch zur Annahme, dass sich seine Funktionsfähigkeit ständig verbessern lässt. Aber es gibt da eben auch Grenzen. Es gibt zum Beispiel eine Konstitution, die man nicht grundlegend verändern kann. Und vor allem: Dieses ständige Bemühen um Selbstoptimierung kann auch zu Burnout und Depressionen führen. Ich glaube, es ist unsere Aufgabe, das in die Diskussion einzubringen …

TB: Um damit die Massstäbe etwas zu korrigieren?
KC: Ja.

RB: Ich beobachte eine gesellschaftliche Entwicklung, die Menschen durch Normen, Kontrolle und Repression zur permanenten Selbstoptimierung zwingt. Wohin das führen kann, hat die Schriftstellerin Juli Zeh in ihrem Roman *Corpus delicti* beklemmend gut beschrieben. Bemerkenswert scheint mir, dass die digitale Selbstüberwachung und -optimierung bereits heute ohne äusseren Zwang, das heisst gewissermassen ich-synton geschieht.

TB: Das Angebot an internetbasierten Therapieformen wächst. Das Sanatorium Kilchberg nimmt aktuell an einer Studie teil, bei der die Wirksamkeit eines Computerprogramms zur Behandlung von depressiven Erkrankungen getestet wird. Gelten interaktive Computerprogramme bald als die «besseren Psychotherapeuten»?
RB: Ob es die besseren sind, weiss ich nicht. Es sind einfach andere und ich finde, wenn solche Programme nützen und kostengünstiger sind, dann ist es von einem gesamtgesellschaftlichen Standpunkt auch richtig, wenn sie angewendet werden. Damit ist das eingesparte Geld für andere Zwecke verfügbar, die ebenfalls wichtig sind, zum Beispiel Bildung.
KC: Ich sehe das eher etwas konservativ. Für die meisten Menschen ist das Erleben menschlicher

Bindung etwas Zentrales und folglich ein wichtiger Wirkfaktor in der Psychotherapie. Deshalb glaube ich, dass Patienten von der «Face-to-face»-Psychotherapie am besten profitieren können. Allerdings: Wenn die Computerprogramme erfolgreich sind, ist es durchaus denkbar, dass man aufgrund des Kostendrucks sagt, zuerst muss jemand eine digitale Therapie machen, bevor er sich in die «richtige» Therapie begeben kann. Oder noch problematischer: Es entwickelt sich eine Art Zweiklassen-Therapie.

TB: Das würde bedeuten: Im Privatbereich wird Psychotherapie live angeboten, ansonsten digital.
KC: Ja, das ist aus meiner Sicht eine Gefahr – vor allem für Menschen, die vom Bindungsaspekt profitieren, sich aber keine «richtige» Therapie leisten können.
RB: Also beim Bindungsbedürfnis frage ich mich: Ist das nur «Nature» oder auch «Nurture»? Ich glaube und hoffe irgendwie, dass es «Nature» ist, aber vielleicht setzt sich im Zeitalter der Single-Haushalte mit vornehmlich digitalen Kontakten zur Aussenwelt ein neuer Persönlichkeitstyp durch mit eher autistisch-schizoiden Zügen, der dann im Alter durch einen Roboter gepflegt wird und sich daran nicht stört …

TB: … für den also der Beziehungsfaktor gar keine grosse Rolle spielt – auch nicht in einer Therapie.
RB: Genau. Die Frage «Nature» oder «Nurture» ist eben beim Bindungsbedürfnis vielleicht doch noch nicht so klar beantwortet.

TB: Kommen wir zu einem ganz anderen Thema, den sogenannten Zwangsmassnahmen. Darüber wurde in der Geschichte des Sanatoriums Kilchberg immer wieder diskutiert. In jüngerer Zeit ist

das Thema besonders aktuell. Meine Frage dazu: Ist eine Psychiatrie ohne jeglichen Zwang vorstellbar? Und: Ist dieses Ziel erreichbar?

RB: Wenn die Frage auf das heutige Verständnis von Psychiatrie zielt, muss man sagen «nein». Aber es kommt eben darauf an, welche Aufgaben der Psychiatrie zugewiesen werden. Je mehr Polizeifunktionen sie hat, wie es aktuell der Fall ist, desto weniger ist das denkbar. Für mich ist deshalb die grosse Frage: Welche Aufgaben, die wir aus einer unreflektierten Tradition einfach übernehmen, müssen wir tatsächlich wahrnehmen? Wenn man in der Psychiatrie Gewalt anwendet, dann holt man nicht das Polizeikorps, sondern dann packt man selber zu. Das ist etwas, das in anderen Bereichen der Gesellschaft verboten ist. Das Monopol zum Einsatz von physischer Gewalt ist in Friedenszeiten meines Wissens im Polizeikorps lokalisiert.

TB: Und solange der Psychiatrie diese Polizeiaufgaben zugewiesen werden, sind Zwangsmassnahmen nicht vollständig vermeidbar?

RB: Die Frage ist vor allem: Wer ordnet sie an, wer überprüft sie und wer führt sie durch? Gänzlich vermeiden lassen sie sich wohl auch in 50 Jahren nicht. Das wäre ein Widerspruch zur «Condition humaine».

KC: Ich kann in vielen Dingen zustimmen. Es wäre wünschenswert, wenn sich die psychiatrischen Kliniken zusammentun und gemeinsam aufzeigen würden, wo die Grenzen sind und welche Aufgaben ihrem therapeutischen Auftrag widersprechen. Aber es gibt für mich noch einen anderen Aspekt: die Fürsorge. Wir haben ja auch immer wieder Menschen, die – zum Beispiel im Rahmen einer Psychose – gegen ihren Willen behandelt werden, danach im Leben wieder Fuss fassen und rückblickend sagen: «Ich bin für die Behandlung dankbar, auch wenn ich sie zunächst abgelehnt habe.»

TB: Gemeint sind also Fälle, in denen die Verpflichtung zur Fürsorge eine Zwangsmassnahme rechtfertigen kann?

KC: Ja, ich glaube, die gibt es. Und die wird es auch in Zukunft geben.

TB: Die Verweildauer in psychiatrischen Kliniken zeigt in den vergangenen Jahrzehnten eine erfreuliche Entwicklung. Die Aufenthalte sind im Durchschnitt kürzer geworden. Wird es 2067 überhaupt noch stationäre psychiatrische Behandlungen geben oder werden die Behandlungen weitestgehend ambulant erfolgen?

KC: Ein Umgebungswechsel kann etwas Heilendes sein, wenn er gut gestaltet ist – insbesondere bei Erkrankungen, bei denen Regeneration und Erholung im Vordergrund stehen. Ich wünsche mir, dass diese Aspekte noch einen grösseren Raum in der stationären Behandlung einnehmen – insbesondere hier in Kilchberg, mit dem Selbstverständnis «Sanatorium», der Geschichte des Hauses und der wunderbaren Lage. Ich finde, das ist auch unter dem Aspekt der Genesung etwas ganz Besonderes.

RB: Entscheidend werden die politischen Rahmenbedingungen und die ökonomische Entwicklung sein. Das Sanatorium muss sich in diesem Umfeld behaupten. Entweder tut es das oder nicht. Und wenn nicht, dann wird es das Sanatorium nicht mehr geben. Ganz einfach. Die gesellschaftlichen und ökonomischen Realitäten werden in Zukunft ganz klar dominieren – mehr als das spezifische Angebot oder die wissenschaftlichen Erkenntnisse aus der Psychiatrie.

KC: Das bezweifle ich. Wenn wir belegen können, dass unsere stationären Therapien einen nachhaltigen Effekt haben, dass Menschen danach wieder arbeitsfähig und sozial integriert sind, dass sie geringere Rückfallraten haben und anderes, dann

1° Um einen Feuerball rast eine Kotkugel, auf der Damenseidenstrümpfe verkauft und Gauguins geschätzt werden.
Ein fürwahr überaus betrüblicher Aspekt, der aber immerhin
ein wenig unterschiedlich ist: Seidenstrümpfe können begrif-
fen werden, Gauguins nicht. [...]
2° Was dürfte das erste Gehirn, das auf den Globus geriet,
getan haben? Vermutlich erstaunte es über seine Anwesenheit und wusste mit sich und dem schmutzigen Vehikel unter
seinen Füssen nichts anzufangen. Inzwischen hat man sich
an das Gehirn gewöhnt, indem man es so unwichtig nimmt,
dass man es nicht einmal ignoriert. [...]
12° Damenseidenstrümpfe sind unschätzbar. [...] Welt-
anschauungen sind Vokabelmischungen. Ein Hund ist eine
Hängematte. L'art est mort. Vive Dada!

Walter Serner: *Letzte Lockerung*. Das dadaistische Manifest
wurde im März 1918 vollendet. Zuvor hielt sich Serner für
einige Wochen im Sanatorium Kilchberg auf.

denke ich, haben wir auch in einem schwierigen
ökonomischen Umfeld eine echte Chance.
RB: Durchaus, ja. Aber es hängt sehr viel von den
Finanzierungsmodalitäten ab. Ich glaube, in der
Grundversicherung, sofern es die in 50 Jahren noch
gibt, wird der Druck auf eine Verkürzung der Auf-
enthaltsdauer massiv zunehmen. Es wird so laufen, wie in der somatischen Medizin: Ab Tag X legt
die Klinik nur noch drauf. Entweder sie richtet sich
dann nach diesen Vorgaben oder sie geht unter. In
der Ökonomie gilt: «Die Hühner laufen so, wie man
die Körner streut.»

TB: Eine letzte Frage: Die Verbindung von Psychiatrie mit der Leitidee «Sanatorium» hat die Vergangenheit unseres Hauses massgeblich geprägt.
Wird diese Verbindung weiterhin Bestand haben?
KC: Sie hat ein ganz aussergewöhnliches Potenzial
– und ist auch ein Grund, weshalb ich hier arbeite.

RB: Dem schliesse ich mich an. Allerdings dürfen
wir nicht vergessen, dass das Haus in einer Zeit
gegründet wurde, die sich von der heutigen fundamental unterscheidet. Früher hat die Besitzerfamilie hier gewohnt. Sie lebte auf dem Areal, hat sich
am Klinikbetrieb persönlich beteiligt. Das ist heute
undenkbar. Die Klinik hatte die typischen Merkmale
und Vorteile einer patronal geführten Organisation,
wo eben auch sehr viel persönliche Verbundenheit
und Herzblut dabei ist. Das ist heute noch stark
spürbar, aber wir erleben auch einen Wandel …

TB: Ist «Herzblut» auch in Zukunft wünschenswert?
RB: Eindeutig.
KC: Ja – und zwar auf allen Ebenen. Man merkt doch
sehr deutlich, was an Programmen und Projekten
im Haus gut funktioniert: Da ist Herzblut immer ein
wichtiger Faktor.

Harald Maxl (2008): Kunterbuntes

Dank

Ohne umfangreiche Vorarbeiten wäre dieses Buch nicht zustande gekommen. Wir danken Herrn Andrea Molina Mantello für die unverzichtbare Unterstützung und seine grosse Beharrlichkeit. Weiterhin gilt unser Dank dem *Staatsarchiv des Kantons Zürich* und seinen Mitarbeitenden, dem *Schweizerischen Sozialarchiv*, der *Zentralbibliothek Zürich*, dem *gta Archiv* der *ETH Zürich* und nicht zuletzt der *Gemeinde Kilchberg*. Den Nachkommen der Familie Huber, Dr. Beat Meyer und Dr. Alex Vannod, danken wir für wertvolle Interviews und die Bereitstellung von Bild- und Archivmaterial, ebenso Alfred Bisig für Informationen und Dokumente zum «Kilchberger Schwinget». Yves Bossart hat mit seinem Werk über Gedankenexperimente in der Philosophie die Wahl des Buchtitels inspiriert. Dafür sei auch ihm gedankt.

Quellen und Literatur

Quellen

Archiv Sanatorium Kilchberg (Archiv SK):
Baupläne 1928–1974
Bild- und Kunstarchiv
Fotosammlung
Jahresberichte 1980–1992
Interview mit dem Enkel von Dr. Hans Huber,
    Dr. Beat Meyer, am 17.07.2015
    [Unveröffentlichtes Transskript]
Interview mit Dr. Alex Vannod am 23.03.2015
    [Unveröffentlichtes Transskript]
Prospekte Sanatorium Kilchberg 1930–2008
Schär, M. (1993): Das Sanatorium Kilchberg 1867–1992
    [Unveröffentlichtes Manuskript]

Gemeinde Kilchberg:
Planarchiv: Baubewilligungspläne Alte Landstrasse 70,
    ab 1922
Gebäudeinventar: Objekt Sanatorium, vestigia Zürich,
    o. J. (2010)

gta Archiv ETH Zürich:
Nachlass Gustav Ammann und Otto Froebels Erben
    (NLS-Archiv)

Privatsammlung Dr. Beat Meyer
Objekte, Bild- und Fotodokumente zu Dr. Hans Huber
    und Dr. Emil Huber

Privatsammlung Alfred Bisig
Text- und Bilddokumente zum Kilchberger Schwinget

Staatsarchiv des Kantons Zürich
Patientendossiers Sanatorium Kilchberg 1905–1970
Korrespondenzen, Protokolle und Berichte betreffend
    Sanatorium Kilchberg (vor 1904: Privat-Heil- und
    Pflegeanstalt Kilchberg)

Zentralbibliothek Zürich:
Jahresberichte Privat-Heil- & Pflegeanstalt Kilchberg
    1899–1903
Jahresberichte Sanatorium Kilchberg 1904–1912
Nachlass Hugo Pfister
Prospekte Privat-Heil- & Pflegeanstalt Kilchberg
    1894–1900
Prospekte Sanatorium Kilchberg 1905–1915
Prospekt Sanatorium Kilchberg bei Zürich (o. J.), Zürich:
    Conzett & Huber
Reglement für das Wartpersonal der Heil- und Pflege-
    anstalt Kilchberg bei Zürich (1894), Zürich: ohne
    Verlagsangabe

Literatur

Ball, H. (1984): Der Künstler und die Zeitkrankheit. In: H. B. Schlichting (Hrsg.), Hugo Ball, Der Künstler und die Zeitkrankheit, Ausgewählte Schriften, Frankfurt a. M.: Suhrkamp Verlag, S. 102–152. (Erstveröffentlichung in: Hochland, 24. Jahrgang, Bd. 1, Heft 2, November 1926).

Balthasar, H. U. v. (1955): Die Lyrik Urs Martin Strubs. In: Schweizer Rundschau, 54, Heft 11/12 (Doppelheft «Dichtung der Gegenwart»), Zürich, S. 761–764.

Bauschinger, S. (1980): Else Lasker-Schüler. Ihr Werk und ihre Zeit. Heidelberg: Lothar Stiehm Verlag.

Bauschinger, S. (2009): Else Lasker-Schüler. Biographie. Göttingen: Wallstein Verlag.

Binder, G. (1911): Das alte Kilchberg. Kilchberg/Zürich: Wehrli.

Binder, G. (1948): Eine Geschichte der Gemeinde Kilchberg. Kilchberg/Zürich: Wehrli.

Bischoff, M. & Stofer, B. (1977): Kantonale Psychiatrische Kliniken der Schweiz. Diplomarbeit ETH-Z, Zürich: ohne Verlag. [Unveröffentlichtes Manuskript]

Bisig, A. (2008): Die Entstehung des Kilchberger Schwinget. In: Gemeinde Kilchberg (Hrsg.), Der 15. Kilchberger Schwinget 2008, 50. Neujahrsblatt, S. 12–17.

Bosshard-Hinderer, H. R. & Bosshard-Hinderer, E. (2008): Schlössli. Die erstaunliche Geschichte einer psychiatrischen Klinik. Stäfa: Th. Gut Verlag.

Brupbacher, F. (1901): Die Stellung des Wartpersonals in der Heil- und Pflegeanstalt Kilchberg. In: Volksrecht, Sozialdemokratisches Tagblatt, 4. Jahrgang, Nr. 25, 31. Januar 1901.

Capitani, F. d. (2010): Gesunde Schweiz. In: F. Graf & E. Wolff (Hrsg.), Zauber Berge, Die Schweiz als Kraftraum und Sanatorium, Baden: hier + jetzt, Verlag für Kultur und Geschichte, S. 15–17.

Cattani, E. (1926): Die Sanatorien der Schweiz. In: Heilquellen, Klimatische Kurorte und Sanatorien der Schweiz, Schweizerisches Bäderbuch, hrsg. im Auftrag der schweizerischen Gesellschaft für Balneologie und Klimatologie, Zürich: Verlag Julius Wagner, 3. Aufl., S. 142–147.

Claudius, E. (1945): Grüne Oliven und nackte Berge. Zürich: Steinberg Verlag.

Claudius, E. (1968): Ruhelose Jahre. Erinnerungen. Halle (Saale): Mitteldeutscher Verlag.

Conzett, V. (1929): Erstrebtes und Erlebtes. Ein Stück Zeitgeschichte. Leipzig: Grethlein & Co.

Determann, H. (1906): Physikalische Therapie der Erkrankungen des Zentralnervensystems inklusive der allgemeinen Neurosen. Stuttgart: Verlag Ferdinand Enke.

Ehrenstein, A. (1918): Die rote Zeit. Berlin: S. Fischer Verlag.

Ehrenstein, A. (1921): Nachwort. In: C. Ehrenstein, Bitte um Liebe, Berlin: Ernst Rowohlt Verlag, S. 83–86.

Ehrenstein, A. (1931): Mein Lied. Berlin: Ernst Rowohlt.

Ehrenstein, A. (1989): Werke. Bd. 1–5. Hrsg. von H. Mittelmann, München: Klaus Boer Verlag.

Ellenberger, H. F. (1973): Die Entdeckung des Unbewussten. Bern: Huber Verlag.

Erklärung Hedinger (1900). In: Neue Zürcher Zeitung, 121. Jahrgang, Nr. 150, 31. Mai 1900.

Favre, J. F. N. (1715): Dissertatio medica inauguralis de Thee helvetico = Vom Schweizer Thee. Basel: ohne Verlagsangabe.

Flake, O. (1980): Es wird Abend. Berichte aus einem langen Leben. Autobiographie. Frankfurt a. M.: S. Fischer Verlag.

Gemeinde Kilchberg (1980): Die psychiatrische Klinik Sanatorium Kilchberg. 21. Neujahrsblatt der Gemeinde Kilchberg.

Gemeinde Kilchberg (1994): Der Gutsbetrieb «Uf Stocken». 35. Neujahrsblatt der Gemeinde Kilchberg.

Glauser, F. (1976): DADA, Ascona und andere Erinnerungen. Zürich: Die Arche.

Gradwohl-Schlacher, K. (2001): Gestern wurde Friede gemacht. August Hermann Zeiz alias Georg Fraser im Dritten Reich. In: Jahrbuch für Antisemitismusforschung 10, Frankfurt a. M./New York: Campus Verlag, S. 223–238.

Hässig, R. (1963): Die Neubauten des Nervensanatoriums in Kilchberg/ZH. In: Schweizerische Bauzeitung, 81. Jahrgang, S. 506–507.

Heilquellen, Klimatische Kurorte und Sanatorien der Schweiz (1926): Schweizerisches Bäderbuch, hrsg. im Auftrag der schweizerischen Gesellschaft für Balneologie und Klimatologie, 3. Aufl., Zürich: Verlag Julius Wagner.

Hesse, H. (1973): Gesammelte Briefe. Erster Band 1895–1921. Frankfurt a. M.: Suhrkamp Verlag.

Hesse, H. (1986): Das Glasperlenspiel. Frankfurt a. M.: Suhrkamp Verlag.

Hesse, H. (2006): «Die dunkle und wilde Seite der Seele». Briefwechsel mit seinem Psychoanalytiker Josef Bernhard Lang 1916–1944. Frankfurt a. M.: Suhrkamp Verlag.

Hesse, H. (2010): Jahre am Bodensee. Frankfurt a. M.: Suhrkamp Verlag.

Hippokrates (1994): Ausgewählte Schriften. Hrsg. und übers. von H. Hiller, Stuttgart: Reclam.

Hoerschelmann, C. (1998): Exilland Schweiz. Lebensbedingungen und Schicksale österreichischer Flüchtlinge 1938 bis 1945. Innsbruck: Studien-Verlag.

Hoven, F. W. v. (1806): Handbuch der praktischen Heilkunde. 2. Bd., Frankenthal: Ludwig Bernhard Friedrich Segels seel. Erben, Johann Friedrich Enderes.

Huber, H. & Meyer, E. (1950): Briefwechsel in Sonetten. Zürich: Conzett & Huber.

Hürzeler, R. (2006): Blitzbesuch mit anhaltender Wirkung. In: Facts, 12. Januar, S. 85.

Irving, J. (2006): Bis ich dich finde. Zürich: Diogenes Verlag.

Jones, E. (1969): Sigmund Freud. Leben und Werk. Frankfurt a. M.: S. Fischer Verlag.

Kerényi, K. (1956): Der göttliche Arzt. Studien über Asklepios und seine Kultstätten. 2. Aufl., Darmstadt: Hermann Gentner Verlag.

Kesselring, M. (1909): Hygiene des Geistes. Ein Beitrag zu persönlicher und sozialer Kultur. In: Hochland, Monatsschrift für alle Gebiete des Wissens, der Literatur und Kunst, hrsg. von C. Muth, 6. Jahrgang, Viertes Heft, S. 393–408.

Kirchgraber, R. F. (2003): Lebensreform und Künstlergruppierungen um 1900. Zürich: ohne Verlagsangabe.

Kraft, M. (1972): Der Kilchberger Dichter Guido Looser. In: Gemeinde Kilchberg – 13. Neujahrsblatt 1972.

Kreye, A. (2006): Endstation Kilchberg. Interview mit John Irving. In: Das Magazin, 4, S. 16.

Kübler, A. (1941): Editorial. In: Du, Schweizerische Monatsschrift, Heft 1, S. 1.

Lang, K. (1975): Kritiker Ketzer Kämpfer. Das Leben des Arbeiterarztes Fritz Brupbacher. Zürich: Limmat Verlag.

Lasker-Schüler, E. (1962): Gesammelte Werke in drei Bänden. München: Kösel Verlag.

Lasker-Schüler, E. (2004): Werke und Briefe. Kritische Ausgabe. Hrsg. von N. Oellers, H. Rölleke und I. Shedletzky, Band 7: Briefe 1914–1924, Frankfurt a. M.: Jüdischer Verlag.

Mann, G. (1969): Gedenkblatt für Ferdinand Lion. Wiederabdruck in NZZ, 14. Dezember 1969.

Mann, Th. (1960): Der Zauberberg. Roman. Frankfurt a. M.: S. Fischer Verlag. [Die Erstausgabe erschien 1924 in zwei Bänden.]

Mann, Th. (1983): Joseph und seine Brüder I. Die Geschichten Jaakobs. Frankfurt a. M.: S. Fischer Verlag. [Die Erstausgabe des Romans erschien 1933.]

Mann, Th. (1995): Tagebücher 1951–1952. Hrsg. von I. Jens, 2. Auflage, Frankfurt a. M.: S. Fischer Verlag.

Mann, Th. (1995): Tagebücher 1953–1955. Hrsg. von I. Jens, 2. Auflage, Frankfurt a. M.: S. Fischer Verlag.

Maurer, Y. (1980): Physio- und Bewegungstherapie: ein Weg zur psychischen Gesundheit. In: Gemeinde Kilchberg (Hrsg.), Die Psychiatrische Klinik Sanatorium Kilchberg – 21. Neujahrsblatt, S. 13–15.

Meier, P. (2010): Ein Massenblatt gegen die Beliebigkeit. Die «Zürcher Illustrierte» zwischen kulturellem Anspruch und ökonomischem Kalkül. Schweizerische Zeitschrift für Geschichte (60), Heft 1: Mediengeschichte, S. 75–83.

Meyer, C. F. (1953): Ausgewählte Werke. Stuttgart: Stuttgarter Hausbücherei.

Meyer, U. R. (o. J.): Kontroverse um die Psychoanalyse. Eine Auseinandersetzung in Zürich im Jahre 1912. Zürich: ohne Verlagsangabe.

Mitteilungen der Friedrich-Wilhelm-Foerster-Gesellschaft (1966), Nr. 13, Bonn: ohne Verlagsangabe.

Mittelmann, H. (1989): Zeittafel. In: A. Ehrenstein: Werke, Bd. 1, hrsg. von H. Mittelmann, München: Klaus Boer Verlag, S. 491–501.

Mory, E. (1926): Die Indikationen der schweiz. Heilquellen und klimatischen Kurorte. In: Heilquellen, Klimatische Kurorte und Sanatorien der Schweiz, Schweizerisches Bäderbuch, hrsg. im Auftrag der schweizerischen Gesellschaft für Balneologie und Klimatologie, Zürich: Verlag Julius Wagner, 3. Aufl., S. 1–10.

Plutarch (2012): Römische Fragen. Ein imaginärer Spaziergang zwischen Kapitol und Aventin. Lat. u. dt., hrsg. von J. Scheid, Darmstadt: WBG.

Reetz, B. (2012): Hesses Frauen. Berlin: Insel Verlag.

Richter, H. (1961): Dada-Profile. Erinnerungen mit Zeichnungen, Photos und Dokumenten. Zürich: Die Arche.

Riess, C. & Scheidegger, E. (2010): Café Odeon. 2. Aufl., Zürich: Europa Verlag.

Riethmüller, J. W. (2005): Asklepios. Heiligtümer und Kulte. Heidelberg: Verlag Archäologie und Geschichte.

Rössler, W. (2013): Burg aus Holz – das Burghölzli. Von der Irrenanstalt zur Psychiatrischen Universitäts-klinik Zürich. Entwicklungen, Innen- und Aussenan-sichten. Zürich: NZZ Verlag.

Schneider, K. (1923): Die psychopathischen Persönlich-keiten. In: G. Aschaffenburg (Hrsg.), Handbuch der Psychiatrie, Spezieller Teil, VII (1), Leipzig/Wien: Franz Deuticke.

Schulthess, E. (1991): Erinnerungen an Arnold Kübler. In: du, März 1991 (Heft 3), S. 16.

Schwab, A. (2010): «Salat von früh bis spat». In: F. Graf & E. Wolff (Hrsg.), Zauber Berge, Die Schweiz als Kraftraum und Sanatorium, Baden: hier + jetzt, Ver-lag für Kultur und Geschichte, S. 19–21.

Serner, W. (1920): Letzte Lockerung. Manifest Dada. Hannover: Paul Steegemann Verlag.

Sessler, Th. (1947): Fünf gegen eine ganze Stadt. Eine Geschichte für die Jugend. Linz: Brücken-Verlag.

Sessler, Th. (1977): Bekanntes und Unbekanntes aus der Schweizer Exil- und Emigrationszeit. In: Österreicher im Exil, Protokoll des internationalen Symposiums zur Erforschung des österreichischen Exils, Wien: Österreichischer Bundesverlag, S. 176–185.

Spahn-Gujer, E. (o.J.): Friedrich Wilhelm Foerster. Frag-mente aus seinem Leben 1869–1966. Hrsg. vom Verein Schweizer Fr. W. Foerster-Hilfe. Privatdruck.

Stoffler, J. (2008): Gustav Ammann. Landschaften der Moderne in der Schweiz. Zürich: gta Verlag.

Strub, U. M. (1966): Durch Poesie und Kunst zur Ganz-heit. In: Therapeutische Berichte, hrsg. von Bayer Leverkusen, Heft 38, S. 263-267.

Tzara, T. (1979): Chronique Zurichoise 1915-1919. Paris: Diffusion.

«Unerbauliches aus einer frommen Anstalt», Teil 1 (1900). In: Volksrecht, Sozialdemokratisches Tag-blatt, 3. Jahrgang, Nr. 122, 29. Mai 1900.

«Unerbauliches aus einer frommen Anstalt», Teil 2 (1900). In: Volksrecht, Sozialdemokratisches Tag-blatt, 3. Jahrgang, Nr. 123, 30. Mai 1900.

Vitruvius (2008): De architectura libri decem. Lat. u. dt., übers. und mit Anm. versehen von C. Fensterbusch, 6. Aufl., Darmstadt: WBG.

Völker, K. (1990): Elisabeth Bergner. Das Leben einer Schauspielerin – ganz und doch immer unvollendet. Berlin: Edition Hentrich.

Werner, S. (2006): Verrückte Story am Zürichsee. In: Schweizer Familie, 4, S. 20.

Wolff, E. (2010): Zwischen «Zauberberg» und «Zucht-haus». In: F. Graf & E. Wolff (Hrsg.), Zauber Berge, Die Schweiz als Kraftraum und Sanatorium, Baden: hier + jetzt, Verlag für Kultur und Geschichte, S. 27–30.

Zeller, A. (1979): Samuel Zeller – Züge aus seinem Leben. 7., gekürzte und durchgesehene Auflage, Lahr-Dinglingen: Verlag der St. Johannis Druckerei C. Schweickhardt. [Erste Auflage 1914]

Zentralblatt für Psychoanalyse (1912): Medizinische Monatszeitschrift für Seelenkunde. Organ der Inter-nationalen Psychoanalytischen Vereinigung, 2. Jahr-gang, Heft 4.

Zinn, A. (1863): Die öffentliche Irrenpflege im Kanton Zürich und die Nothwendigkeit ihrer Reform. Zürich: Meyer & Zeller.

Personenindex

Bildnachweis

Sammlungen

akg-images: S. 131 (Fotograf: Hervé Champollion) mit freundlicher Genehmigung.

Archiv Privatklinik Hohenegg: S. 17 (u.r.), S. 58.

Archiv Sanatorium Kilchberg: Buchcover Frontseite, Buchcover Rückseite, S. 16, S. 18 (u.), S. 19 (o.l.), S. 19 (u.l.), S. 20, S. 22 (u.r.), S. 23, S.24, S. 25 (o.l.), S. 33, S. 34, S. 35, S. 36, S. 45, S. 62, S. 63, S. 64; S, 65, S. 66, S. 67, S. 79, S. 102, S. 122, S. 132, S. 162, S. 168, S. 182.

Frauenbibliothek und Fonothek Wyborada, St. Gallen: S. 116 (mit freundlicher Genehmigung).

gta Archiv ETH Zürich: S. 32.

Hermann Hesse - Editionsarchive: S. 112, S. 115 (mit freundlicher Genehmigung des Archivs: Dr. Volker Michels, Offenbach/Main).

Kunsthaus Zürich: S. 78 (mit freundlicher Genehmigung von Frau Marion v. Hofacker).

Museum für Gestaltung Zürich, Plakatsammlung © ZHdK: S. 149 (u.l.).

Privatsammlung Dr. Beat Meyer: S. 18 (o.), S. 74, S. 90, S. 91, S. 138, S. 139, S. 140 (l.), S. 141 (l.), S. 152 (mit freundlicher Genehmigung des Besitzers).

National Library of Israel, Archives department, Albert Ehrenstein Archive ARC: S. 84.

Staatsarchiv des Kantons Zürich: Abbildung Vorsatz/ Nachsatz, S. 15, S. 21, S. 49, S. 51, S. 54, S. 55, S. 97, S. 98, S. 107, S. 118, S. 120, S. 121.

Schweizerisches Sozialarchiv: S. 53.

wikiart.org: S. 95.

commons.wikimedia.org: S. 17 (o.l.), S. 17 (o.r.), S. 17 (u.l.).

Zentralbibliothek Zürich: S. 30, S. 46, S. 47, S. 72, S. 123.

Publikationen/Berichte

Bauschinger, S. (2009): Else Lasker-Schüler. Biographie. Göttingen: Wallstein Verlag, S. 295: S. 106.

Claudius, E. (1968): Ruhelose Jahre. Erinnerungen. Halle (Saale): Mitteldeutscher Verlag, S. 96: S. 86.

Deutsche Grammophon (2001): Die Planeten, Cover: S. 125.

Du. Kulturelle Monatszeitschrift (1963), Cover © 2016, ProLitteris, Zürich: S. 144.

Eidgenössische Schwinger- Hornusser- & Jodlerzeitung (1927), 21. Jahrgang, Nr. 17, S. 1: S. 148.

Eidgenössischer Schwingverband, Hrsg. (1945): 50 Jahre Eidgenössischer Schwingverband. 1895– 1945. Bern/Thun: ohne Verlagsangabe, S. 155 (o.l.): S. 149 (o.l.).

Ehrenstein, A. (1918): Die rote Zeit. Berlin: S. Fischer Verlag, S.50: S. 99.

Ehrenstein, A. (1919): Tubutsch. Leipzig: Insel Verlag, Cover: S. 97 (o.).

Festschrift Kilchberger Jubiläumsschwinget (1952), S. 11, S. 10: S. 149 (o.m.): S. 150.

Graf, F. & Wolff, E., Hrsg. (2010): Zauber Berge. Die Schweiz als Kraftraum und Sanatorium, Baden: hier + jetzt, Cover, S. 118, S. 13: S. 61, S. 70, S. 75.

Gutbrodt, F. & Sprecher, Th., Hrsg. (2000): Die Familie Mann in Kilchberg. München: Wilhelm Fink, S. 9, S. 8; S. 201: S. 155, S. 156 (r.), S. 159 (r.).

Hochland. Monatsschrift für alle Gebiete des Wissens, der Literatur und Kunst (1909), 6. Jahrgang, 4. Heft, S. 26, Cover: S. 57 (o.l.), S. 57 (o.r.).

Huber, H. & Meyer, E. (1950): Briefwechsel in Sonetten. Zürich: Conzett & Huber, S. 11: S. 140 (r.).

Mass und Wert. Zweimonatsschrift für freie deutsche Kultur (1938), 2. Jahrgang, 2. Heft, Cover: S. 159 (l.).

Lasker-Schüler, E. (1988): Poesiealbum 250. Berlin: Verlag Neues Leben, Cover: S. 109.

Der Schwinger. Einmalige Ausgabe zum Schwinget in Kilchberg am Zürisee (1927), S. 2: S. 151.

Serner, W. (1920): Letzte Lockerung. Manifest Dada. Hannover: Paul Steegemann (Faksimile von 2009), Cover: S. 181.

Sessler, Th. (1947): Fünf gegen eine ganze Stadt. Eine Geschichte für die Jugend. Linz: Brücken-Verlag, S. 19: S. 88.

Strub, U. M. (1946): Lyrik. Zürich: Atlantis Verlag, S. 67: S. 124.

Völker, K. (1990): Elisabeth Bergner. Das Leben einer Schauspielerin – Ganz und doch immer unvollendet. Berlin: Edition Hentrich, S. 59, S. 21: S. 103, S. 105.

Wysling, H. & Lott-Büttiker, E., Hrsg. (1998): Conrad Ferdinand Meyer. 1825-1898. Zürich: NZZ Verlag, S. 279, S. 280: S. 156 (l.), S. 157.

Zürcher Illustrierte (1939): Sonderausgaben zur Landesausstellung, Cover (Vorder- und Rückseiten): S. 141, S. 142.

Zürcher Illustrierte (1939), Nr. 19, S. 577: S. 143.

50 Jahre Schwingklub Zürich (1947). Zürich: Conzett & Huber, S. 24 (IV), S. 24 (VI): S. 149 (u.r.), S. 149 (o.r.).

Fotos

Stahel, Tobias: S. 25 (m.l.), S. 25 (u.l.), S. 130, S. 134, S. 135.

Baumann, Jacqueline: S. 19 (o.r.), S. 38-39, S. 80, S. 167, S. 177.

Richter, Michael: S. 129, S. 147.

Woelke, Michael (LMU München): S. 172.

Grafik

Cuber, Stephan: S. 29.

In jenen Fällen, in denen ein Nachweis nicht möglich war, bitten wir die Inhaber des Copyrights um Benachrichtigung.

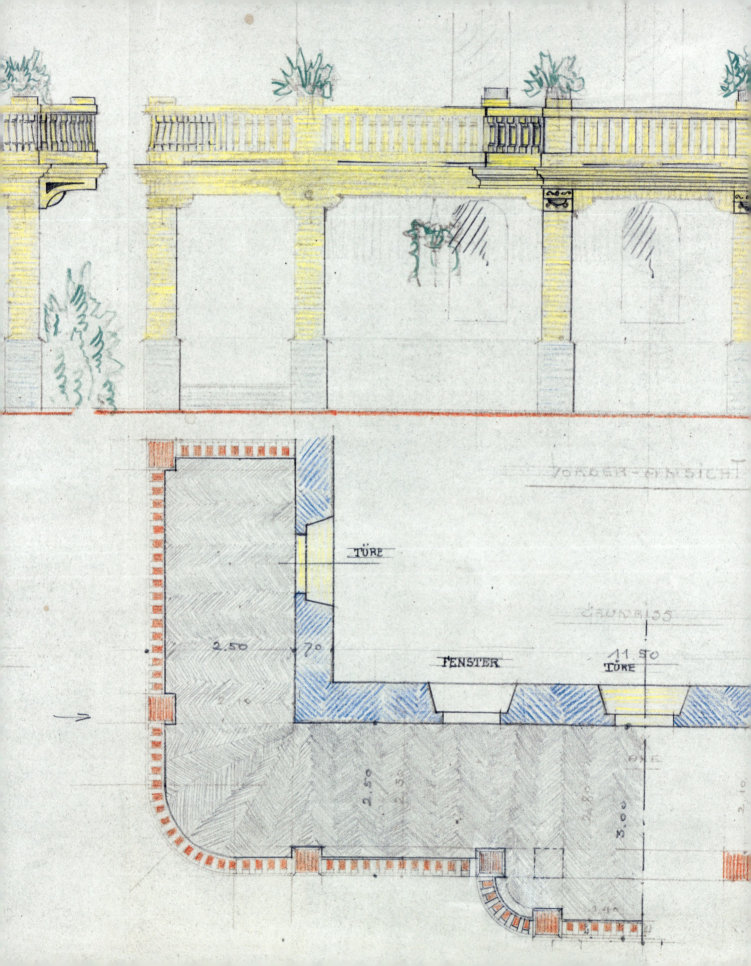

VORDER-ANSICHT

TÜRE

GRUNDRISS

2.50   70

FENSTER   11.50

2.10   TÜRE